Wirtschaftliches Wachstum
europäischer RGW-Länder
Ziele – Bedingungen – Aufgaben

Diese Schrift ist Bestandteil der internationalen Reihe
„Sozialismus – Erfahrungen, Probleme und Perspektiven"

Autorenkollektiv

Wirtschaftliches Wachstum europäischer RGW-Länder

Ziele – Bedingungen – Aufgaben

AKADEMIE-VERLAG · BERLIN 1981

Zum Autorenkollektiv gehören:

G. Huber
W. Keller
P. Sydow (Leiter)
H. Ufer

Das Autorenkollektiv wurde unterstützt durch Ausarbeitungen von
H. Huhn, G. Kraft, B. Stolzenburg, H. Wiesner, A. Kleeberg

Technische Redaktion:
Chr. Regner, E. Patzer, G. Ebert

Erschienen im Akademie-Verlag, 1080 Berlin, Leipziger Str. 3—4

Lizenznummer: 202 · 100/30/81
Gesamtherstellung: VEB Druckerei „Thomas Müntzer", 5820 Bad Langensalza
Bestellnummer: 753 804 3 (6586) · LSV 0335
Printed in GDR
DDR 18,— M

Inhaltsverzeichnis

Einleitung

Mit den 70er Jahren haben die europäischen Mitgliedsländer des RGW einen neuen Abschnitt ihrer sozialen und ökonomischen Entwicklung begonnen. Entsprechend den Beschlüssen des XXIV. und XXV. Parteitages der KPdSU wird in der Sowjetunion die entwickelte sozialistische Gesellschaft allseitig vervollkommnet, und es werden die materiell-technischen Grundlagen für die zweite Phase der kommunistischen Gesellschaftsformation geschaffen. Der IX. Parteitag der SED und die in diesem Zeitraum stattfindenden Parteitage der anderen Bruderparteien europäischer Mitgliedsländer des RGW orientieren auf die weitere Gestaltung der entwickelten sozialistischen Gesellschaft.

Mit dem Ziel, das materielle und geistig-kulturelle Lebensniveau aller Werktätigen kontinuierlich zu verbessern, werden auf dem Wege der vorwiegend intensiv erweiterten Reproduktion alle qualitativen Faktoren des wirtschaftlichen Wachstums mit höherer Effektivität genutzt. Das ist mit tiefgreifenden revolutionären Wandlungen auf allen Gebieten des gesellschaftlichen Lebens verbunden.

Deshalb verpflichtete der IX. Parteitag der SED die Politökonomen der DDR, Ergebnisse und Aufgaben der komplexen ökonomischen Entwicklung in der DDR und anderen RGW-Ländern theoretisch zu analysieren und zu verallgemeinern.[1] Entsprechend der Aufgabenstellung im Parteiprogramm der SED, „Gesetzmäßigkeiten und Erfordernisse der entwickelten sozialistischen Gesellschaft und des Übergangs zum Kommunismus in allen Bereichen der Gesellschaft"[2] zu erforschen, sowie den Festlegungen im Zentralen Forschungsplan der marxistisch-leninistischen Gesellschaftswissenschaften wollen die Autoren mit der vorliegenden Untersuchung dazu einen Beitrag leisten. Wir analysieren ausgewählte Wachstums- und Strukturprobleme der Volkswirtschaften europäischer RGW-Länder bei der Durchsetzung der intensiv erweiterten Reproduktion in enger Wechselbeziehung zur sozialistischen ökonomischen Integration.

Das Autorenkollektiv geht davon aus, daß die Realisierung der sozialpolitischen Ziele weiterhin große Anforderungen an ein stabiles, kontinuierliches und

[1] Vgl. Bericht des Zentralkomitees der Sozialistischen Einheitspartei Deutschlands an den IX. Parteitag der SED, Berichterstatter: Erich Honecker, Berlin 1976, S. 126/127.

[2] Programm der Sozialistischen Einheitspartei Deutschlands, Berlin 1976, S. 46.

effektives Wirtschaftswachstum stellt und die wesentlichen Ausgangspunkte für die Entwicklung der gesellschaftlichen Reproduktion sowohl in der DDR als auch in anderen europäischen RGW-Ländern setzt. Bei dieser Untersuchung sind die in den 70er Jahren veränderten inneren und äußeren Reproduktionsbedingungen Anlaß, Fragen nach den Maßstäben und der Bewertung des Wachstumstempos, nach Schwerpunkten und Ausmaß volkswirtschaftlicher Strukturveränderungen, nach Wechselwirkungen zwischen der volkswirtschaftlichen Reproduktion und der ökonomischen Integration im RGW neu zu stellen.

Da es angesichts der Komplexität, Langfristigkeit und Vielfalt dieser Entwicklungsprozesse derzeit oft verfrüht wäre, endgültige Aussagen zu treffen, konnte es sich das Autorenkollektiv zum gegenwärtigen Zeitpunkt noch nicht zur Aufgabe machen, eine geschlossene reproduktionstheoretische Untersuchung vorzulegen. Über gewisse politökonomische Verallgemeinerungen von Ergebnissen und Entwicklungsproblemen des Wirtschaftswachstums und der ökonomischen Integration europäischer RGW-Länder hinaus soll die vorliegende Arbeit auch die politisch-ideologische Arbeit der Partei anläßlich des 30. Jahrestages des Beitritts der DDR zum Rat für Gegenseitige Wirtschaftshilfe unterstützen.

Die Autoren beabsichtigen, die Arbeit zu diesen Fragen fortzusetzen, und sie nehmen kritische Hinweise zur vorliegenden Arbeit gern entgegen.

Die Autoren möchten an dieser Stelle dem Direktor des Zentralinstituts für Wirtschaftswissenschaften der AdW der DDR, Prof. W. Heinrichs, sowie den Professoren R. Brauer, G. Brendel, G. Kohlmey und W. Kunz für viele wertvolle Anregungen herzlich danken.

1. Sozialökonomische Ziele und Bedingungen der volkswirtschaftlichen Reproduktion in den 70er Jahren

Jeder gesellschaftliche Fortschritt in den sozialistischen Bruderländern setzt ökonomisches Wachstum voraus. Sein Ziel resultiert aus den sozialistischen Produktionsverhältnissen, die die Menschen miteinander im Reproduktionsprozeß eingehen. Tempo und Effektivität des Wirtschaftswachstums werden vom Entwicklungsniveau der gesellschaftlichen Produktivkräfte entscheidend beeinflußt.

Je entwickelter die sozialistischen Produktionsverhältnisse sind, desto enger ist der Zusammenhang zwischen dem Ziel der gesellschaftlichen Entwicklung und den Anforderungen an die volkswirtschaftliche Reproduktion. Nur aus dem plangerechten Zuwachs an wirtschaftlicher Leistung ergeben sich auch die Möglichkeiten, die gesetzten sozialen Ziele umfassend zu verwirklichen. Andererseits: Je wirksamer die Vorzüge sozialistischer Produktionsverhältnisse, die sozialen Energien vereinigter Produzenten genutzt werden, desto stärker sind die Impulse für die Steigerung der Produktivität der gesellschaftlichen Arbeit und der Effektivität der Produktion.

Ziele und Mittel der gesellschaftlichen Reproduktion entwickeln sich im Sozialismus objektiv in einem *gesetzmäßigen Zusammenhang*, den das ökonomische Grundgesetz widerspiegelt. Das Ziel besteht darin, ein solches Niveau der ökonomischen Entwicklung zu erreichen, das es ermöglicht, die *sozialistische Lebensweise für alle Werktätigen zu verwirklichen.* Es geht dabei keineswegs um Entsagen vom Genuß, sondern um „Entwickeln von power, von Fähigkeiten zur Produktion und daher *sowohl der Fähigkeiten, wie der Mittel des Genusses*“[1], wie Karl Marx in den „Grundrissen“ feststellte.

Sozialismus bedeutet wachsende Bedürfnisbefriedigung für *alle* Mitglieder der Gesellschaft. „Dabei sind weder ein Konsumverzicht noch ein parasitärer oder Prestigekonsum anzustrebende Ziele, sondern eine solche Bedürfnisentwicklung und -befriedigung, die der allseitigen und harmonischen Entwicklung der Persönlichkeit entspricht.“[2] Unter sozialistischen Bedingungen gewinnt materieller

[1] Vgl. K. Marx, Grundrisse der Kritik der Politischen Ökonomie, Berlin 1953, S. 599 (Hervorhebung vom Autorenkollektiv).

[2] H. Koziolek, Probleme der sozialistischen Lebensweise und Intensivierung, in: Festvorträge der wissenschaftlichen Konferenz der Akademie anläßlich des 275. Akademiejubiläums, Berlin 1975, S. 7 (Sitzungsberichte der Akademie der Wissenschaften der DDR, 9 G).

Wohlstand in wachsendem Maße den eigentlichen Zweck, Mittel für die Entwicklung der Fähigkeiten des Menschen zu sein. Folglich ist es *ein* wesentlicher Maßstab für den Reifegrad der sozialistischen Produktionsweise in den europäischen RGW-Ländern, das materielle und geistig-kulturelle Lebensniveau der Werktätigen zu erhöhen und zugleich die gesellschaftliche und individuelle Konsumtion in soziale Energie, in weiteren gesellschaftlichen Fortschritt umzuwandeln.

Die *objektive* Übereinstimmung zwischen Zielen und Mitteln der gesellschaftlichen Reproduktion, zwischen gesellschaftlichen und individuellen Interessen, kennzeichnet die gesamte bisherige Entwicklung der sozialistischen Produktionsweise in den europäischen RGW-Ländern. In jedem Entwicklungsabschnitt war und ist wirtschaftspolitisch *und* politökonomisch die Aufgabe zu lösen, die jeweiligen sozialökonomischen Entwicklungspotenzen in den sozialistischen Bruderländern für die Verbesserung des Lebensniveaus der Werktätigen maximal auszunutzen und dabei das Verhältnis zwischen Akkumulation und Konsumtion so zu gestalten, daß der Lebensstandard *kontinuierlich* erhöht werden kann und sich die sozialistischen Produktionsverhältnisse vervollkommnen. Somit ist das wirtschaftliche Wachstum sowohl Ausdruck der Reife der gesellschaftlichen Entwicklung als auch notwendige Voraussetzung für die großen sozialökonomischen Veränderungen, die die Länder der sozialistischen Staatengemeinschaft im Laufe der vergangenen Jahrzehnte vollzogen und noch vollziehen.

Mit der Gestaltung der entwickelten sozialistischen Gesellschaft wird dieser Prozeß in den 70er Jahren auf einem höheren Niveau fortgesetzt. Dabei sind die sozialen Ziele der europäischen Mitgliedsländer des RGW, wie sie von den Bruderparteien mit der Hauptaufgabe festgelegt wurden, dem Wesen nach gleichartig. Sie erwachsen mit logischer und historischer Konsequenz aus der sozialen und ökonomischen Entwicklung in den 50er und 60er Jahren.

Zugleich ergeben sich mit der Verwirklichung des Ziels, die entwickelte sozialistische Gesellschaft in der Sowjetunion zu vervollkommnen und in den anderen europäischen RGW-Ländern weiterhin zu gestalten, neue gesellschaftliche und individuelle Bedürfnisse und höhere soziale Ziele. Die größeren Dimensionen und das steigende Niveau der volkswirtschaftlichen Reproduktion erweitern die materiellen Voraussetzungen für ihre planmäßige Realisierung. Dabei gibt es zwischen den einzelnen Partnerländern bei sozialökonomisch gleichen Zielen und Bedingungen Unterschiede und Besonderheiten. Die volkswirtschaftlichen Reproduktionsbedingungen in diesen Ländern entwickeln sich planmäßig, aber keineswegs gleichförmig. Folglich wird man in den 70er Jahren der sozial bestimmten, neuartigen Kombination volkswirtschaftlicher und außenwirtschaftlicher Wachstumsbedingungen wohl kaum gerecht, wenn wir sie nur als im Entwicklungsprozeß begriffene Veränderungen charakterisieren.

Ziele und Mittel der volkswirtschaftlichen Reproduktion in ihren *dialektischen Beziehungen* anhand von Entwicklungstendenzen in europäischen RGW-Ländern zu untersuchen, bleibt damit eine wichtige politökonomische Aufgabe. Mit unseren

Überlegungen zu diesen Problemen wollen wir zur gegenwärtigen internationalen Diskussion marxistischer Ökonomen[3] beitragen. Wir beginnen bei einigen Bedingungen am Ausgang der 60er Jahre.

1.1. Stabiles ökonomisches Wachstum — objektive Voraussetzung und Ergebnis des sozialistischen Aufbaus

Die europäischen RGW-Länder erreichten seit Beginn der 50er Jahre dank den grundlegenden sozialökonomischen Veränderungen in ihren Volkswirtschaften ein *hohes, stabiles wirtschaftliches Wachstumstempo.* Wie Tabelle 1 zeigt, entwickelten sich in diesem Zeitraum Nationaleinkommen und industrielle Bruttoproduktion mit durchschnittlichen jährlichen Zuwachsraten, die — von wenigen Ausnahmen im Zeitraum von 1961 bis 1965 abgesehen — beträchtlich über 5 % lagen und z. T. mehr als 10 % betragen. Die wesentlichen volkswirtschaftlichen Kennziffern erhöhten sich in diesen Ländern von 1950 bis 1970 auf ein Vielfaches des Ausgangsniveaus.

Mit dieser Dynamik des ökonomischen Wachstums sind die europäischen Mitgliedsländer des RGW entwickelten kapitalistischen Ländern eindeutig überlegen. Tabelle 2 illustriert das Ausmaß dieser Überlegenheit, die sich auch in den 70er Jahren fortsetzt. Von 1970 bis 1978 wuchs das Nationaleinkommen der EWG-Länder um 23,6 %, in den RGW-Ländern dagegen um 58,1 %.

Auf Grund dieser dynamischen Entwicklung verfügten die europäischen RGW-Länder Ende der 60er Jahre über ein fortgeschrittenes Niveau der gesellschaftlichen Produktion. Die ehemals weniger entwickelten RGW-Partner sind von Agrar- zu Industrie-Agrar-Ländern geworden. Gegenüber 1950 haben sich die *Proportionen der Nationaleinkommensentwicklung* grundlegend verändert: 1970 werden ca. 60 % des Nationaleinkommens europäischer RGW-Länder in der Industrie und im Bauwesen geschaffen (vgl. Tabelle A 1*).

Durch das sozialistische System der Bildung und Erziehung entwickelte sich in allen europäischen RGW-Ländern ein Stamm *erfahrener, qualifizierter Arbeitskräfte*, eine gebildete Arbeiterklasse, die in den Zweigen der Industrie und des Bauwesens die Aufgaben einer modernen, effektiven Produktion lösen kann. Ihr zur Seite steht, dank der gezielten Förderung aller Talente der Arbeiter-

* Die mit A 1, A 2 usw. gekennzeichneten Tabellen befinden sich im statistischen Anhang, S. 193ff.

[3] Mit dem Übergang der europäischen Mitgliedsländer des RGW zur intensiven volkswirtschaftlichen Reproduktion im Interesse der Lösung der Hauptaufgabe werden viele theoretische und praktische Fragen aufgeworfen, zu deren Lösung in letzter Zeit u. a. folgende Autoren Beiträge publiziert haben, auf die sich das Autorenkollektiv bei seiner Arbeit stützen konnte: Ančiškin, Bogomolov, Chačaturov, Heinrichs, Kapustin, Koziolek, Maier, Notkin, Nick, Sorokin, Steinitz.

Tabelle 1
Durchschnittliches Wachstum des Nationaleinkommens und der industriellen Bruttoproduktion in den europäischen Mitgliedsländern des RGW (in %)

Land	Durchschnitt					
	1951/1955	1956/1960	1961/1965	1966/1970	1971/1975	1976/1978
Nationaleinkommen						
VRB	12,2	9,6	6,6	8,7	7,9	6,0
ČSSR	8,2	7,0	1,7	7,1	5,6	4,1
DDR	13,1	7,1	3,4	5,4	5,4	4,1
VRP	8,6	6,6	6,0	5,9	9,8	5,1
SRR	14,2	6,6	9,4	7,8	11,3	8,9
UdSSR	11,3	9,2	6,6	7,8	5,7	5,1
UVR	5,7	6,0	4,1	6,8	6,2	5,1
Industrielle Bruttoproduktion						
VRB	13,7	15,9	11,7	10,9	9,1	6,8
ČSSR	10,9	10,5	5,2	6,7	6,7	6,2
DDR	13,7	8,7	5,8	6,5	6,5	5,1
VRP	16,2	9,9	8,4	8,3	10,4	7,0
SRR	15,1	10,9	13,8	11,9	12,9	11,1
UdSSR	13,2	10,4	8,6	8,5	7,4	5,1
UVR	13,2	7,6	7,5	6,2	6,4	5,5

Quelle
Statističeskij ežegodnik stran-členov Soveta Ėkonomičeskoj Vzaimopomošči, Moskva 1979, S. 43, 67, 1971, S. 42, 55

klasse, eine *sozialistische Intelligenz*, eine breite Schicht von Ingenieuren, Technikern und Wissenschaftlern, die die wissenschaftlichen Grundlagen für die Erweiterung und Erneuerung der volkswirtschaftlichen Reproduktion auszubauen und anzuwenden vermag. Die sozialistische Planwirtschaft bietet allen Werktätigen *sichere Arbeitsplätze*. Trotz eines hohen Geburtenzuwachses in verschiedenen Ländern (VR Polen, SR Rumänien und VR Bulgarien) ist die *volle Beschäftigung* aller Arbeitskräfte gewährleistet.

Die *Produktionsfonds* der europäischen RGW-Länder wurden im Prozeß der sozialistischen Industrialisierung im Verlaufe von nur zwei Jahrzehnten durch planmäßige Investitionen in Industrie, Bauwesen und Landwirtschaft verdoppelt bzw. verdreifacht. Viele Arbeitsprozesse wurden mechanisiert, ihre Automatisierung begonnen. Die gestiegene Ausstattung der Arbeitsplätze mit Maschinen, Ausrüstungen und Geräten ermöglichte einen effektiveren Einsatz der Arbeitskräfte und verringerte den Anteil manueller und körperlich schwerer Arbeit.

Damit wurden die personellen und materiell-technischen Bedingungen für ein umfangreiches *Produktionspotential* geschaffen, das bei maximaler Ausnutzung der

Tabelle 2
Vergleich wirtschaftlicher Hauptkennziffern zwischen den Mitgliedsländern des RGW und den EWG-Ländern

Kennziffern	RGW-Länder			EWG-Länder		
	1960	1975	1978	1960	1975	1978
Territorium						
in Mio km²		25,1	25,4		1,5	1,5
in % zur Welt		18,5	18,7		1,1	1,1
Jahresdurchschnittliche Bevölkerung						
in Mio	311,0	371,4	432,5	230,0	256,4	257,6
in % zur Welt	10,4	9,4	10,3	7,7	6,5	6,1
Wachstum des produzierten Nationaleinkommens						
(1950 = 100)	251	655	760	166	291	320
Wachstum des Nationaleinkommens je Kopf der Bevölkerung						
(1950 = 100)	216	484	551	155	243	267
Wachstum der Industrieproduktion						
(1950 = 100)	314	10,2f	12f	180	318	356
Wachstum der landwirtschaftlichen Produktion						
(1950 = 100)	155	222	249	140	183	194
Wachstum des Außenhandels						
Export (1950 = 100)	324	15,4f	22f	253	14,3f	21f
Import (1950 = 100)	355	18,7f	25f	232	12,3f	18f

Quellen
Ėkonomičeskoe sotrudničestvo stran-členov SĖV (Moskva), 6/1976, S. 65—69; J. S. Širjaev, Socialističeskaja ėkonomičeskaja integracija, i meždunarodnoe razdelenie truda, Moskva 1978, S. 15, Statističeskij ežegodnik stran-členov Soveta Ėkonomičeskoj Vzaimopomošči, Moskva 1978, S. 323, Statistisches Jahrbuch der DDR 1979, Berlin 1979, S. I/3, II/30; Monthley Bulletin of Statistics (New York), 6/1979, S. XX.

nationalen Rohstoff-, Brennstoff- und Energieressourcen die Fertigung hunderttausender Industrieerzeugnisse und in sozialistischen Landwirtschaftsbetrieben die Erzeugung des größten Teils der zur Versorgung der Bevölkerung erforderlichen Nahrungsmittel gewährleistet. Die *volkswirtschaftlichen Strukturen* der europäischen RGW-Länder wurden durch die Schaffung neuer Zweige und die Modernisierung vorhandener Produktionszweige grundlegend verändert und weisen Ende der 60er Jahre eine entwickelte Industriestruktur auf. Tabelle A 2 zeigt, daß die Energieproduktion, die metallverarbeitende Industrie und die Chemie in allen diesen Ländern mit einem vorrangigen Entwicklungstempo ausgebaut wurden und 1970 ca. 30 bis 45 % der industriellen Produktion erzeugten.

Alle diese grundlegenden Wachstumsprozesse des ökonomischen und wissenschaftlich-technischen Potentials der europäischen RGW-Länder wurden in enger Verbindung mit dem Auf- und Ausbau einer engen, gegenseitig vorteilhaften internationalen sozialistischen Arbeitsteilung im RGW realisiert. Das beweisen das dynamische Wachstum des Außenhandels, dessen Warenstruktur völlig umgewandelt wurde (vgl. die Tabellen A 3 und A 4) und die Entwicklung stabiler, arbeitsteiliger Beziehungen in Wissenschaft, Technik und Produktion, die Anfang der 70er Jahre zu einem bestimmenden Faktor des gegenseitigen Warenaustauschs werden.

Dank der entwickelten Rohstoff-, Brennstoff- und Energiewirtschaft in der Sowjetunion, der großen Anstrengungen der übrigen RGW-Länder in diesem Bereich und der dynamischen Entwicklung der metallverarbeitenden Industrie bildet die sozialistische Gemeinschaft die einzige Gruppierung in der Welt, die sich durch gegenseitige Lieferungen mit Rohstoffen, Brennstoffen und Energie und zu einem bedeutenden Teil auch mit Maschinen, Ausrüstungen und Geräten weitgehend selbst versorgen kann. Durch den gegenseitigen Außenhandel deckten die RGW-Länder Anfang der 70er Jahre ihren *Importbedarf* bei Maschinen und Ausrüstungen zu 62%, bei Erdöl und Erdölprodukten zu 75%, bei Steinkohle zu 99%, bei Eisenerz zu 77%, bei Buntmetallen zu 71%, bei Schnittholz zu 81% und industriellen Konsumgütern zu fast 70%.[4]

Die stabile ökonomische Entwicklung der europäischen RGW-Länder und ihre enge Wirtschaftszusammenarbeit haben es ermöglicht, das *Lebensniveau der Werktätigen* in den 50er und 60er Jahren im Vergleich zum Vorkriegsniveau zu verbessern. Mit Unterschieden zwischen den Ländern wurden ca. 65 bis nahezu 80% des Nationaleinkommens für die individuelle und gesellschaftliche Konsumtion verwendet. Die Reallöhne der Arbeiter und Angestellten in der Volkswirtschaft stiegen von 1960 bis 1970 um etwa 40 bis 50% (vgl. Abbildung 1). Im Laufe der 60er Jahre verbesserten über 28 Mio neu gebauter Wohnungen die Lebensbedingungen der Werktätigen. Die starke Steigerung des Einzelhandelsumsatzes gewährleistete die Versorgung der Bevölkerung mit Nahrungsmitteln und sicherte die Ausstattung eines wachsenden Teils der Haushalte mit industriellen Konsumgütern. Die kostenlose medizinische Betreuung für alle Bevölkerungsschichten, die Einführung der Altersversorgung für alle Berufsgruppen, die Gewährung von Stipendien und Beihilfen waren weitere Fortschritte, die die soziale Überlegenheit der sozialistischen Produktionsweise demonstrieren.

[4] Vgl. N. Patolitschew, Ansprache auf der Festsitzung anläßlich des 20. Jahrestages der Ständigen RGW-Kommission für Außenhandel, in: Außenhandel UdSSR (Moskau), 8/1977, S. 3

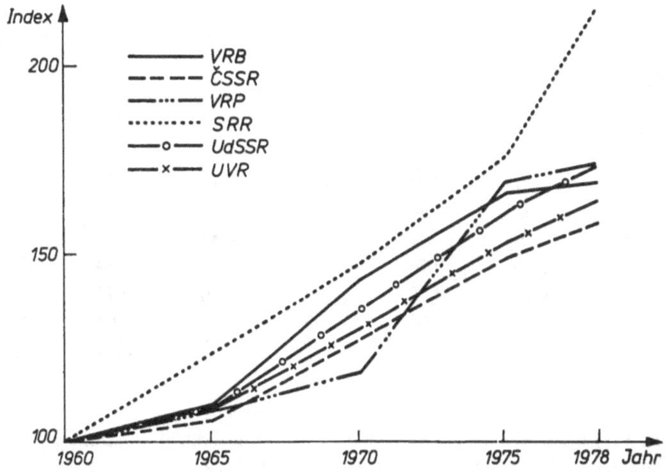

Abb 1
Die Entwicklung der Reallöhne der Arbeiter und Angestellten in der Volkswirtschaft ausgewählter europäischer Mitgliedsländer des RGW (1960 = 100)
Quelle Statističeskij ežegodnik stran-členov Soveta Ėkonomičeskoj Vzaimopomošči, Moskva 1978, S. 46.

Die grundlegenden sozialökonomischen Veränderungen und die enge Zusammenarbeit ermöglichten es den europäischen RGW-Ländern, eine historisch beispielhafte gegenseitige *Angleichung ihres ökonomischen Entwicklungsniveaus* zu vollziehen (vgl. Tabelle 3 und Abbildung 2).

Im Vergleich zum Beginn der 50er Jahre hat sich die maximale Differenz im Nationaleinkommen pro Kopf der Bevölkerung, im Niveau der gesellschaftlichen Arbeitsproduktivität, zwischen diesen Ländern bis 1970 um mehr als 40 % verringert. Annäherungsprozesse dieses Ausmaßes wurden auch bei der Industrieproduktion und beim Lebensniveau der Werktätigen verwirklicht, so daß die sozialökonomische Gleichartigkeit und Geschlossenheit der europäischen RGW-Länder wesentlich zugenommen hat und ihre internationale Ausstrahlungskraft gewachsen ist.

Diese Erkenntnis wird nicht zuletzt durch die Tatsache erhärtet, daß sich dank der wirtschaftlichen Dynamik das internationale ökonomische Kräfteverhältnis beträchtlich zugunsten dieser Ländergruppe verschoben hat. Die Sowjetunion hat den Unterschied im ökonomischen Potential gegenüber den USA schrittweise verringert und bei einer wachsenden Zahl von Industrieerzeugnissen hinsichtlich des Umfangs der Produktion den ersten Platz in der Welt erreicht. Bei einer beachtlichen Zahl wissenschaftlicher Leistungen nimmt die Sowjetunion ebenfalls den führenden Platz ein.

Tabelle 3

Relatives Niveau der gesellschaftlichen Arbeitsproduktivität in den europäischen Mitgliedsländern des RGW (Sowjetunion = 1)

Land	1950	1955	1960	1965	1970	1975	1977
VRB	0,47	0,57	0,69	0,75	0,76	0,89	0,94
ČSSR	1,56	1,44	1,44	1,20	1,16	1,17	1,16
DDR	1,26	1,46	1,49	1,40	1,32	1,37	1,36
VRP	1,06	0,96	0,86	0,80	0,72	0,84	0,87
SRR	0,68	0,78	0,75	0,68	0,66	0,90	0,99
UdSSR	1,00	1,00	1,00	1,00	1,00	1,00	1,00
UVR	1,37	1,10	0,99	0,95	0,91	0,99	1,04

Quellen

V. Šamin/V. Perevertajlo, Sbliženie i výravnivanie urovnej razvitija stran socializma, in: Voprosy ėkonomiki, 4/1976, S. 55, Angaben für 1975 und 1977 berechnet nach: Narodnoe chozjajstvo stran-členov Soveta Ėkonomičeskoj Vzaimopomošči, Moskva 1977, S. 33, 823.

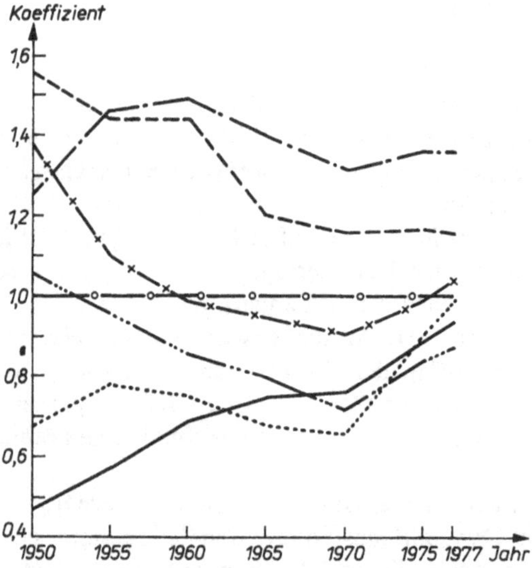

Abb. 2

Zur Annäherung des Niveaus der gesellschaftlichen Arbeitsproduktivität zwischen den europäischen Mitgliedsländern des RGW (Sowjetunion = 1)

Quelle Siehe Tabelle 3.

Die europäischen RGW-Länder, vor dem zweiten Weltkrieg ein weitgehend rückständiger Teil Europas, verfügen heute gemeinsam mit der Sowjetunion über ein Wirtschaftspotential, welches das des in industrieller Hinsicht fortgeschrittenen, kapitalistischen Teils Europas, der EWG, übertroffen hat. Die Produktion der RGW-Länder war bereits 1960 u. a. bei Kohle, Erdöl, Erdgas, Zucker, Getreide, Weizen, Zuckerrüben, Kartoffeln, Fleisch und Milch wesentlich höher als in der EWG. Bei weiteren Erzeugnissen, wie Stahl, Mineraldünger, Elektroenergie, Schwefelsäure, Zement und Geweben wurde das höhere Produktionsvolumen im Laufe der 60er Jahre erreicht (vgl. Tabelle 4).

Fassen wir alle diese ökonomischen und sozialen Entwicklungstendenzen zusammen, wird offensichtlich, daß die *europäischen RGW-Länder Anfang der 70er Jahre zur dynamischsten Wirtschaftsregion in der Welt wurden.*

Das aus *reproduktionstheoretischer* Sicht bedeutendste Ergebnis dieser Entwicklung in den europäischen RGW-Ländern ist unseres Erachtens die Tatsache, daß es erstmals in der Geschichte der Weltwirtschaft einer *ganzen Reihe von ehemals unterentwickelten Ländern gelungen ist, in historisch kurzer Frist durch die sozialistische Revolution eine Akkumulation zu gewährleisten, auf deren Grundlage ein stabiles ökonomisches Wachstum mit einer sozial gerechten Zielsetzung möglich wurde.* Eine entscheidende Aufgabe, um deren Lösung sich heute viele Länder in Asien, Afrika und Lateinamerika bislang vergeblich bemühen[5] — den Teufelskreis zwischen geringer Akkumulation und geringem Wachstum zu durchbrechen —, wurde in der sozialistischen Staatengemeinschaft dank der Mobilisierung innerer Ressourcen sowie durch die brüderliche Hilfe — besonders von seiten der Sowjetunion — gelöst.[6]

Die entscheidende sozialökonomische Bedingung dieses Prozesses war die *Überführung der wichtigsten Produktionsmittel in Volkseigentum* und die sozialistische Industrialisierung durch Ausbau des staatlichen Sektors in der Volkswirtschaft. Auf dieser Grundlage entwickelte sich die sozialistische Planwirtschaft. Sie vermochte es, durch Konzentration und Entwicklung der vorhandenen Ressourcen, durch Umverteilung der Akkumulationsmittel einen Prozeß der sozialistischen Industrialisierung einzuleiten, der die soziale und ökonomische Lage der breiten Masse der Werktätigen grundlegend verbesserte.

[5] Ausgenommen sind einige durch besondere Naturreichtümer begünstigte Länder, wie Iran, Venezuela und Brasilien, die aber das kapitalistische Gesellschaftssystem anwenden.

[6] Wir meinen, daß alle Länder mehr oder weniger eine solche Etappe durchlaufen müssen, wobei Formen und Intensität verschieden sein können. Schaffung der materiellen Grundlagen des Sozialismus und Beseitigung der vom Kapitalismus hinterlassenen Disproportionen in der industriellen Basis. In jedem Falle geht es um die Schaffung materiell-technischer Grundlagen der sozialistischen Gesellschaft. In der Sowjetunion wurde dieser Prozeß in den 20er und 30er Jahren vollzogen und in der Nachkriegszeit die materiell-technische Basis der entwickelten sozialistischen Gesellschaft weiter vervollkommnet. Gegenwärtig wird die materiell-technische Basis des Kommunismus geschaffen (vgl. auch: Material'no-techničeskaja baza kommunizma, Bd. 1, Moskva 1977, S. 58ff.).

Tabelle 4

Produktion ausgewählter industrieller und landwirtschaftlicher Erzeugnisse in den Mitgliedsländern des RGW im Vergleich zu den EWG-Ländern und zur Weltproduktion

Erzeugnis	RGW-Länder		EWG-Länder		RGW-Länder (in % zu EWG-Ländern)		Anteil an der Weltproduktion			
							RGW-Länder		EWG-Länder	
	1960	1978	1960	1978	1960	1978	1960	1978	1960	1978
Elektroenergie (in Mrd. kWh)	406	1614	426	1172	95	138	17,3	21,4	18,1	15,5
Kohle (umgerechnet auf Einheitsbrennstoff; in Mio t)	601	827	452	266	133	311	28,4	31,8	21,3	10,2
Erdöl (in Mio t)	161	588	12	63	13f	10f	15,3	19,6	1,1	2,1
Erdgas (in Mrd. m³)	55	406	10	133	550	305	11,4	29,2	2,2	9,6
Stahl (in Mio t)	86	211	98	132	88	160	24,9	30,2	28,1	19,0
Lkw (in 1000 Stck.)	451	1054	983	1349	46	78	13,0	9,6	28,4	12,3
Güterwaggons (in 1000 Stck.)	64,7	118,0[1]	26,0	25,2[1]	249	468[1]	30,8	43,6[1]	12,4	9,7[1]
Mineraldünger (umgerechnet auf Nährstoffgehalt, in Mio t)	6,5	37,3	10,0	16,0	65	233	23,1	34,9	35,6	15,0
Schwefelsäure (in Mio t)	7,9	31,4	12,7	19,2	62	164	15,7	27,1	25,1	16,6
Chemiefasern (in 1000 t)	515	2156	1003	2635	51	82	15,6	16,6	30,4	20,3
Zement (in Mio t)	68	198	77	131	88	151	21,2	25,6	23,9	17,0
Gewebe (in Mrd. m²)	9,9	15,8	10,4	10,5	95	150	14,6	19,0	15,4	12,7
Zucker (umgerechnet auf Weißzucker, in Mio t)	10,2	24,0	7,8	10,8	131	222	19,5	26,7	14,9	12,1
Getreide und Körnerfrüchte (in Mio t)	166	321	65	116	255	277	18,6	19,4	7,3	7,0
Weizen (in Mio t)	77,2	151,3	27,6	47,1	280	321	31,5	34,7	11,3	10,8
Zuckerrüben (in Mio t)	91,3	134,8	56,1	76,9	163	175	49,3	46,6	30,3	26,6

Fortsetzung von Tabelle 4

Erzeugnis	RGW-Länder		EWG-Länder		RGW-Länder (in % zu EWG-Ländern)		Anteil an der Weltproduktion			
							RGW-Länder		EWG-Länder	
	1960	1978	1960	1978	1960	1978	1960	1978	1960	1978
Kartoffeln (in Mio t)	148,6	154,4	60,5	34,6	246	446	52,4	56,4	21,3	12,6
Fleisch (Schlachtgewicht; in Mio t)	13,9	25,8	12,6	19,9	110	130	17,3	19,4	15,7	14,9
Milch (in Mio t)	90	136	85	106	106	128	26,4	29,9	24,9	23,4
Hühnereier (in Mrd. Stck.)	43	97	48	66	90	147	17,9	20,0	19,7	13,7

[1] 1975.

Quellen

Ėkonomičeskoe sotrudničestvo stran-členov SĖV (Moskva), 6/1976, S. 65—69; Statistisches Jahrbuch der DDR 1979, Berlin 1979, S. I/9—20, II/42—78; Statističeskij ežegodnik stran-členov Soveta Ėkonomičeskoj Vzaimopomošči, Moskva 1979, S. 268.

Dieser notwendige und aus historischer Sicht auch einzig mögliche Weg der sozialistischen Akkumulation weist *Gemeinsamkeiten* auf, bei — entsprechend den ökonomischen und natürlichen Bedingungen in den europäischen RGW-Ländern — *unterschiedlichen Formen*. Solche Gemeinsamkeiten waren u. a.:

1. *Gesellschaftliches Eigentum* an den Produktionsmitteln und die Macht der Arbeiterklasse ermöglichten es, einen großen Teil des in der materiellen Produktion geschaffenen Mehrprodukts *durch zentrale staatliche Umverteilung auf ausgewählte Bereiche der industriellen Entwicklung* zu konzentrieren, um so durch vorrangige Entwicklung der Schwerindustrie, vor allem der Energie-, Brennstoff- und Rohstoffwirtschaft, der Metallurgie, des Maschinenbaus und auch der chemischen Industrie, die Grundlagen für die Rekonstruktion der gesamten Volkswirtschaft, darunter auch der Landwirtschaft, zu schaffen.

Auch in dieser wesentlichen Frage, der sozialistischen Akkumulation, trifft die bürgerliche Behauptung, alle Mitgliedsländer des RGW seien zur schematischen Übernahme des sowjetischen Wirtschaftsmodells „zwangsverpflichtet" worden, nicht zu. Ein fundamentaler Unterschied zwischen diesen Ländern besteht allein darin, daß die Mittel für die sozialistische Industrialisierung in der Sowjetunion nur aus inneren Ressourcen bereitgestellt werden konnten, während nach 1945 in den anderen RGW-Ländern die politische und ökonomische Hilfe der Sowjetunion eine gewaltige Rolle spielte.

Die Quellen der sozialistischen Industrialisierung waren unterschiedlich, ihre Nutzung jedoch zeigt eine Reihe von Gemeinsamkeiten, die aus der Orientierung der Wirtschafts- und Sozialpolitik der RGW-Länder an gemeinsamen, dem Sozialismus eigenen Kriterien resultieren.

2. Die ökonomische Politik ging einher mit *einer radikalen, sozialistischen Bildungsreform*, die das kapitalistische Bildungsmonopol brach und allen Werktätigen den Zugang zu Bildung und Ausbildung ebnete. Ohne diese Kulturrevolution wäre eine Akkumulation von Wissen und Bildung durch die Arbeiter und Bauern, die die sozialistische Intelligenz und einen qualifizierten Stamm von Facharbeitern schuf, nicht möglich gewesen.

3. Entsprechend den humanen Zielen der sozialistischen Ordnung stand die *Vollbeschäftigung* der arbeitsfähigen Bevölkerung durch die Industrialisierung im Vordergrund. Die Erfahrungen haben unseres Erachtens gezeigt, daß Länder, denen der Kapitalismus keine oder nur eine wenig entwickelte Industrie und zudem eine rückständige Landwirtschaft hinterlassen hat, aus politischen, ökonomischen und wissenschaftlich-technischen Gründen eine Phase extensiver Industrialisierung durchlaufen müssen, damit eine erweiterte Reproduktion von Akkumulation und Konsumtion in Gang gesetzt werden kann, die hohes Wachstum, steigenden Lebensstandard und Überwindung der sozialen Rückständigkeit ermöglicht. Multinationale Monopole haben in Entwicklungsländern zwar auf Einzelgebieten Produktionen mit hohem wissenschaftlich-technischem Niveau eingerichtet, bislang aber keine der fundamentalen volkswirtschaftlichen und sozialen Probleme dieser Länder lösen helfen.

4. Alle europäischen RGW-Länder konzentrierten zu Beginn der sozialistischen Industrialisierung ihre Fonds *vorrangig* auf die *Entwicklung der Schwerindustrie*, sie beachteten den Leninschen Hinweis, daß die maschinelle Großindustrie die materiell-technische Grundlage des Sozialismus bildet. Mit ihr wurde die Basis für die sozialistische Umgestaltung auch der anderen Bereiche (wie Landwirtschaft, Handel, Transport) geschaffen. Diese *soziale Priorität* bedeutete, daß einige Erfordernisse der Entwicklung im nichtmateriellen Bereich (z. B. Dienstleistungen) in dieser Phase noch keinen Vorrang haben konnten. Vom Kapitalismus übernommene Disproportionen können eben nicht durch eine gleichmäßige Verteilung von Fonds in der Volkswirtschaft, sondern nur durch eine gezielte volkswirtschaftliche Strukturpolitik, mit Präferenzen des produzierenden Bereichs in der Investitionsverteilung überwunden werden.

5. Die Schaffung des *staatlichen sozialistischen Außenhandelsmonopols* war ein Eckpfeiler der Wirtschaftspolitik europäischer RGW-Länder im Prozeß der sozialistischen Industrialisierung. Einerseits schützte das staatliche Monopol den Industrialisierungsprozeß vor kapitalistischen Weltmarkteinflüssen. Andererseits gingen von ihm entscheidende Impulse zur Entwicklung der gegenseitigen Wirtschafts- und Handelsbeziehungen zwischen den RGW-Ländern aus, die es jedem Land ermöglichten, die notwendige komplexe volkswirtschaftliche Entwicklung mit dem gegenseitigen Warenaustausch und — etwa ab Mitte der 60er Jahre — auch mit der internationalen sozialistischen Spezialisierung und Kooperation in Wissenschaft und Produktion zu verbinden.

Mit der gewachsenen internationalen Position der Mitgliedsländer des RGW und der Tendenz zur Entspannung konnten auch die Wirtschafts- und Handelsbeziehungen zu kapitalistischen Ländern ausgebaut werden. Damit erhielt die Funktion des Außenhandelsmonopols, diese Beziehungen auf gleichberechtigter Grundlage zur Förderung der ökonomischen Entwicklung der RGW-Länder auszunutzen, zunehmende Bedeutung.

Zweifellos ist die erfolgreiche Durchsetzung der genannten reproduktionsrelevanten Gemeinsamkeiten die Grundlage dafür, daß die europäischen RGW-Länder Ende der 60er Jahre zu Industrie- bzw. Industrie-Agrar-Ländern geworden sind, der Hauptteil ihres Nationaleinkommens in Industrie und Bauwesen geschaffen wird und die Bereiche der Energieproduktion, des Maschinenbaus, der Elektrotechnik/Elektronik und der chemischen Industrie das industrielle Wachstum bestimmen.

Wenn heute eine Reihe von Entwicklungsländern vor dem ungelösten Problem steht, welche wirtschaftlichen Bedingungen geschaffen werden müssen, um eine kontinuierliche Reproduktion, ein bilanziertes Wirtschaftswachstum zu sichern, so können aus den Erfahrungen der europäischen RGW-Länder folgende allgemeinen Merkmale genannt werden, die für die Gewährleistung der erforderlichen Akkumulationskraft bedeutsam sind:

a) Das Nationaleinkommen wächst beständig schneller als die Bevölkerung (vgl. Abbildung 3);

b) der Anteil der Industrie und des Bauwesens an der Schaffung des Nationaleinkommens übertrifft den der Landwirtschaft um das Zwei- bis Vierfache;

c) die Elektroenergieproduktion, der Maschinenbau, die Elektrotechnik und die chemische Industrie bestimmen das industrielle Wachstum und erzeugen ca. 30 bis 40% der Industrieproduktion;

d) der Zuwachs von Maschinen und Anlagen im Export ist größer als der Zuwachs anderer Exportprodukte; die Industrieproduktion bzw. andere Bereiche gewährleisten eine Exportkraft, mit der volkswirtschaftlich notwendige Importe finanziert werden können;

e) die Produktion von Nahrungsmitteln wächst schneller als die Bevölkerung.

Die Gültigkeit dieser wesentlichen Charakteristika ist an den jeweiligen sozialen, ökonomischen, regionalen und natürlichen Bedingungen der Entwicklungsländer zu überprüfen.

Für die europäischen RGW-Länder entsteht mit den großen gesellschaftlichen Fortschritten Anfang der 70er Jahre objektiv die Frage nach einem *neuen* Abschnitt ihrer sozialökonomischen Entwicklung.

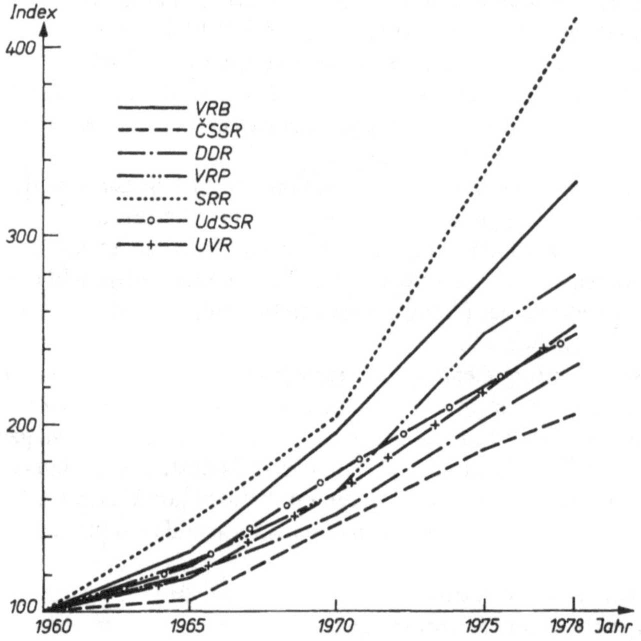

Abb. 3:
Die Entwicklung des produzierten Nationaleinkommens pro Kopf der Bevölkerung in den europäischen Mitgliedsländern des RGW (1960 = 100)

Quelle: Statističeskij ežegodnik stran-členov Soveta Ėkonomičeskoj Vzaimopomošči, Moskva 1978, S. 40.

1.2. Zu den sozialökonomischen Zielen der volkswirtschaftlichen Reproduktion

Auf ihren Parteitagen zu Beginn der 70er Jahre haben die kommunistischen und Arbeiterparteien der europäischen Mitgliedsländer des RGW aus der Analyse der bis dahin erreichten sozialen und ökonomischen Fortschritte ihre Konzeptionen zur weiteren planmäßigen Ausnutzung des ökonomischen Grundgesetzes der sozialistischen Produktionsweise entwickelt und festgelegt. Die Einheit von Ziel und Mittel dieser wirtschaftlichen Strategie besteht konkret darin, die Intensivierung immer stärker zur Quelle sozialen Fortschritts zu machen. Mit der planmäßigen Gestaltung aller Seiten der gesellschaftlichen Reproduktion gilt es, die Vorzüge des entwickelten Sozialismus voll zu entfalten und die Überlegenheit der sozialistischen Gesellschaft international noch deutlicher zu dokumentieren.

Das höchste Ziel der Wirtschaftsstrategie der KPdSU[7] *und der kommunistischen und Arbeiterparteien der europäischen RGW-Länder war und bleibt der stetige Aufschwung des materiellen und kulturellen Lebensniveaus der Bevölkerung.*

Im Programm der Sozialistischen Einheitspartei Deutschlands heißt es dazu: Entwickelte sozialistische Gesellschaft — das bedeutet, „alle materiellen, sozialökonomischen und politisch-ideologischen Voraussetzungen zu schaffen, damit der Sinn des Sozialismus, alles zu tun für das Wohl des Volkes, für die Interessen der Arbeiterklasse, der Genossenschaftsbauern, der Intelligenz und der anderen Werktätigen, auf ständig höherer Stufe verwirklicht wird. Entsprechend dem ökonomischen Grundgesetz des Sozialismus besteht die Hauptaufgabe bei der Gestaltung der entwickelten sozialistischen Gesellschaft in der weiteren Erhöhung des materiellen und kulturellen Lebensniveaus des Volkes auf der Grundlage eines hohen Entwicklungstempos der sozialistischen Produktion, der Erhöhung der Effektivität, des wissenschaftlich-technischen Fortschritts und des Wachstums der Arbeitsproduktivität".[8]

Diese Hauptaufgabe haben *dem Wesen nach gleichartig* auch die kommunistischen und Arbeiterparteien aller anderen europäischen RGW-Länder zur bestimmenden Orientierung ihrer Politik erhoben.[9] Sie charakterisiert die tatsäch-

[7] Vgl. Rechenschaftsbericht des ZK der KPdSU und die nächsten Aufgaben der Partei in der Innen- und Außenpolitik, Berichterstatter: L. I. Breshnew, Berlin 1976, S. 50.

[8] Programm der Sozialistischen Einheitspartei Deutschlands, Berlin 1976, S. 19/20.

[9] Das Grundziel der Wirtschafts- und Sozialpolitik der *Kommunistischen Partei der Tschechoslowakei* für den Zeitraum des 6. Fünfjahrplanes besteht darin, die Befriedigung der wachsenden materiellen und geistigen Bedürfnisse der Bevölkerung im Einklang mit der Vertiefung der sozialistischen Lebensweise sowie die weitere Festigung ihrer Lebens- und sozialen Sicherheiten auf der Grundlage einer hohen Effektivität der gesellschaftlichen Produktion und auf Grund der Qualität der gesamten Arbeit sicherzustellen. (Vgl. Direktive der wirtschaftlichen und sozialen Entwicklung der Tschechoslowakischen Sozialistischen Republik in den Jahren 1976 bis 1980, in: Der XV. Parteitag der Kommunistischen Partei der Tschechoslowakei, Prag 1976, S. 178.) — Die *PVAP* wird in den 70er Jahren die bisherige Politik der gesellschaftlich-wirtschaftlichen Entwicklung des Landes fortsetzen und bereichern. Beide

liche soziale und ökonomische Entwicklung dieser Länder seit Anfang der 70er Jahre. Ihre bisherige Realisierung macht deutlich, daß es beim Kurs der Hauptaufgabe — der für die gesamte überschaubare Perspektive gültig ist — *keine Alternative* „ökonomisches Wachstum *oder* steigender Volkswohlstand" gibt, *sondern* nur eine untrennbare *Einheit von Wirtschafts- und Sozialpolitik.* Die Orientierung lautet — und daran beweist sich erfolgreich die Kunst der Wirtschaftspolitik —, auf der Grundlage eines stabilen und effektiven Wachstums der Produktion die materiellen und geistig-kulturellen Lebensbedingungen der Werktätigen weiter zu verbessern.

In den 70er Jahren wurden in den RGW-Ländern die Realeinkommen der Werktätigen wesentlich erhöht, die Arbeits- und Lebensbedingungen verbessert, weitere Fortschritte im Gesundheits-, Sozial- und Bildungswesen sowie in der Kultur erreicht bzw. eingeleitet — eben alles das verstärkt fortgesetzt, was zur

Jahrfünfte des Zeitraumes 1971 bis 1980 sind durch eine einheitliche gesellschaftlich-ökonomische Konzeption, eine einheitliche Hierarchie der Ziele und Methoden des sozialistischen Aufbaus charakterisiert, „die weitere Verbesserung der Lebensbedingungen des Volkes auf dem Boden des weiteren Ausbaus und der Modernisierung des ökonomischen Potentials des Landes". (Um die weitere dynamische Entwicklung des sozialistischen Aufbaus — um die höhere Qualität der Arbeit und der Lebensbedingungen des Volkes: Beschluß des VII. Parteitages, der PVAP, Warszawa 1975, Polnische Interpress-Agentur, S. 4.) — Eine mit den Möglichkeiten der Ungarischen VR und dem sozialistischen Charakter ihrer Gesellschaft im Einklang stehende, zunehmende Befriedigung der Bedürfnisse ist für die *USAP* das Ziel der wirtschaftlichen Entwicklung und gleichzeitig auch ihre bedeutendste Triebkraft. (Vgl. Programmerklärung der Ungarischen Sozialistischen Arbeiterpartei, Bulletin der Botschaft der Ungarischen Volksrepublik in der Deutschen Demokratischen Republik, Berlin 1975, S. 23.) — Das höchste Ziel der allgemeinen Politik der *Rumänischen Kommunistischen Partei* zum Aufbau der vielseitig entwickelten sozialistischen Gesellschaft ist die ständige Hebung des materiellen und geistigen Wohlstandes des ganzen Volkes, die Erhöhung des Zivilisationsstandes des Lebens der ganzen Gesellschaft. Diesem Ziel sind alle Bemühungen um die rasche Entwicklung des Nationaleinkommens untergeordnet. (Vgl. Das Programm der Rumänischen Kommunistischen Partei zur Schaffung der vielseitig entwickelten sozialistischen Gesellschaft und des Voranschreitens Rumäniens zum Kommunismus, in: Neuer Weg (Bukarest), Nr. 7873 vom 2. Sept. 1974.) — Die unablässige Verwirklichung der Linie der *Bulgarischen Kommunistischen Partei* zur volleren Befriedigung der materiellen und geistigen Bedürfnisse des Volkes bildet die sozialökonomische Hauptaufgabe des 7. Fünfjahrplanes (1976 bis 1980). Dafür sind die dynamische und proportionale Entwicklung der Volkswirtschaft unter den Bedingungen der fortschreitenden sozialistischen Integration zu gewährleisten, die Arbeitsproduktivität rasch zu steigern, die Effektivität der Produktion und die Qualität der Erzeugnisse auf dem Wege der Modernisierung, Rekonstruktion und Konzentration sowie der beschleunigten Überleitung der wissenschaftlich-technischen Errungenschaften zu verbessern, das sozialistische Bewußtsein der Werktätigen zu heben, die sozialistische Lebensweise durchzusetzen. (Vgl. T. Živkov, Rechenschaftsbericht des Zentralkomitees der Bulgarischen Kommunistischen Partei über die Periode zwischen dem X. und dem XI. Parteitag und die bevorstehenden Aufgaben, Sofia 1976, S. 40/41.)

sozialistischen Vervollkommnung der Lebensweise beiträgt. Als Mittel zur Verwirklichung dieser Ziele wurde die gesellschaftliche Produktion dynamisch und proportional entwickelt und ihre Effektivität durch den wissenschaftlich-technischen Fortschritt, eine höhere Arbeitsproduktivität und die bessere Qualität der Arbeit in allen volkswirtschaftlichen Bereichen gesteigert.

Mit der planmäßigen Verwirklichung dieser politischen Orientierungen der kommunistischen und Arbeiterparteien europäischer RGW-Länder bilden sich immer mehr *gleichartige Elemente der Ökonomik der entwickelten sozialistischen Gesellschaft* heraus. Dazu gehören:

– die bessere Befriedigung *gegenwärtiger und künftiger* materieller und geistig-kultureller Bedürfnisse der werktätigen Menschen als Schritte der Herausbildung einer sozialistischen Lebensweise;

– die *höhere Effektivität der gesellschaftlichen Produktion* durch rationellere Nutzung der Ressourcen, steigende Arbeitsproduktivität und wissenschaftlich-technischen Fortschritt sowie der schrittweise Übergang zur allseitig intensiv erweiterten Reproduktion;

– die ständige Vervollkommnung der *sozialistischen Produktionsverhältnisse* als Bedingung und Ergebnis sozialen Fortschritts;

– die hohe *Organisiertheit* und zunehmende *Planmäßigkeit* der gesellschaftlichen und ökonomischen Entwicklung *unter Führung der kommunistischen und Arbeiterparteien.*

Jeder Zuwachs an Wirtschaftskraft, jede wissenschaftlich-technische Leistung, jedes Prozent Steigerung der Arbeitsproduktivität kann in ein höheres Lebensniveau umgesetzt werden, weil in der sozialistischen Produktionsweise alle materiellen und wissenschaftlich-technischen Potenzen in Übereinstimmung mit den sozialen Interessen der Werktätigen entwickelt werden. Deshalb können *Wirtschafts- und Sozialpolitik in ihrer untrennbaren Einheit* zum obersten Leitgedanken erhoben werden. Darin besteht eine entscheidende Bedingung für den weiteren gesellschaftlichen Fortschritt, eine Kernfrage der sozialistischen Revolution in der DDR[10] und auch in den anderen europäischen RGW-Ländern, in der Gegenwart und Perspektive.

Aus diesem *untrennbaren* Zusammenhang zwischen Wirtschafts- und Sozialpolitik ergeben sich neue Fragen des Tempos, der Effektivitätsentwicklung und der Strukturveränderung volkswirtschaftlicher Reproduktionsprozesse. Sie haben ihren Ursprung vor allem in der Dynamik der gesellschaftlichen Entwicklung, in den *höheren sozialen Maßstäben*, die die entwickelte sozialistische Gesellschaft entsprechend ihren materiellen und subjektiven Bedingungen realisieren kann.

V. N. Kiričenko schreibt dazu: „Der Kurs auf die Hebung des Volkswohlstandes sieht vor, die materiellen Bedingungen, die Wohnverhältnisse und die

[10] Vgl. E. Honecker, Die sozialistische Revolution in der DDR und ihre Perspektiven, in: Neues Deutschland, Ausgabe B, vom 27. Sept. 1977, S. 3.

übrigen Lebensbedingungen der Bevölkerung weiter zu verbessern. Dazu ist es allerdings auch erforderlich, den Charakter und die Bedingungen der Arbeit stärker und schneller zu verändern, die arbeitsfreie Zeit, insbesondere die Freizeit, nutzbringend und sinnvoll zu gestalten, die Voraussetzungen zu schaffen, damit der Mensch seine vielfältigen schöpferischen Fähigkeiten in der Produktion, in der Leitung, im gesellschaftlichen und kulturellen Leben entfalten kann, wirksame Maßnahmen zum Schutz der natürlichen Umwelt zu ergreifen und dergleichen mehr. Somit ist der Kurs auf die Hebung des Volkswohlstands im Grunde genommen ein komplexes, vielgestaltiges *Programm zur weiteren Vervollkommnung der sozialistischen Lebensweise.*"[11]

Auf der Grundlage der politischen Macht der Arbeiterklasse werden in den europäischen RGW-Ländern solche sozialen Grundbedürfnisse, wie die nach Frieden, sozialer Sicherheit, Vollbeschäftigung, umfassender Bildung und Teilnahme an der Leitung und Planung zunehmend besser befriedigt. Um diese Überlegenheit des realen Sozialismus weiter zu verstärken, sind die materiellen und ideellen Bedingungen der *sozialistischen Lebensweise* zu vervollkommnen. *Folglich setzt die Weiterentwicklung der sozialistischen Lebensweise in den europäischen RGW-Ländern gegenwärtig die allseitige Intensivierung der volkswirtschaftlichen Reproduktionsprozesse voraus.*

Bei der weiteren Hebung des Lebensniveaus *auf diesem Wege* stehen vor den sozialistischen Bruderländern zahlreiche Aufgaben. Dazu gehören u. a.:

1. Die volle Entfaltung der Werktätigen als Produzenten und sozialistische Persönlichkeiten erfordert, ihr *Qualifikations- und Bildungsniveau* zu erhöhen und die *Arbeitsbedingungen* beständig zu verbessern.

Bei der Aus- und Weiterbildung der Werktätigen geht es nicht nur um die Vervollkommnung der Fähigkeiten, die aus ökonomischen Bedürfnissen erwachsen, sondern auch um die Erhöhung des politischen, fachlichen und kulturellen Bildungsniveaus. Mit der Veränderung der Arbeitsinhalte, der Teilung und Kombination von Arbeitsfunktionen erhöhen sich die Ansprüche, die an die Weiterbildung von Arbeitern, Technikern und Ingenieuren gestellt werden. Aus diesen Entwicklungstendenzen erwächst die Aufgabe, die für die gegenwärtige und künftige intensive Reproduktion erforderliche *Qualifikationsstruktur der Werktätigen* zu bestimmen und entsprechende Lehr- und Bildungsprogramme rechtzeitig einzuführen.

Die weitere Vervollkommnung des gesellschaftlichen Charakters der Arbeit erschöpft sich nicht in der Erhöhung des Qualifikations- und Bildungsniveaus der Werktätigen. Umfangreiche materiell-technische und finanzielle Maßnahmen werden erforderlich, um den Arbeitsschutz zu verbessern, Arbeitsunfälle zu vermeiden, Berufskrankheiten vorzubeugen bzw. einzuschränken, körperlich schwere

[11] W. N. Kiritschenko, Die Pläne des sozialistischen wirtschaftlichen, sozialen und kulturellen Aufbaus — Verkörperung der Wirtschaftsstrategie der KPdSU, in: Wirtschaftswissenschaft, 11/1977, S. 1573 (Hervorhebung vom Autorenkollektiv).

Arbeit zu verringern, das Verhältnis von physischer und psychischer Belastung bei zunehmend schöpferischen Tätigkeiten zu regulieren. Diese Aufgaben sind so zu lösen, daß *durch die Vervollkommnung des Arbeitsprozesses die Produktivität der gesellschaftlichen Produzenten schneller wächst* als die dafür von der Gesellschaft aufzuwendenden Fonds und Mengen an Arbeitszeit.

2. Die weitere Gestaltung der sozialistischen Lebensweise ist zumindest in doppelter Hinsicht mit der *Entwicklung der Bevölkerung* verbunden: Einerseits beeinflußt das vorhandene demographische Potential — bei gegebenem wirtschaftlichem Leistungsniveau -- zweifellos die Möglichkeiten und die Grenzen für die Dynamik der sozialistischen Lebensweise. Andererseits wirkt diese wiederum auf die Bevölkerungsentwicklung und — vermittelt über sie wie auch direkt — auf die gesellschaftliche Produktivität zurück. Folglich ist es eine wesentliche Aufgabe, die Bestimmungsfaktoren von Tempo und Struktur der Bevölkerungsentwicklung eingehend zu analysieren, um daraus vor allem Schlußfolgerungen für die Entwicklung der gesellschaftlichen Bedürfnisse und des gesellschaftlichen Arbeitsvermögens abzuleiten.

Gleichzeitig wird es notwendig, die sozialen und ökonomischen Wirkungen zu untersuchen, die die umfangreichen gesellschaftlichen Aufwendungen auslösen, welche die europäischen RGW-Länder gegenwärtig in wachsendem Maße leisten.

3. Bei der Verwirklichung der Hauptaufgabe gehen die europäischen Mitgliedsländer des RGW von der *objektiven* Entwicklung der gesellschaftlichen Bedürfnisse aus. Ihre ständig bessere Befriedigung zwingt zu vielfältigen Veränderungen in der gesellschaftlichen Produktion, denn diese muß die erforderlichen Voraussetzungen schaffen, damit die Verbesserung des materiellen und geistig-kulturellen Lebensniveaus der Werktätigen der realen Differenziertheit der Bedürfnisse, ihrer Dynamik und Komplexität entspricht.

Auf der Grundlage des volkwirtschaftlich notwendigen Aufwands für die Befriedigung gesellschaftlicher Bedürfnisse haben die europäischen RGW-Länder begonnen, die Entwicklung der volkswirtschaftlichen Reproduktion nach *Bedürfniskomplexen* auszurichten. Damit entstehen viele theoretische und praktische Fragen, u. a. nach den *sozialistischen Normen* gesellschaftlicher und individueller Bedürfnisse, der Rangfolge und dem Ausmaß der Bedürfnisbefriedigung, den Bestimmungsfaktoren für die Veränderung von *Bedürfnisstrukturen* in Abhängigkeit von der sozialen Stellung der Klassen und Schichten sowie ihrer Einkommensdynamik. Die Lösung dieser Probleme setzt vielfältige Maßnahmen zur Veränderung volkswirtschaftlicher Proportionen und Strukturen in den europäischen RGW-Ländern voraus. Dazu gehören u. a. veränderte Proportionen zwischen Akkumulation und Konsumtion, produktivem und nichtproduktivem Bereich, zwischen Geld- und Warenfonds.

4. Eine erstrangige Bedeutung für die Verbesserung des materiellen und geistig-kulturellen Lebensniveaus hat die *Lösung der Wohnungsfrage*. Sie ermöglicht es, Bedürfnisse nach Erholung und Bildung besser zu befriedigen und beeinflußt das gegenwärtige und künftige Zusammenleben in Familie und

Gesellschaft. Die Versorgung aller Familien mit modernem Wohnraum, die Ausstattung aller Wohngebiete mit Kinderkrippen und Kindergärten, mit Schulen, Kultur- und Sportstätten, mit Einrichtungen für Handel, Dienstleistungen und Gesundheitswesen — das sind für alle europäischen RGW-Länder schon gegenwärtig vorrangige soziale Aufgaben.

Betrachtet man diese sozialökonomischen Ziele in ihrem Zusammenhang, ergeben sich folgende allgemeingültige Schlußfolgerungen für die volkswirtschaftliche Reproduktion in den europäischen RGW-Ländern:

— Es handelt sich um *sozial determinierte Ziele*, deren Verwirklichung die gesellschaftlichen Möglichkeiten der Werktätigen als Produzenten und Konsumenten wesentlich erweitern und die sozialistische Lebensweise allseitig durchsetzen wird.

— Die Lösung dieser Aufgaben erfordert *weitreichende Konsequenzen für die Entwicklung der volkswirtschaftlichen Reproduktion*, hinsichtlich des Wachstumstempos und der Strukturentwicklung, in bezug auf das erforderliche Volumen von Arbeitskräften, Fonds und Material sowie die Effektivität ihres Einsatzes. Das erfordert eine Zeitspanne von mehreren Planjahrfünften. Dabei können die sozialen Ziele nur in dem Maße verwirklicht werden, wie durch ein günstigeres Verhältnis zwischen Aufwand und Ergebnis durch vorwiegend intensiv erweiterte Reproduktion die erforderlichen Voraussetzungen geschaffen werden.

— Mit dem Kurs auf die Lösung der Hauptaufgabe verstärken sich die *Gemeinsamkeiten in der sozialökonomischen Entwicklung* der europäischen RGW-Länder und zugleich prägen sich *nationale Besonderheiten* weiter aus.

Die Verwirklichung dieser sozialökonomischen Ziele verändert die volkswirtschaftlichen Reproduktionsbedingungen. Umgekehrt haben Zustand und Entwicklungsrichtung der volkswirtschaftlichen Reproduktionsbedingungen einen entscheidenden Einfluß auf die Realisierbarkeit sozialer Ziele. Betrachten wir deshalb die Entwicklung wichtiger ökonomischer *Bedingungen* in europäischen RGW-Ländern.

1.3. Gegenwärtige Reproduktionsbedingungen erfordern intensives Wachstum

Im Verlauf der 70er Jahre haben sich in allen europäischen Mitgliedsländern des RGW die volkswirtschaftlichen Reproduktionsbedingungen wesentlich verändert.

Diese Veränderungen ergeben sich *erstens* daraus, daß das höhere ökonomische Entwicklungsniveau und das gewachsene Potential *größere Dimensionen der volkswirtschaftlichen Reproduktion ermöglichen*. Sie sind *zweitens* damit verbunden, daß die *erweiterten sozialistischen Zielstellungen* zum Teil neue Anforderungen an die gesellschaftliche Produktion stellen und sich dadurch der Ressourceneinsatz ändern muß. Mit dem größeren Ausmaß und der zunehmenden Komplexität der volkswirtschaftlichen Reproduktionsprozesse sind *drittens unter dem Einfluß des wissenschaftlich-technischen Fortschritts* die arbeitsteiligen Beziehungen in allen europäischen RGW-Ländern zu vervollkommnen. Ohne Zweifel wirken diese Momente in einem engen Zusammenhang, sie beeinflussen sich wechselseitig und erfordern neue Antworten, um das ökonomische Wachstum in den europäischen RGW-Ländern mit einem stabilen Wachstumstempo und einer höheren Effektivität fortzusetzen.

Über diese Veränderungen hinaus haben wir es zumindest unter *drei Aspekten* mit *neuartigen Reproduktionsbedingungen*[12] zu tun, die — zur Zeit von Land zu Land noch sehr unterschiedlich wirksam — aber tendenziell stärker allgemeingültig für alle europäischen RGW-Länder werden. Sie betreffen die Entwicklung der natürlichen *und* ökonomischen Ressourcen für die weitere Reproduktion sowie das Verhältnis zwischen volkswirtschaftlichen und außenwirtschaftlichen Wachstumsbedingungen.

1.3.1. Tendenziell sinkendes quantitatives Arbeitsvermögen und sein rationeller Einsatz

Von wesentlicher Bedeutung für jeden volkswirtschaftlichen Reproduktionsprozeß sind Entwicklung und Niveau des gesellschaftlichen Arbeitsvermögens. In den 50er und 60er Jahren waren vor allem der Zuwachs der Bevölkerung im arbeitsfähigen Alter und auch der steigende Qualifikationsgrad der Beschäftigten die hauptsächlichen Quellen. Weitere Entwicklungsmöglichkeiten resultierten aus veränderten Strukturen des Einsatzes der Arbeitskräfte in Industrie und Landwirtschaft.

Analysiert man die einzelnen europäischen Mitgliedsländer des RGW näher, weist das Wachstum des gesellschaftlichen Arbeitsvermögens von 1961 bis 1975 Unterschiede auf (vgl. Tabelle 5). So steht die VR Polen hinsichtlich der Entwicklung der Bevölkerung im arbeitsfähigen Alter unter den europäischen RGW-Ländern an erster Stelle, es folgen danach die ČSSR und die VR Bulgarien. Den niedrigsten Zuwachs weist die Ungarische VR auf. In der DDR war von 1950 bis 1974 ein absoluter Rückgang um über 15% zu verzeichnen. Von 1974 bis 1978 ist die Bevölkerung im arbeitsfähigen Alter um etwas über 3% gestiegen.

Das Bemerkenswerte besteht allerdings nicht allein in derartigen Unterschieden. Vielmehr zeigt sich für alle europäischen RGW-Länder — wenn man die Tendenz in den zurückliegenden drei Fünfjahrplanzeiträumen verfolgt — *ein tendenziell abnehmendes Entwicklungstempo der Bevölkerung im arbeitsfähigen Alter.* Insgesamt sinkt der Zuwachs der arbeitsfähigen Bevölkerung in den europäischen RGW-Ländern von 1971 bis 1975 um 8% und von 1976 bis 1980

[12] Vgl. dazu auch: H. Nick, Sozialismus und Wirtschaftswachstum, Berlin 1977, S. 54ff.; P. Bożyk, Współpraca gospodarcza Krajów RWPG, Warszawa 1976, S. 241ff.

Tabelle 5
Jahresdurchschnittlicher Zuwachs der Bevölkerung im arbeitsfähigen Alter in ausgewählten europäischen Mitgliedsländern des RGW (in %)

Land						lt. Prognosen der einzelnen Länder				Vergleich
	1961—1965	1966—1970	1971—1975	1976—1977	1961—1975	1976—1980	1981—1985	1986—1990	1975—1990	1961—1975 zu 1975—1990
VRB	0,80	0,60	0,45	0,59[1]	0,5	0,3	—0,2	—0,1	0,10	Zuwachs 5fach geringer
ČSSR	0,82	0,50	0,80	0,50	0,55	0,5	0,15	0,4	0,35	Zuwachs 1,6fach geringer
DDR	1,20	—0,10	0,40	1,0	—1,0				0,95	Plus anstelle Minus
VRP	1,25	1,50	1,90	1,50	1,2	1,4	0,65	0,35	0,75	Zuwachs 1,6fach geringer
UVR	0,45	0,65	0,45	±0	0,4	0,05	—0,2		0,15[2]	Zuwachs 2,7fach geringer

[1] 1976.
[2] 1971—1985.

Quellen
Statističeski godišnik na narodna republika Bŭlgarija, Sofija 1977, S. 12/13; 1976, S. 12/13, 32; Statistisches Taschenbuch Ungarns, Budapest 1977, S. 38; 1976, S. 145; Statistical Yearbook 1965, Hungarian Central Statistical Office, Budapest 1965, S. 51; Statistisches Jahrbuch der DDR 1978, Berlin 1978, S. 342; Rocznik statystyczny, Warszawa 1976, S. 36; Mały rocznik statystyczny, Warszawa 1978, S. 21; Statistická ročenka ČSSR, Praha 1978, S. 21; Problemy vosproizvodstva v ctranach SĖV, Moskva 1974, S. 50, 52.

um 6%. 1981 bis 1990 ist gegenüber dem Zeitraum von 1976 bis 1980 eine Verringerung des durchschnittlichen Zuwachses auf die Hälfte bis ein Drittel zu erwarten.[13]

Das zwingt zu der Konsequenz, das gesellschaftliche Arbeitsvermögen mit einer höheren Effektivität einzusetzen. Dabei müssen wir ein weiteres Moment berücksichtigen: Die europäischen RGW-Länder haben mit den 70er Jahren (z. T. bereits Ende der 60er Jahre) begonnen, die 5-Tage-Arbeitswoche einzuführen oder gehen nun dazu über, die Stundenzahl dieser 5-Tage-Arbeitswoche weiter zu reduzieren. Gleichzeitig wurde in mehreren Ländern der gesetzliche Jahresurlaub erhöht. Dieses wichtige sozialökonomische Anliegen, den Werktätigen mehr Freizeit für Erholung und Bildung zu gewähren, bewirkt eine weitere *beachtliche Verringerung des insgesamt einsetzbaren gesellschaftlichen Arbeitsvermögens.* Überschlägige Berechnungen zeigen, daß eine Reduzierung der durchschnittlichen Stundenzahl pro Arbeitswoche von 45 auf 40 Arbeitsstunden mit einer zumindest 6%igen Verringerung des gesamten gesellschaftlichen Arbeitsvermögens gleichzusetzen ist. Dieser Prozeß wird beim Übergang zu den 80er Jahren fortgesetzt, also das gesellschaftlich verfügbare Arbeitszeitvolumen auch dadurch tendenziell weiter verringert.

Die langfristig wichtigste Quelle, das sinkende Arbeitsvermögen zu kompensieren, ist der Einsatz neuer Technik und Technologien mit hohem Freisetzungseffekt. Als damit verbundene Faktoren wirken die weitere Qualifikation der Arbeitskräfte und ihr volkswirtschaftlich effektiverer Einsatz. Unterschiedlich sind die Möglichkeiten in den einzelnen Ländern, Arbeitskraftreserven durch zwischen- und innerzweigliche Strukturveränderungen zu erschließen. Sie werden ebenso genutzt wie die in einigen Ländern noch vorhandenen regionalen Reserven.

Für zahlreiche europäische RGW-Länder bildete die Umsetzung von Arbeitskräften aus der Landwirtschaft in die Industrie in den 60er Jahren ein beachtliches Reservoir. Ein Vergleich des Einsatzes der Arbeitskräfte in den volkswirtschaftlichen Bereichen — vor allem zwischen Industrie und Bauwirtschaft einerseits sowie zwischen Land- und Forstwirtschaft andererseits (vgl. Tabelle A 5) — zeigt, daß es in dieser Hinsicht — bei Tendenzen einer Annäherung — zwischen den europäischen RGW-Ländern durchaus noch beträchtliche Unterschiede gibt.

Bei ihrer weiteren Verringerung spielen zwei Prozesse eine wesentliche Rolle: *Erstens* darf man nicht bei der Betrachtung der *Anteile* von Industrie und Landwirtschaft am gesellschaftlichen Arbeitsvermögen stehen bleiben. Unter dem Einfluß der sozialistischen Industrialisierung landwirtschaftlicher Produktionsprozesse ergeben sich in jüngster Zeit in diesem Bereich in einigen europäischen RGW-Ländern z. T. *absolut steigende Beschäftigtenzahlen,* die mit dem wachsenden Einsatz von Mechanisatoren, mit dem Bau industrieller Verarbeitungszentren, mit der industriellen Produktion von Futtermitteln sowie erweiterter Landwirt-

[13] Vgl. Problemy vosproizvodstva v stranach SĖV, Moskva 1974, S. 12.

schaft verbunden sind. Dieser Prozeß wird sich ohne Zweifel fortsetzen. Es ist deshalb zu erwarten, daß auch in den Ländern mit einem gegenwärtig noch höheren Beschäftigtenanteil in der Landwirtschaft die Zahl der hier eingesetzten Arbeitskräfte sich langsamer verringern wird als bisher. Durch Spezialisierung und Konzentration der landwirtschaftlichen Produktion (in der VR Polen auch auf dem Wege der weiteren sozialistischen Umgestaltung der Landwirtschaft) sind Reserven an Arbeitskräften durchaus noch zu erschließen.

Zweitens ist festzustellen, daß das Umsetzen von Arbeitskräften aus der Landwirtschaft in die Industrie mit ökonomischen und auch sozialen Problemen verbunden ist. Angesichts des gestiegenen Mechanisierungsgrades in der Landwirtschaft ist die Freisetzung einer Arbeitskraft heute auch in diesem Bereich bereits mit beträchtlichen volkswirtschaftlichen Aufwendungen verbunden. Sie sind durchschnittlich niedriger als in der Industrie. Dennoch sind die volkswirtschaftlichen Kosten, die aus einer (sowohl absoluten als auch relativen) Verringerung des Arbeitskräftebesatzes je 100 ha landwirtschaftlicher Nutzfläche resultieren, beachtlich.

Bleibt also festzustellen, daß aus solchen Strukturveränderungen in weit geringerem Maße als in den 60er Jahren eine Freisetzung von landwirtschaftlichen Arbeitskräften zu erwarten ist, die in anderen Bereichen eingesetzt werden können. Ein weiteres wesentliches Problem besteht darin, die Wachstumstendenzen des gesellschaftlichen Arbeitsvermögens nicht nur unter dem Gesichtspunkt von Anforderungen der *materiellen Produktion* zu betrachten. Wie wir bei der Analyse der sozialen Ziele gezeigt haben, gelten für die Entwicklung der *nichtmateriellen Bereiche* ebenfalls höhere Maßstäbe. Hier steigt, auch auf Grund des im Verhältnis zu den materiellen Bereichen gegenwärtig noch niedrigeren Produktivitätsniveaus, der Arbeitskräftebedarf in höherem Maße als in der materiellen Produktion. Tabelle A 6 weist aus, daß seit Ende der 60er Jahre in allen europäischen RGW-Ländern der Anteil der Beschäftigten in den nichtmateriellen Bereichen an den Gesamtbeschäftigten deutlich angestiegen ist.

Bei der Beurteilung dieser Tendenzen ist auch zu berücksichtigen, wie hoch der Beschäftigungsgrad der arbeitsfähigen Bevölkerung ist und in welchem Maße Frauen in den Arbeitsprozeß einbezogen wurden. Zwischen den europäischen RGW-Ländern sind — wie Tabelle 6 und Abbildung 4 zeigen — Unterschiede im Beschäftigungsgrad durchaus vorhanden. Bezieht man die Unterschiede zwischen den Ländern im Hinblick auf das arbeitsfähige Alter ein, so wird deutlich, daß beispielsweise in der DDR eine weitere Erhöhung des Beschäftigtengrades kaum mehr möglich ist. Bestehende Unterschiede in der Inanspruchnahme des Arbeitskräftepotentials lassen auch die Frage aktuell bleiben, inwieweit durch Spezialisierung arbeitsintensiver Produktionen oder Abkommen über den zeitweiligen Einsatz von Arbeitskräften in anderen RGW-Ländern ökonomisch vorteilhafte Lösungen für alle Partner erreicht werden.

Aus den genannten Tendenzen eines abnehmenden Entwicklungstempos des gesellschaftlichen Arbeitsvermögens und steigenden Anforderungen beim Einsatz

Tabelle 6
Entwicklung des Beschäftigungsgrades[1] in ausgewählten europäischen Mitgliedsländern des RGW (in %)

	1960	1965	1970	1975	1977
VRB[2]	38,5	45,9	55,7	72,7	75,7
ČSSR	79,4	81,4	86,2	87,7	88,0
DDR	72,9	77,4	78,6	79,1	78,3
VRP	78,5	80,4	83,3	84,6	83,6
UVR	80,3	77,2	80,0	79,8	79,8

[1] Anteil der Berufstätigen an der Bevölkerung im arbeitsfähigen Alter.
[2] Bezogen auf Arbeiter und Angestellte.

Quellen
Statictičeski godišnik na narodna republika Bulgarija, Sofija 1978, S. 12/13, 100; 1976, S. 12/13, 32, 100; Statistisches Taschenbuch Ungarns, Budapest 1977, S. 8/9, 38; 1976, S. 145; Statistisches Jahrbuch der DDR 1978, Berlin 1978, S. 87, 342; Rocznik statystyczny, Warszawa 1976, S. 36, 54; Mały rocznik statystyczny, Warszawa 1978, S. 21; Statistická ročenka ČSSR, Praha 1978, S. 21, 23.

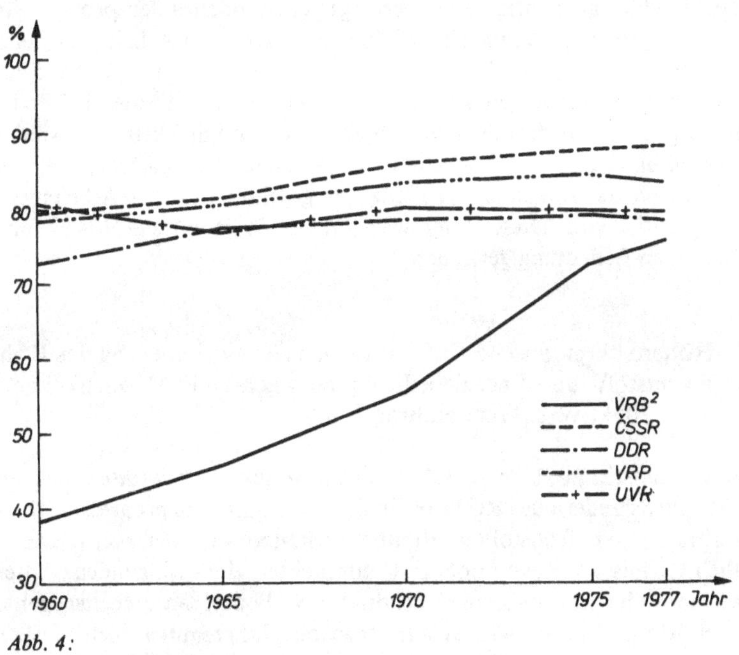

Abb. 4:
Entwicklung des Beschäftigungsgrades[1] in ausgewählten europäischen Mitgliedsländern des RGW (in %)
Anmerkungen und Quellen: Siehe Tabelle 6.

von Arbeitskräften in den materiellen und nichtmateriellen Bereichen ergibt sich die *Schlußfolgerung*, daß der Wirkungsgrad der lebendigen Arbeit durch den wissenschaftlich-technischen Fortschritt, die Intensivierung, höhere Qualifikation der Arbeitskräfte und ihren verbesserten volkswirtschaftlichen Einsatz beträchtlich gesteigert werden muß, um ein effektives Wirtschaftswachstum beizubehalten.

Das tendenziell sinkende Arbeitsvermögen ist keineswegs die hauptsächliche oder gar alleinige Ursache für eine umfassende Intensivierung der gesellschaftlichen Reproduktion. Die vorher genannten Zusammenhänge zwingen jedoch in allen europäischen RGW-Ländern dazu, die *Intensivierung im Hinblick auf den Einsatz der lebendigen Arbeit mit größerer Konsequenz durchzusetzen*. Da das gesellschaftliche Arbeitsvermögen bei sinkender Entwicklungstendenz in hohem Grade beschäftigt wird, die Umsetzung von Arbeitskräften aus der Landwirtschaft in andere Bereiche mit einem geringeren Tempo bei höheren Aufwendungen erfolgt und zugleich der volkswirtschaftliche Bedarf an Arbeitskräften weiter steigt, geht es vor allem um: die *Einsparung von Arbeitsplätzen* und den volkswirtschaftlich rationelleren Einsatz der Arbeitskräfte u. a. durch Einschränkung von Handarbeit, Mechanisierung von Reparatur- und Transportprozessen und weitere Konzentration der Produktion einschließlich ihrer Automatisierung, die planmäßige Erhöhung des Qualifikationsgrades und eine wachsende Disponibilität der Beschäftigten. Angesichts verringerter Stundenzahlen pro Arbeitswoche wird eine progressiv steigende Effektivität der lebendigen Arbeit je Arbeitsstunde erforderlich.

Diese Erfordernisse zeigen sich in den einzelnen europäischen RGW-Ländern gegenwärtig z. T. noch mit unterschiedlicher Dringlichkeit. Sie sind jedoch allgemeingültig. Letztlich entscheidet das Ausmaß der Intensivierung darüber, wie erfolgreich der sinkenden Tendenz des gesellschaftlichen Arbeitsvermögens entgegengewirkt wird. Diese Frage wird für das ökonomische Wachstum in den 80er Jahren an Bedeutung gewinnen.

1.3.2. Höhere ökonomische Aufwendungen für die Sicherung des Rohstoff-, Brennstoff- und Energiebedarfs und wachsende Möglichkeiten einer effektiveren Verwendung

Das Wachstumstempo der gesellschaftlichen Produktion bewirkte in den europäischen Mitgliedsländern des RGW bis in die 70er Jahre eine progressive Steigerung des Verbrauchs an Rohstoffen, Brennstoffen und Energieträgern. Die wissenschaftlich-technische Revolution hat ungeachtet eines sinkenden Anteils der extraktiven Industrie am Gesamtprodukt den Bedarf an Arbeitsgegenständen in einem Maße erhöht, wie das in früheren Jahrzehnten nicht festzustellen war.

Überschlagsrechnungen zeigen, daß seit 1950 in der Welt mehr mineralische Rohstoffe verbraucht wurden als in allen vorangegangenen Jahrhunderten zusammengenommen. Allein von 1950 bis 1969 hat sich die Weltproduktion mineralischer Rohstoffe verdreifacht. Bis in die 60er Jahre hinein wurde der sinkende Anteil von Roh- und Brennstoffen an der Gesamtproduktion nicht von Ressourcenbegrenzungen beeinflußt. Die Erfahrungen der 70er Jahre zeigen, daß eine weitere *extensive* Steigerung des Rohstoff-, Brennstoff- und Energieverbrauchs progressiv wachsende ökonomische Aufwendungen beim Aufschluß der Ressourcen mit sich bringt. Die Nichtreproduzierbarkeit verschiedener Ressourcen zwingt darüber hinaus dazu, die vorhandenen Quellen effektiver zu nutzen.

Nach vorläufigen Berechnungen verfügen die RGW-Länder, vor allem die Sowjetunion, über folgende Anteile an den potentiellen Weltvorräten: bei mineralischen Brennstoffen bis zu 54%, bei Manganerz und Phosphorit ca. 80%, bei Nickel, Wolfram und Asbest rd. 70% sowie bei Zink, Kupfer und Eisenerz 50%.

Doch wird damit nicht die gesamte Problematik erfaßt. *Das erste Problem:* Die *natürliche Verteilung dieser Ressourcen* zwischen den einzelnen europäischen RGW-Ländern ist ungleichmäßig. Davon zeugen folgende Näherungsrechnungen: Die *energetischen Ressourcen* der VR Polen betragen je Kopf der Bevölkerung 42,2 Mio kWh. In der ČSSR belaufen sie sich auf nur 7 Mio kWh, in der DDR auf 6,9 Mio kWh, in der SR Rumänien auf 2 Mio kWh, in der VR Bulgarien auf 1,4 Mio und in der Ungarischen VR auf 0,7 Mio kWh, jeweils je Kopf der Bevölkerung. Vergleicht man die auf einen Einwohner entfallenden *geologischen Vorräte an Brennstoffen* zwischen den europäischen RGW-Ländern und setzt dabei jene in der VR Polen gleich Hundert, so betragen sie in der ČSSR nur 17%, in der DDR 16, in der SR Rumänien 5, in der VR Bulgarien 4 und in der Ungarischen VR 2%.[14] Die energetischen Ressourcen der einzelnen RGW-Länder unterscheiden sich auch *strukturell* beachtlich. So überwiegt z. B. in der VR Polen die Steinkohle, in der DDR die Braunkohle. Volkswirtschaftlich bedeutende Lagerstätten von Erdöl und Erdgas stehen nicht zur Verfügung.

Die ungleichmäßige regionale Verteilung der Ressourcen gilt auch für die Sowjetunion, in der der größte Teil der Vorräte, mehr als 80%, im sibirischen Teil vorhanden ist.

Unter diesen Umständen sind der weiteren Entwicklung der Rohstoff-, Brennstoff- und Energiebasis in den einzelnen europäischen RGW-Ländern *unterschiedliche Grenzen* gesetzt: Sie sind auf Grund fehlender natürlicher Ressourcen besonders stark spürbar in der DDR, der Ungarischen VR sowie der VR Bulgarien und haben ihren Ursprung in der Sowjetunion vor allem in regionalen und auch ökonomischen Ursachen.

Ein zweites Problem: Die natürlichen Bedingungen der Rohstofferschließung verschlechtern sich, die Ergiebigkeit von Rohstoff-, Brennstoff- und Energie-

[14] Vgl. B. M. Pugačev, Internacionalizacija proizvodstva i socialističeskaja integracija, Moskva 1975, S. 78.

ressourcen zeigt teilweise eine degressive Entwicklung. Darauf weisen u. a. folgende Kennziffern hin:

1. Das Verhältnis zwischen dem Abraum und der Förderung verschlechtert sich im Braunkohlenbergbau der DDR mit jedem Fünfjahrplan spürbar. Betrug dieses Verhältnis 1972 3,7:1 und 1975 3,9:1, so ist nach Schätzungen absehbar, daß dieses Verhältnis 1980 4,5:1, 1985 4,8:1 und 1990 5,2:1 beträgt.

2. Bei der Erkundung von Erdöl- und Erdgaslagerstätten haben sich in der Sowjetunion die Bohrmeterkosten im Verlauf der Jahre 1959 bis 1967 von 110 Rubel pro Meter auf 180 Rubel pro Meter, d. h. um über 60% erhöht. Zugleich ist zu berücksichtigen, daß die Teufe von 1750 m auf 2290 m gestiegen ist.[15]

Daraus folgt also: Die fortgesetzte Förderung/Produktion von gleichen oder gar steigenden Mengen ist mit *progressiv wachsenden volkswirtschaftlichen Aufwendungen* verbunden. Angaben über die Entwicklung der Selbstkosten für die verschiedensten Arten mineralischer Rohstoffe in der Sowjetunion zeigen das: Sie stiegen im Jahresdurchschnitt allein von 1968 bis 1973 bei Eisenerz um 2,5%, bei Manganerz um 3,8%, bei Bauxit um 1,8%, bei Erdöl und Gaskondensat um 1,9%, bei Erdgas um 4,1%, bei Apatitkonzentrat um 2,2%, bei Naturschwefel um 2,5% sowie bei Phosphaterz um 3,0%.[16]

Je Einheit der erzeugten Rohstoff-, Brennstoff- und Energieträger haben die europäischen RGW-Länder einen weit höheren Investitionsaufwand mit längerer Amortisationszeit vorzuschießen als in den Zweigen der verarbeitenden Industrie. Zu tendenziell wachsenden Begrenzungen in den natürlichen Ressourcen kommt also das Problem steigender ökonomischer Aufwendungen beim Aufschluß dieser Ressourcen hinzu. Der spezifische laufende Aufwand je produzierte Rohstoff- und Brennstoffeinheit erhöht sich. Die erforderlichen Investitionen für jede Einheit des *Produktionszuwachses* dieser Erzeugnisse steigen progressiv. Die *Steigerungsmöglichkeiten* des Rohstoff-, Energie- und Materialaufkommens sind *begrenzt*.[17]

So verstärkt sich für die europäischen RGW-Länder in den 70er Jahren die Notwendigkeit, *die Effektivität der Rohstoff-, Brennstoff- und Energieproduktion zu erhöhen und zugleich einen effektiveren Verbrauch einzuleiten.*

Diese Probleme haben sich unter dem Einfluß der sprunghaften Entwicklung der kapitalistischen Weltmarktpreise nach dem ersten Drittel der 70er Jahre weiter verschärft. Die Preise auf dem kapitalistischen Weltmarkt sind für die verschiedensten Brennstoffarten und Energieträger z. T. drastisch gestiegen und haben ein *neues Niveau* erreicht. Von diesem Preissprung wurden fast alle

[15] Vgl. u. a.: Die Wirtschaft vom 16. Sept. 1975, Beilage.

[16] Vgl. Ju. Jakovec, Dviženie cen mineral'nogo syr'ja, in: Voprosy ėkonomiki, 6/1975, S. 3ff.

[17] Vgl. dazu insbesondere: W. Heinrichs, Einführungsvortrag auf der 17. Tagung des Wissenschaftlichen Rates für die wirtschaftswissenschaftliche Forschung, in: Materialökonomie, Energie- und Rohstoffwirtschaft, Berlin 1976, S. 9—27 (Abhandlungen der Akademie der Wissenschaften der DDR, W 4).

Rohstoffarten erfaßt, allerdings mit Unterschieden. Im Vergleich zu 1972 erhöhte sich bis Ende 1979 der Preis für Erdöl auf rd. das Zehnfache, der Preis für Blei auf das 3,7fache, für Zink auf mehr als das Vierfache, für Zinn auf das 4,5fache und für Baumwolle auf das Doppelte.[18]

Auf der Grundlage der Beschlüsse der 70. Tagung des RGW-Exekutivkomitees werden sich die RGW-Länder mit den Vertragspreisen für ihren gegenseitigen Außenhandel zum Ende der 70er Jahre diesem Preisniveau schrittweise annähern.

Die RGW-Länder sichern ihren Rohstoff- und Energiebedarf zu einem wesentlichen Teil, indem sie ihre Anstrengungen mit der Sowjetunion koordinieren und durch Investitionsbeteiligungen die Steigerung der Produktion ökonomisch unterstützen. Im Rahmen komplexer Zielprogramme der Zusammenarbeit (vgl. Kapitel 4) werden langfristige Lösungen bis 1990 vorbereitet.

Die Investitionsbeteiligungen der DDR in der Sowjetunion sind in den 70er Jahren schnell gestiegen und werden sich nach 1980 weiter erhöhen. Doch selbst damit ist eine *Steigerung* des Lieferumfangs der Sowjetunion an die DDR in den in den 70er Jahren erreichten Größenordnungen *nach 1980* nicht zu ermöglichen.

Angesichts dieser Probleme ist die volkswirtschaftliche Reproduktion der europäischen RGW-Länder so zu verändern, daß die vorhandenen Lagerstätten effektiver genutzt und neue mit möglichst niedrigem Aufwand erschlossen, moderne Förderungs- und Verarbeitungstechnologien entwickelt und eingeführt, Sekundärrohstoffe dem volkswirtschaftlichen Kreislauf wieder zugeführt werden, der spezifische Rohstoff- und Energieverbrauch gesenkt und dadurch die Rohstoff-, Brennstoff- und Energieintensität der volkswirtschaftlichen Reproduktion beträchtlich verbessert wird. Mit diesen Zielsetzungen verfügen die europäischen RGW-Länder über eine *reale Alternative* gegen die steigenden Aufwendungen für die Sicherung ihres Rohstoff-, Brennstoff- und Energiebedarfs.

1.3.3. Neue Wachstumsimpulse durch Wissenschaft und Technik

Wissenschaft und Technik sowie die RGW-Zusammenarbeit auf diesem Gebiet haben seit der sozialistischen Industrialisierung für die volkswirtschaftliche Reproduktion in den Bruderländern eine wesentliche Bedeutung. Sie hat in den 70er Jahren zugenommen, weil Wissenschaft, Forschung und Technik die Voraussetzung bieten, um auch unter veränderten Reproduktionsbedingungen ein stabiles, effektives Wachstum zu erreichen.

Die Entwicklung und Anwendung von neuen Verfahren, Materialien und Erzeugnissen (einschließlich ihres früher kostenlosen Austauschs zwisschen den europäischen Mitgliedsländern des RGW) bildeten entscheidende Voraussetzun-

[18] Vgl. Monthly Bulletin of Statistics, New York, 4/1980, S. 162/163.

gen für den Auf- und Ausbau völlig neuer Industriezweige. Dieses wachsende industrielle Potential bot die materiell-technischen Voraussetzungen dafür, daß heute die Sowjetunion auf einer zunehmenden Zahl von Gebieten eine international führende Stellung einnimmt (gleiches gilt in einzelnen Richtungen für andere RGW-Länder) und auch alle sozialistischen Länder Europas über umfangreiche, vielseitige Kapazitäten in der Grundlagen- und angewandten Forschung verfügen. So konnte sich in den vergangenen 25 Jahren auch das wissenschaftlich-technische Niveau zwischen den sozialistischen Bruderländern schrittweise annähern.

Etwa seit der Mitte der 60er Jahre gewinnt der wissenschaftlich-technische Fortschritt für das ökonomische Wachstum in den sozialistischen wie kapitalistischen Ländern eine neue Relevanz. Wie immer man diese Frage *zeitlich* beurteilt, es bleibt eine Tatsache, daß in diesem Jahrzehnt eine neue Entwicklungsetappe der wissenschaftlich-technischen Revolution begonnen hat. Sie entwickelt sich gewissermaßen „weltweit", sie bewirkt und erfordert *qualitative* Veränderungen in der volkswirtschaftlichen Reproduktion der europäischen RGW-Länder. Damit eröffnet sie völlig neue Dimensionen für das wirtschaftliche Wachstum, d. h. sowohl für Tempo und Struktur der volkswirtschaftlichen Reproduktion als auch (und vor allem!) für das Verhältnis von Aufwand und Ergebnis.

Wissenschaft und Technik haben seit den 60er Jahren eine „Explosion" in den Wachstumsraten vieler Zweige, im Produktionsausstoß Hunderttausender Erzeugnisse und damit in den Makrostrukturen der Volkswirtschaften der RGW-Länder gebracht. Jetzt geht es darum, diese Beschleunigung — bei einem höheren ökonomischen und wissenschaftlich-technischen Gesamtniveau der sozialistischen Bruderländer — in der Kostensenkung, in der Steigerung der Effektivität wie in der Erzeugnisqualität zu erzielen und dadurch hohe, stabile Wachstumsraten des Endprodukts der gesellschaftlichen Produktion (und auch des Exports!) bei raschen mikrostrukturellen Veränderungen zu gewährleisten. Bei derartigen mikrostrukturellen Veränderungen kommt es besonders darauf an, die Möglichkeiten der wissenschaftlich-technischen Entwicklung umfassend produktions- und konsumtionswirksam zu machen. Das schließt ein, die Bedingungen für die Überführung zu verbessern, effektive Konzentrationen zu erreichen und das Ressourcenpotential bestmöglich zu nutzen.

Nach vielen Diskussionen über diese Fragen besteht in folgendem *Übereinstimmung*: Die wissenschaftlich-technische Revolution ist ein Prozeß *tiefgreifender qualitativer Wandlungen der gesamten Produktionstechnik*. Sie führt in ihrer Gesamtwirkung zu einem „neuen Typ der Technik". Damit sei gemeint — so stellt H. Nick fest —, „daß es sich nicht um *einzelne*, wenn auch bedeutende Veränderungen in der Technik handelt, sondern um eine Veränderung ihrer Gesamtqualität".[19]

[19] H. Nick, Wissenschaftlich-technische Revolution und Gestaltung der entwickelten sozialistischen Gesellschaft, in: Einheit, 12/1977, S. 1340.

Diese Prozesse haben in allen europäischen RGW-Ländern zu wirken begonnen. Zum Teil sind neue Größenordnungen für die wirtschaftliche Fertigung dadurch entstanden, daß Produktionsprozesse automatisiert, Maschinen*systeme* und Fließreihen sowie neuartige wissenschaftliche Grundlagen für Produktionsprozesse (textile Flächengebilde; numerische Steuerung; tiefere Spaltung des Erdöls; synthetische Nahrungs- und Futtermittel; kontinuierliches Gießen und Plasmalegieren zu Stählen; die erste Kernfusion im Laborversuch mit der thermonuklearen Anlage Tokamak 10) entwickelt wurden. Die europäischen RGW-Länder setzen seit längerer Zeit die elektronische Rechentechnik und Datenverarbeitung ein und haben begonnen, die elektronische Steuerung von Produktionsprozessen einzuführen. Für die effektivere Anwendung dieser Prozesse und Verfahren ergeben sich auch durch die *Mikroelektronik* qualitative Veränderungen.

Die Mikroprozessoren verringern das Leistungsgewicht elektronischer Anlagen, sie erhöhen zugleich deren Funktionsumfang und Sicherheit. Durch die Mikroelektronik sind bedeutende Senkungen des Aufwands an Material und Arbeitszeit zu erschließen. Es ergeben sich Möglichkeiten zur Freisetzung von Arbeitskräften, zur Produktivitätssteigerung, zur Erhöhung der Erzeugnisqualität.[20] Dies ist ein ganz wesentlicher, jedoch nur *ein* Prozeß. Weitere zeigen sich u. a. in bezug auf qualitativ neue Grundlagen für die Energiegewinnung und -umwandlung, die Entwicklung geschlossener Stoffkreisläufe u. a.

Unter dem Gesichtspunkt künftigen Wirtschaftswachstums sind die Wechselwirkungen zwischen solchen Prozessen und den Erfordernissen der intensiven volkswirtschaftlichen Reproduktion wichtig.

Dazu zählen vor allem:

1. Wissenschaftlich-technische Fortschritte in volkswirtschaftlichen Dimensionen zu realisieren erfordert *bedeutende Vorleistungen*. Wenn sich die Ausgaben der europäischen RGW-Länder für Forschung und Entwicklung auf ca. 2,9 bis 4,5% des Nationaleinkommens erhöht haben (vgl. Tabelle 7), bedeutet das ein Anwachsen der entsprechenden Fonds im Laufe der 70er Jahre um ca. 60 bis 90%.

Es ist sicher, daß die Aufwendungen für zukünftige Forschungsrichtungen auch weiterhin rasch wachsen werden. Der Einsatz von Fonds in derartigen Größenordnungen verlangt *wissenschaftlich begründete, ökonomische Zielstellungen*, die prozeßbezogen und erzeugniskonkret auszuarbeiten und mit den ökonomischen Ressourcen zu bilanzieren sind. Sie müssen Einschätzungen über die zu realisierende Effektivitätssteigerung, die Entwicklung der Erzeugnisqualität und den Zeithorizont der Anwendung in der Produktion enthalten. Auf dieser Grundlage haben alle europäischen RGW-Länder begonnen, den wissenschaftlich-technischen Fortschritt für die intensive Reproduktion vieler Produktionsarten zu erschließen.

2. Ein solcher ökonomischer Leistungszuwachs setzt stets die *Übereinstimmung*

[20] Auf Ergebnisse in der DDR weist G. Merkel hin. (Vgl. derselbe, Mikroelektronik und wissenschaftlich-technischer Fortschritt, ebenda, S. 1354 ff.)

Tabelle 7
Anteile der Ausgaben für Forschung und Entwicklung in ausgewählten europäischen Mitgliedsländern des RGW am Nationaleinkommen (in %)

Land	1970	1971	1972	1973	1974	1975	1976
ČSSR		4,3	4,4	4,5	4,2	4,3	4,0
VRP	2,1	2,4	3,0	2,8		2,9	2,3
SRR	1,0	1,2	1,2	1,2			0,8
UdSSR		4,2	4,5	4,5	4,2	4,5	4,4
UVR	2,9	3,1	3,2	3,4		3,9	3,0

Quellen
Berechnet nach den nationalen Jahrbüchern der RGW-Länder der Jahre 1975—1978, Statističeskij ežegodnik stran-členov Soveta Ėkonomičeskoj Vzaimopomošči, Moskva 1976, S. 40, UNESCO, Statistical Yearbook, Paris 1977, S. 663ff, 1975, S. 494ff, 1974, S. 600/601, 1973, S. 530—531, 1972, S. 616ff

zwischen dem Niveau der Erzeugnisse, der Technologie und der Produktionsorganisation voraus. Einzelne „Leuchttürme" mit internationalem Spitzenniveau (sprich: moderne Erzeugnisse) *allein* sind auf die Dauer *keine* ausreichende Grundlage, um komplexe Strukturveränderungen in den betreffenden Produktionszweigen einzuleiten, die Vorleistungen in der Forschung und Entwicklung voll zu realisieren und auch die möglichen ökonomischen Vorteile beim Anwender zu erschließen. Deshalb wird es notwendig, die technische und technologische Erneuerung von *Erzeugnisfamilien* anzustreben und die Produktionen der neuen Erzeugnisse in wirtschaftlichen Größenordnungen vorzubereiten.[21] Erzeugnis-, Prozeß- und Verfahrensentwicklung müssen eng miteinander verbunden werden und sind gemeinsam mit der Produktionsorganisation nach *internationalen Maßstäben* zu gestalten.[22]

3. Ergebnisse aus Wissenschaft und Technik sind in steigendem Maße über Rationalisierung und Rekonstruktion für die grundlegende Erneuerung bestimmter Produktionsprozesse wirksam zu machen. Das ist in der DDR und zunehmend auch in anderen Ländern zugleich der Weg, um für neue Kapazitäten und den Einsatz in anderen volkswirtschaftlichen Bereichen die erforderlichen Arbeitskräfte freizusetzen. Erfahrungen aus der Produktion von Umformtechnik in der DDR besagen, daß bei einem Anteil von Maßnahmen des Planes Wissenschaft und

[21] So weist Prokrovskij darauf hin, daß 1975 in der Sowjetunion von 1000 neu in die Produktion übergeführten industriellen Erzeugnissen 45,3% nur in geringen Losgrößen — bis zu 10 Stück (!) — hergestellt werden. (Vgl. V Pokrovskij, Povyšenie ėffektivnosti ispol'zovanija naučno-techničeskogo potenciala, in Planovoe chozjajstvo, 3/1977, S. 20ff.)

[22] Vgl. H Kroker, Moderne Technologien — ein „Erfolgsrezept" effektiver Leitung, in: Einheit, 12/1977, S. 1350.

Technik an der Steigerung der Arbeitsproduktivität von 95 % 70 % durch Rationalisierung sowie neue bzw. verbesserte Technologien und 25 % durch Forschung und darauf beruhende Entwicklung neuer Erzeugnisse gesichert werden können.[23] Dieses Verhältnis wird von Zweig zu Zweig verschieden sein. Es kann aber in der Regel nicht darum gehen, vorhandene Kapazitäten einzustellen und Produktionsstrukturen kurzfristig völlig zu verändern. Die grundlegende Erneuerung ausgewählter Fertigungen gründet sich auf stabile Grundstrukturen des gesamten Zweiges. Der Strukturwandel muß *organisch* vollzogen werden. Andernfalls wird der historisch gewachsene arbeitsteilige Produktionsprozeß nicht intensiviert, sondern gestört, was mit ökonomischen Verlusten verbunden wäre.

Generell sind für die Intensivierung der gesellschaftlichen Reproduktion zusätzliche Quellen zu erschließen, indem besonders in den Hauptrichtungen der materiellen Produktion die Vorzüge des sozialistischen Systems mit den Errungenschaften dieser neuen Entwicklungsstufe der wissenschaftlich-technischen Revolution verbunden werden. Wenn das erfolgreich bewältigt wird, kann ein *effektiveres Wachstum* realisiert werden.

Der Faktor „Wissenschaft und Technik" wird also zu einem *entscheidenden Impuls für die intensiv erweiterte Reproduktion.* Seine Bedeutung wächst in dem Maße, wie sich die zuvor erläuterten neuen volkswirtschaftlichen Reproduktionsbedingungen auf das ökonomische Wachstum der europäischen RGW-Länder auswirken.

1.3.4. Intensiver Typ der Reproduktion verändert Maßstäbe des Wachstums

Gewachsene Dimensionen und höheres Niveau der volkswirtschaftlichen Reproduktion in den europäischen Mitgliedsländern des RGW bieten wesentliche Voraussetzungen, um einen den sozialen Zielen entsprechenden neuen Typ des Wirtschaftswachstum planmäßig durchzusetzen. Das ist die *intensive volkswirtschaftliche Reproduktion*, die nach dem gegenwärtigen Stand der marxistischen Diskussion vor allem durch folgende *Merkmale* charakterisiert wird:

— Die *gesellschaftlichen Bedürfnisse* entwickeln sich schnell und werden vielfältiger. Sie bewirken und erfordern komplexe Veränderungen in der Produktionsstruktur, im Sortiment und in der Qualität der Erzeugnisse und Dienstleistungen.

— Die *Steigerung der Effektivität* wird dank des wissenschaftlich-technischen Fortschritts, der eine bessere Nutzung und die technische Neuausrüstung der Produktionspotentiale sowie eine höhere Wirksamkeit der lebendigen Arbeit ermöglicht, zur *hauptsächlichen Quelle* des ökonomischen Wachstums.

— Das *ökonomische Wachstum* und die *Verteilung der Ressourcen* der Länder werden stärker als in früheren Entwicklungsabschnitten *sozial orientiert.*

[23] Vgl. ebenda, S. 1349.

— Der Außenhandel, die internationale Arbeitsteilung und die Prozesse der sozialistischen Wirtschaftsintegration werden zu einer wesentlichen Bedingung für die effektive und proportionale (bilanzierte) Entwicklung in den Volkswirtschaften der europäischen RGW-Länder.[24]

In allen europäischen Mitgliedsländern des RGW wird zumindest seit der zweiten Hälfte der 60er Jahre daran gearbeitet, Arbeitskräfte, Arbeitsgegenstände und Arbeitsmittel mit Hilfe des wissenschaftlich-technischen Fortschritts und den volkswirtschaftlichen Strukturveränderungen so miteinander zu kombinieren, daß die *gesellschaftliche* Arbeitsproduktivität stabil steigt. Entsprechende Maßnahmen zur Vervollkommnung der Leitung und Planung der Volkswirtschaften dieser Länder wurden eingeleitet. Das Besondere der wirtschaftlichen Entwicklung etwa seit der Mitte der 70er Jahre besteht darin, daß eine solche intensive Kombination der volkswirtschaftlichen Faktoren bei Ausnutzung der sozialistischen ökonomischen Integration — wenn auch in unterschiedlichem Grade — nun für das Wirtschaftswachstum europäischer RGW-Länder allmählich ausschlaggebend wird.

Für die *DDR*, die *ČSSR* und die *Ungarische VR* bildet diese intensive Kombination im wesentlichen die einzige Wachstumsquelle. Die *Sowjetunion* hat sich die Aufgabe gestellt, mit dem zehnten Planjahrfünft der Qualität und hohen Effektivität 1976 bis 1980 „eine *entschiedene Wende zu vollziehen*“,[25] um das in ihrem Lande aufgebaute mächtige technische Produktionspotential für die Vergrößerung des Nationaleinkommens und die Erzeugung des Endprodukts effektiver zu nutzen. Die Steigerung der Arbeitsproduktivität hat ungefähr 90% des Zuwachses der Industrieproduktion, den gesamten Zuwachs der Produktion in der Landwirtschaft und im Bauwesen zu sichern. Damit erhöht sich der Anteil der Produktivität der lebendigen Arbeit an der Steigerung des Nationaleinkommens auf 85 bis 90% gegenüber 80% im Zeitraum von 1971 bis 1975.

In der *VR Bulgarien* müssen sich Industrie, Landwirtschaft und Bauwesen voll und ganz auf intensivem Wege entwickeln. In der *VR Polen* soll von 1976 bis 1980 der Anteil der Arbeitsproduktivität am Zuwachs der Industrieproduktion 90% überschreiten und im Bauwesen 100% erreichen. In der Volkswirtschaft der *SR Rumänien* entfallen im gleichen Zeitraum mehr als 90% der Erhöhung des Nationaleinkommens auf die Entwicklung der gesellschaftlichen Arbeitsproduktivität.

[24] Vgl. Gesetzmäßigkeiten der intensiv erweiterten Reproduktion bei der weiteren Gestaltung der entwickelten sozialistischen Gesellschaft (Hrsg. W. Heinrichs/H. Maier), Berlin 1976 (Schriften des Zentralinstituts für Wirtschaftswissenschaften der Akademie der Wissenschaften der DDR, Nr. 13); vgl. auch: A. Antschischkin, Die erweiterte Reproduktion unter den Bedingungen des entwickelten Sozialismus, in: Sowjetwissenschaft. Gesellschaftswissenschaftliche Beiträge, 3/1977, S. 225/226.

[25] Die Hauptrichtungen der Entwicklung der Volkswirtschaft der UdSSR von 1976 bis 1980, Berichterstatter: A. N. Kossygin, Berlin 1976, S. 19.

Daraus können wir unter Berücksichtigung der analysierten Veränderungen in den volkswirtschaftlichen Reproduktionsbedingungen *zweierlei* ableiten:

1. Die Herausbildung des intensiven Typs der volkswirtschaftlichen Reproduktion vollzieht sich — wenn man die europäischen RGW-Länder vergleicht — planmäßig mit zeitlichen Unterschieden, d. h., die qualitativen Wachstumsfaktoren erhalten generell ein größeres Gewicht.

2. Angesichts von Unterschieden im ökonomischen Potential und im Entwicklungsniveau zwischen den europäischen RGW-Ländern weist das Verhältnis der qualitativen Wachstumsfaktoren untereinander, ihre konkrete Kombination in den einzelnen Volkswirtschaften, Besonderheiten auf.

Die politökonomische Verallgemeinerung von Entwicklungstendenzen der intensiven Reproduktion offenbarte, daß es theoretisch und methodologisch nützlich und notwendig ist, verschiedene Phasen ihrer Entfaltung zu formulieren. Zu deren konkreten Merkmalen bestehen noch keine einheitlichen Standpunkte. Unterschiedliche Reproduktionsbedingungen, die komplizierte Dialektik, Restriktion und Substitution der verschiedenen Produktionsfaktoren in einzelnen Intensivierungsphasen verändern auch die für den Intensivierungsprozeß jeweils entscheidenden partiellen Kriterien. So unterscheidet Notkin den *einseitig intensiven* und den *allseitig intensiven* Typ des wirtschaftlichen Wachstums.[26] Nach seiner Auffassung — der wir uns weitgehend anschließen — wird ersterer durch eine steigende Produktivität der lebendigen Arbeit charakterisiert, bei der die Material- und Fondsintensität noch nicht oder nicht wesentlich sinkt.

Im Unterschied dazu setze der allseitig intensive Typ eine *Produktivitätssteigerung bei abnehmender Material- und Fondsintensität voraus.* Dieser Typ kennzeichne die Wirtschaft der entwickelten sozialistischen Gesellschaft, was sich vor allem an folgenden Merkmalen zeigen werde:

— Lebendige Arbeit wird je Erzeugniseinheit nicht durch einen zusätzlichen Aufwand an vergegenständlichter Arbeit eingespart, sondern durch oder bei sinkendem Material- und Fondsaufwand.

— Da das Anlagevermögen mit einem höheren Tempo erneuert wird, müssen die Ersatzinvestitionen schneller zunehmen als die gesamten Investitionen und die produktive Akkumulation.

— Der Umfang der unvollendeten Investitionen nimmt im Verhältnis zum gesamten Investitionsvolumen ab.

— Der je Einheit Produktionszuwachs notwendige Akkumulationsaufwand wird stabilisiert und schrittweise verringert.

Verschiedene für den Verlauf des Intensivierungsprozesses wichtige Tendenzen der Veränderung im Zusammenwirken der Produktionsfaktoren untersucht

[26] Vgl. A. Notkin, Der Typ der erweiterten Reproduktion im entwickelten Sozialismus, in: Sowjetwissenschaft. Gesellschaftswissenschaftliche Beiträge, 1/1976, S. 1ff.

W. Heinrichs.[27] Er wendet sich gegen vereinfachte Vorstellungen von den Wirkungsbedingungen des Gesetzes der ständigen Steigerung der Arbeitsproduktivität und weist besonders auf die Substitution von „mehr vergegenständlichter Arbeit durch weniger vergegenständlichte Arbeit"[28] hin. Zugleich wird deutlich gemacht, welche Bedeutung unter den Reproduktionsbedingungen der DDR die Senkung des spezifischen Energie- und Materialverbrauchs auch für die Senkung des einmaligen Aufwandes hat, der gerade in den fondsintensiven Zweigen der Roh- und Brennstoffindustrie außerordentlich hoch ist. Ergänzend zu den unmittelbaren Maßnahmen zur Verbesserung der Grundfondsquote in diesen Zweigen — die mit schwieriger werdenden Abbaubedingungen nicht leicht zu erreichen ist — entsteht hier ein bedeutender volkswirtschaftlicher Einsparungseffekt.[29]

Im Interesse der sozialpolitischen Ziele bedürfen die Volkswirtschaften der europäischen RGW-Länder eines *stabilen wirtschaftlichen Wachstumstempos*, das gegenwärtig noch überwiegend bei „einseitig intensiver" Reproduktion erreicht wird.

In der entwickelten sozialistischen Gesellschaft ist an die Frage des Wachstumstempos folglich anders heranzugehen als in der Übergangsperiode oder im bisherigen Verlauf des sozialistischen Aufbaus. Dazu schreibt Sorokin: „Unter den Bedingungen des entwickelten Sozialismus wird eine immer größere Harmonie im Entwicklungstempo der verschiedenen verflochtenen Zweige der wirtschaftlichen Tätigkeit möglich. Außerdem greift die Gesellschaft in der jetzigen Etappe schon nicht mehr nach einem ‚teuren' Tempo, das hohen Aufwand bei geringer Effektivität erfordert. Als Entwicklungskriterium tritt hier das Entwicklungstempo der Gesamtzweige auf, die eine Lösung der komplizierten sozialen und ökonomischen Aufgaben sichern, und nicht das Wachstumstempo irgendeines Zweiges."[30]

Im Prozeß der sozialistischen Industrialisierung wurde *alles* in den europäischen RGW-Ländern *Produzierte* dringend benötigt. *Nahezu jede steigende Produktion stellte einen ökonomischen Fortschritt dar.*

Der Aufbau der Wirtschaft der entwickelten sozialistischen Gesellschaft setzt hier *veränderte Maßstäbe.* Es geht um ein ökonomisches Wachstum, das einen möglichst geringen *volkswirtschaftlichen* Aufwand erfordert und zugleich der Realisierung der sozialen Ziele dient. Damit entstehen neue Beziehungen zwischen Produktion und Bedarf, Menge und Qualität der Erzeugnisse, die folglich auch veränderte Kombinationen zwischen den volkswirtschaftlichen Wachstumsfak-

[27] Vgl. W. Heinrichs, Theoretische Probleme der erweiterten sozialistischen Reproduktion, in: Wirtschaftswissenschaft, 4/1979, S. 385—400.

[28] Ebenda, S. 394.

[29] Vgl. ebenda.

[30] G. M. Sorokin, Probleme der Reproduktion und Planung der sozialistischen Wirtschaft, Moskau 1976 (deutsche Übersetzung, Zentralinstitut für Wirtschaftswissenschaften der Akademie der Wissenschaften der DDR, Ue 77.77, S. 45/46).

toren und in ihrem Verhältnis zu den außenwirtschaftlichen Reproduktionsbedingungen hervorrufen. Damit rückt das *Verhältnis zwischen Aufwand und Ergebnis bei sortiments- und qualitätsgerechter Steigerung der Produktion* in den Mittelpunkt.

Will man unter diesem Blickwinkel volkswirtschaftliche Prozesse einzelner europäischer RGW-Länder in den 70er Jahren analysieren, muß man sich dem Endprodukt der gesamten materiellen Produktion zuwenden. Das ökonomische Wachstum ist in erster Linie nach Volumen, Struktur und Qualität des Endprodukts zu beurteilen.

Volumen und Gebrauchswert des Endprodukts oder in seiner volkswirtschaftlichen Form, als Nationaleinkommen plus Amortisationen, entscheiden weitgehend über die Erweiterung der Bedürfnisbefriedigung, also darüber, inwieweit bestehende Bedürfnisse auf höherem Niveau als bisher befriedigt werden können und Möglichkeiten zur Befriedigung neuer Bedürfnisse geschaffen werden.[31] Bei der empirischen Analyse von Prozessen der volkswirtschaftlichen Reproduktion europäischer RGW-Länder konzentrieren wir uns auf das Nationaleinkommen und seine Quellen. Das Nationaleinkommen ist die im allgemeinen verfügbare Kennziffer, die das Endprodukt relativ am besten ausdrückt.[32]

Alles das macht gegenwärtig die Antwort auf die Frage nach dem optimalen ökonomischen Entwicklungstempo im Vergleich zu vorhergehenden Entwicklungsabschnitten theoretisch schwieriger.

„Die komplizierter werdenden Aufgaben der wirtschaftlichen Entwicklung in der Etappe des entwickelten Sozialismus diktieren die Notwendigkeit, den Begriff ‚Ökonomisches Entwicklungstempo' im Vergleich zu seiner früheren Deutung auszudehnen, ein neues Kennziffernsystem zu konstruieren, das die Dynamik der sozialistischen Reproduktion vollständiger widerspiegelt."[33]

Mit der Herausbildung eines neuen Reproduktionstyps verändern sich volks-

[31] Vgl. H. Koziolek, Volkswirtschaftliche Effektivität und komplexe Wirkung der Wachstumsfaktoren, in: Einheit, 9/1977, S. 1075.

[32] Vgl. T. Chačaturov, Ėffektivnost' obščestvennogo proizvodstva, in: Obščestvennye Nauki, Akademija Nauk SSSR (Moskva), 3/1977, S. 30; H. Koziolek, Volkswirtschaftliche Effektivität und komplexe Wirkung der Wachstumsfaktoren, in: Einheit, 9/1977, S. 1076. – Verwiesen sei auch auf: Strukturnye sdvigi v narodnom chozjajstve socialističeskich stran, Moskva 1976. – Auch das Autorenkollektiv des letztgenannten Buches (Ltg. V. A. Žamin) betrachtet die Maximierung des physischen Volumens des produzierten Nationaleinkommens als wesentliches Kriterium für eine optimale volkswirtschaftliche Entwicklung (vgl. ebenda, S. 26ff., insbesondere S. 31/32). – Aufschlußreich wäre es auch, den *Nationalreichtum* der einzelnen europäischen RGW-Länder im Vergleich zur Entwicklung des Nationaleinkommens zu untersuchen. Dies ist jedoch aus statistischen Gründen (Fehlen vergleichbarer Angaben für diesen Kreis von Ländern) vorerst nicht möglich.

[33] G. M. Sorokin, Probleme der Reproduktion und Planung der sozialistischen Wirtschaft, Moskau 1976 (deutsche Übersetzung, Zentralinstitut für Wirtschaftswissenschaften der Akademie der Wissenschaften der DDR, UE 77.77, S. 47).

wirtschaftliche Strukturen und Proportionen. Strukturveränderungen und Wirtschaftswachstum bedingen sich dabei gegenseitig. Je besser es gelingt, die von der Bedürfnisentwicklung und den Reproduktionsbedingungen erforderlichen Strukturprozesse durchzusetzen, um so größer kann der Wachstumseffekt sein. Andererseits erhöht ein stabiles Wachstumstempo der Produktion, das den wissenschaftlich-technischen Fortschritt sichert, die Möglichkeiten für eine rationelle Veränderung der Volkswirtschaftsstrukturen, die Steigerung der gesellschaftlichen Arbeitsproduktivität und der Effektivität der Produktion.

Das ökonomische Wachstum unter den Bedingungen des entwickelten Sozialismus wird also *gleichzeitig* vom bilanzierten *Entwicklungstempo* der einzelnen Zweige, der damit möglichen Vervollkommnung volkswirtschaftlicher *Proportionen* und der *Effektivitätssteigerung* der Produktion gekennzeichnet.

Die Fragen nach dem Wachstumstempo verflochtener Zweige, dem Charakter volkswirtschaftlicher Proportionen und Strukturen sowie dem Verhältnis von Strukturwandel und wirtschaftlichem Wachstum bei zunehmender ökonomischer Integration im RGW befinden sich gegenwärtig in der Diskussion. Anhand solcher veränderter Maßstäbe für die politökonomische Analyse der volkswirtschaftlichen Reproduktion untersuchen wir im Kapitel 2 Ergebnisse und ausgewählte Faktoren der Nationaleinkommensentwicklung europäischer RGW-Länder in den 70er Jahren.

1.4. Veränderte außenwirtschaftliche Bedingungen — die sozialistische ökonomische Integration im RGW als Bedingung der intensiven volkswirtschaftlichen Reproduktion

Zu den wesentlichen ökonomischen Voraussetzungen der europäischen Mitgliedsländer des RGW gehört in den 70er Jahren auch ein *verändertes* Verhältnis zwischen volkswirtschaftlichen und außenwirtschaftlichen Bedingungen ihrer gesellschaftlichen Reproduktion.

Die planmäßige Internationalisierung in Wirtschaft, Wissenschaft und Technik hat zwischen diesen Ländern im Verlauf der 50er und 60er Jahre ein *sozialistisches System arbeitsteiliger Beziehungen* hervorgebracht. Unter dem Einfluß des gewachsenen ökonomischen Potentials der europäischen RGW-Länder, ihres wesentlich höheren wirtschaftlichen Entwicklungsniveaus bei gleichzeitiger gegenseitiger Annäherung und der planmäßigen Zusammenarbeit und Arbeitsteilung in Wissenschaft, Technik und Produktion entwickeln sich in den 70er Jahren *neuartige* Wechselbeziehungen zwischen inneren und äußeren ökonomischen Voraussetzungen: Ein selbständiges[34] Funktionieren der inneren Elemente der volkswirt-

[34] Vgl. P. Bożyk, Wspotpraca gospodarcza krajow RWPG, Warszawa 1976, S. 51/52. — Bożyk charakterisiert in diesem Zusammenhang — bewußt vereinfachend! — die wirtschaftliche Entwicklung europäischer Mitgliedsländer des RGW bis an die Schwelle der 70er

schaftlichen Reproduktionsprozesse ist immer weniger dazu in der Lage, *effektive* Bedingungen für die erweiterte Reproduktion in den einzelnen europäischen RGW-Ländern zu sichern.

Die Ursachen dafür liegen *erstens* im wachsenden Grad der außenwirtschaftlichen Verflechtung dieser Länder (wie in Tabelle 8 illustriert). Er macht es erforderlich, die Außenwirtschaftsbeziehungen nicht mehr nur als Ergänzung, sondern als festen Bestandteil der staatlich geplanten wirtschaftlichen Entwicklung zu nutzen. Und *zweitens* resultiert das aus der zunehmenden Stabilität und Komplexität der arbeitsteiligen Beziehungen zwischen den europäischen RGW-Ländern.

Tabelle 8

Zusammenhang zwischen dem Umfang des Wirtschaftskörpers und der außenwirtschaftlichen Intensität der europäischen Mitgliedsländer des RGW

Land	Nationaleinkommen (in Mrd. Rubel)		Bevölkerung (in Mio)		Anteil des Exports am Nationaleinkommen (in %)		Produktionsniveau UdSSR = 1	
	1970	1978	1970	1978	1970	1978	1970	1978
VRB	8,3	14,4	8,5	8,8	21,7	35,5	0,8	0,9
ČSSR	20,9	30,9	14,3	15,1	31,3	25,8	1,2	1,2
DDR	26,9	39,5	17,1	16,8	26,3	25,0	1,3	1,4
VRP	31,6	58,1	32,5	35,0	10,1	17,3	0,8	1,0
SRR	19,7	43,3	20,3	21,9	8,5	12,8	0,8	1,1
UdSSR	294,3	450,3	242,8	261,3	3,9	7,9	1,0	1,0
UVR	11,3	18,0	10,3	10,7	18,5	40,3	0,9	1,0

Quellen

W. Kunz, Neue Prozesse der ökonomischen Integration der RGW-Länder, in: Neue Entwicklungstendenzen in der heutigen Weltwirtschaft, Berlin 1976, S. 50 (Sitzungsberichte der Akademie der Wissenschaften der DDR, G 4); weitergerechnet nach: Statističeskij ežegodnik stran-členov Soveta Ėkonomičeskoj Vzaimopomošči, Moskva 1979, S. 8/9, 43, 371.

Jahre als „*autonom*". Sie zeichne sich dadurch aus, daß die Entwicklungsrichtungen von Wissenschaft, Technik, Produktion und Austausch ausschließlich unter Berücksichtigung innerer Faktoren gestaltet werden, die vom gegebenen Land abhängig sind. Sie sei *nicht mit einer autarken Wirtschaft* zu verwechseln, die auf die internationale Wirtschaftszusammenarbeit ganz verzichtet. Bei der autonomen Entwicklung erfülle diese eine *passive Rolle*. Der Außenhandel passe die stoffliche Struktur des Nationaleinkommens an die volkswirtschaftlichen Bedürfnisse an. Der Import habe ergänzende Funktionen, der Export realisiere Überschüsse. Wenngleich zahlreiche Merkmale einer solchen „autonomen" Entwicklung für das wirtschaftliche Wachstum der RGW-Länder bis zum Ende der 60er Jahre charakteristisch sind (bisweilen wird auf solche Lösungswege auch Mitte der 70er Jahre zurückgegriffen!), so *dürften sie allerdings zumindest nicht allein bestimmend gewesen sein.*

Auf Grund *des erreichten Entwicklungsstandes von Produktivkräften und sozialistischen Produktionsverhältnissen* sowohl in den Volkswirtschaften als auch in ihrer gegenseitigen Zusammenarbeit sind die RGW-Länder Anfang der 70er Jahre in die Etappe der ökonomischen Integration eingetreten. Das Neuartige dieses Entwicklungsabschnitts besteht vor allem darin, daß die RGW-Länder ihre sozialistische internationale Spezialisierung und Kooperation in Wissenschaft, Technik und Produktion wie den gegenseitigen Warenaustausch komplex entwickeln, um die Effektivität des volkswirtschaftlichen Wachstums zu stabilisieren und zu erhöhen. Die sozialistische ökonomische Integration mit der Sowjetunion wird für alle europäischen RGW-Länder zu einer entscheidenden Bedingung ihrer stabilen sozialen und ökonomischen Entwicklung.[35]

Trotz einiger Unterschiede im Grad der außenwirtschaftlichen Intensität zwischen den europäischen RGW-Ländern nimmt der Einfluß dieser äußeren ökonomischen Bedingungen auf ihr wirtschaftliches Wachstum immer mehr zu. Das setzt jedoch voraus, die äußeren und inneren Wachstumsbedingungen *nicht einander gegenüberzustellen*, sondern durch den Prozeß einer international abgestimmten, planmäßigen Kombination die Wirksamkeit der außenwirtschaftlichen Bedingungen für die volkswirtschaftliche Reproduktion zu verstärken.

Der Zusammenhang von volkswirtschaftlicher Effektivität und Internationalisierung dieser sozialistischen Volkswirtschaften ist doppelter Art: Einmal geht es um die Wirkungen, die von den außenwirtschaftlichen Beziehungen auf den volkswirtschaftlichen Reproduktionsprozeß ausgehen und zum anderen um die Effekte, die von Extensivierung und Intensivierung der inneren Reproduktionsprozesse auf die außenwirtschaftlichen Verflechtungen ausstrahlen.

Die theoretische und wirtschaftspolitische Problematik besteht erstens darin, innere und äußere Bedingungen planmäßig zu bilanzieren, die Außenwirtschaftsbeziehungen aufwands- und ergebnisseitig in den Volkswirtschaftsplan zu integrieren. Eine zweite Problematik sollte darin gesehen werden, die äußeren Bedingungen nicht nur, wie das früher zuweilen geschah, als *zusätzliche*, ergänzende Quelle wirtschaftlicher Entwicklung zu betrachten. *Drittens* schließlich wird im Zuge der weiteren Internationalisierung der wirtschaftlichen Entwicklung sozialistischer Länder das Gewicht immer mehr von den nur *komplementären* Funktionen der sozialistischen internationalen Arbeitsteilung und des Außenhandels zu den *substitutiven* Prozessen verlagert, d. h. zu Spezialisierungen und Kooperationen, zu gemeinsamen Vorhaben in den Bereichen von Forschung, Investitionen, Produktion und Infrastruktur, die immer wirksamer zur Realisierung sozialer Ziele beitragen.

Mehr als in der Vergangenheit sind durch die Vervollkommnung der inter-

[35] Vgl. Programm der Sozialistischen Einheitspartei Deutschlands, Berlin 1976, S. 32 — Gleichartige Orientierungen enthalten auch die Beschlüsse der anderen kommunistischen und Arbeiterparteien europäischer RGW-Länder, auf die in Fußnote 9 bereits ausführlich eingegangen wurde.

nationalen ökonomischen Beziehungen günstigere Rahmenbedingungen für die Erschließung der volkswirtschaftlichen Intensivierungsfaktoren zu schaffen. Besonders die Maßnahmen der sozialistischen ökonomischen Integration sind so zu gestalten, daß sie einen Beitrag zur volkswirtschaftlichen Effektivitätsentwicklung leisten. In der koordinierten Entwicklung der Volkswirtschaften der Mitgliedsländer des RGW sind wesentliche Voraussetzungen dafür gegeben. Abhängig vom ökonomischen Potential, dem Umfang der natürlichen Ressourcen und der Außenwirtschaftsintensität, der Planmäßigkeit und Paßfähigkeit von Integrationsmaßnahmen sowie vom ökonomischen Entwicklungsniveau werden Integrationsprozesse effektivitätswirksam.

Dazu kann auch die in gewissem Umfang entwickelte Mobilität *verschiedener Wachstumsfaktoren zwischen den europäischen RGW-Ländern beitragen.* Es wird ein Prozeß begonnen, in dem entsprechend koordinierten Anstrengungen Komponenten der Produktivkräfte (Fonds, Wissenschaftler, wissenschaftlich-technische Ergebnisse) zwischen diesen RGW-Ländern planmäßig international eingesetzt werden, um dadurch ein höheres Wachstumstempo, eine effektivere Befriedigung dringender *volkswirtschaftlicher* Bedürfnisse zu ermöglichen. Man könnte also davon sprechen, daß sich im sozialistischen Integrationsprozeß allmählich ein eigenes internationales Arsenal von Wachstumsressourcen entwickelt, deren Funktion darin besteht, effektivere Bedingungen für die erweiterte Reproduktion in der Gemeinschaft der RGW-Länder zu sichern.[36] Der Hauptweg zur Verwirklichung dieser qualitativ neuen Momente ist die Planmäßigkeit des Prozesses, die Entfaltung der gemeinsamen Planungstätigkeit zwischen den RGW-Ländern.

Veränderte Bedingungen auf dem kapitalistischen Weltmarkt, die im Verlaufe der zweiten Hälfte der 70er Jahre immer stärker auch für die ökonomischen Beziehungen zwischen den RGW-Ländern Gültigkeit erlangten, führten dazu, daß die positiven Effekte der ökonomischen Integrationsprozesse teilweise weniger wirksam wurden, als das zu Beginn der 70er Jahre erwartet werden konnte.

Womit hängt das zusammen? Im Komplexprogramm hatten die RGW-Länder vereinbart, weiterhin von den 1958 auf der IX. RGW-Tagung beschlossenen Preisbildungsprinzipien auszugehen. Danach wurden die RGW-Vertragspreise auf Basis der Preise der Hauptwarenmärkte festgelegt, die von den schädlichen Einflüssen konjunktureller Faktoren kapitalistischer Märkte bereinigt wurden. Dieses Prinzip wurde auch in den Beschlüssen der 70. Sitzung des Exekutivkomitees beibehalten, die jedoch vorsahen, aufgrund der schnell steigenden Preise auf den Hauptwarenmärkten die RGW-Vertragspreise alljährlich (bis dahin fünfjährlich) auf der Basis der durchschnittlichen Weltmarktpreise der jeweils vorangegangenen

[36] Vgl. E. I. Gostilovič, O vzaimodejstvii vnutrennich i vnešnych faktorov razvitija ėkonomiki v uslovijach socialističeskoj ėkonomičeskoj integracii, in: Izvestija Akademija Nauk SSSR, Serija Ėkonomičeskaja, 5/1976, S. 101—110.

fünf Jahre neu zu bilden.[37] Diese Regelungen brachten den Importeuren von Roh- und Brennstoffen im Vergleich zu den jeweiligen aktuellen Weltmarktpreisen erhebliche ökonomische Vorteile, waren aber dennoch mit einem stark steigenden Preistrend verbunden und führten zu starken wirtschaftlichen Belastungen für die einzelnen Integrationspartner. Zugleich ergaben sich, wie wir bereits gezeigt haben. objektive ökonomische Begrenzungen für das künftige Ausmaß der Steigerung gegenseitiger Lieferungen bei Rohstoffen, Brennstoffen und Energieträgern zwischen der Sowjetunion und den übrigen europäischen RGW-Ländern. Damit erhöht sich *erstens* die ökonomische Notwendigkeit, die volkswirtschaftlichen Bedingungen für die Stärkung der Rohstoff- und Energiebasis intensiver zu nutzen. *Zweitens* entstehen auch größere Aufgaben für viele Zweige der verarbeitenden Industrie, nicht nur bei einer effektiveren Verarbeitung von Rohstoffen, Energie und Material, sondern insbesondere im Zusammenhang damit, daß die Exportäquivalente für die Bezahlung der Rohstoff- und Materiallieferungen progressiv wachsen, strukturell verändert werden müssen und zugleich die Ansprüche an Qualität und technisches Niveau der Erzeugnisse steigen.

Ein weiteres Moment sehen wir auch darin, daß die wissenschaftlich-technische Zusammenarbeit auf Einzelgebieten beträchtliche ökonomische Fortschritte gebracht hat, Auswirkungen der veränderten außenwirtschaftlichen Bedingungen im volkswirtschaftlichen Maßstab jedoch nicht voll kompensierte.

Die veränderte Wirksamkeit außenwirtschaftlicher Bedingungen trifft vor allem für die Handels- und Wirtschaftsbeziehungen zu, die die europäischen RGW-Länder zur materiellen Konsolidierung der Politik der friedlichen Koexistenz in den 70er Jahren mit zahlreichen kapitalistischen Industrieländern entwickelt haben. Aus diesen Beziehungen ergeben sich auch bei gegensätzlichen sozialökonomischen Bedingungen für die RGW-Länder Möglichkeiten, ihr industrielles Potential zu stärken, die Exportkraft zu erhöhen, neueste wissenschaftlich-technische Erkenntnisse für die volkswirtschaftliche Entwicklung zu erlangen. Zahlreiche langfristige Abkommen über die wissenschaftlich-technische und wirtschaftliche Zusammenarbeit mit diesen Staaten bieten europäischen RGW-Mitgliedsländern Voraussetzungen, um diese Beziehungen in volkswirtschaftliche Konzeptionen einzuordnen.

Allerdings wird das durch diskriminierende Bedingungen im Handel, die Nichtgewährung der Meistbegünstigung sowie verstärkte strukturelle und zyklische Krisenprozesse auf seiten der kapitalistischen Länder z. T. beträchtlich erschwert oder gar eingeschränkt. Zugleich haben sich die *Realisierungsbedingungen* für die Erzeugnisse der RGW-Länder auf den westlichen Märkten drastisch verändert. Seit Mitte der 70er Jahre mußten die Exportäquivalente europäischer RGW-

[37] Vgl. G. Weiss, Zu aktuellen Fragen der Preisbildung im Handel zwischen den RGW-Ländern, in: Neues Deutschland vom 18. Februar 1975, S. 2; Kommuniqué der 70. Sitzung des Exekutivkomitees des Rates für Gegenseitige Wirtschaftshilfe, in: Neues Deutschland vom 24. Januar 1975, S. 6.

Länder auf Grund gestiegener Importpreise auf ein Mehrfaches erhöht werden, ohne daß dem immer ein entsprechendes Wachstum der physischen Volumina der Importe und der Exportpreise gegenüberstand. So hatte die DDR im Zeitraum von 1973 bis 1976 in den Handelsbeziehungen zu kapitalistischen Ländern fast 14 Mrd. Valuta-Mark zusätzlich aufzuwenden.[38] Dadurch steht in der DDR wie auch in anderen RGW-Ländern ein Teil des Nationaleinkommenszuwachses für den weiteren Ausbau der materiell-technischen Basis und die Erhöhung des materiellen Wohlstandes nicht wie geplant zur Verfügung.

Betrachtet man zusammenfassend die Veränderungen außenwirtschaftlicher Bedingungen der europäischen Mitgliedsländer des RGW in den 70er Jahren, so stellt man unterschiedliche *Tendenzen* fest: Aus den sozialistischen Integrationsprozessen im RGW resultieren vielfältige Wirkungen, die die Stabilität und Effektivität der volkswirtschaftlichen Reproduktion erhöhen. Dabei wird ihr Ausmaß durch steigende Aufwendungen für die Sicherung des Rohstoff-, Brennstoff- und Energiebedarfs gegenwärtig z. T. eingeschränkt. Langfristige Zielprogramme im RGW bieten die Voraussetzungen dafür, daß die Partnerländer durch eine enge Zusammenarbeit in Wissenschaft und Technik, die komplexe Spezialisierung und Kooperation in der verarbeitenden Industrie und eine daraus resultierende Anpassung wie Ergänzung volkswirtschaftlicher Strukturen diese höheren Aufwendungen allmählich verringern.

In diesen Prozessen und vor allem in der umfassenden volkswirtschaftlichen Intensivierung zur Produktion weltmarktfähiger Erzeugnisse, zur effektiven Erhöhung der volkswirtschaftlichen Exportkraft liegen auch die entscheidenden Bedingungen, um aus den Handels- und Wirtschaftsbeziehungen mit kapitalistischen Ländern ökonomische Vorteile zu realisieren, die die nachteiligen Wirkungen der kapitalistischen Weltmarktpreise, der Inflation und der Krisen weiter reduzieren.

[38] Vgl. E. Honecker, Die sozialistische Revolution in der DDR und ihre Perspektiven, in: Neues Deutschland vom 27. Sept. 1977, S. 4.

2. Ergebnisse und ausgewählte Faktoren wirtschaftlichen Wachstums

Schon heute kann man feststellen, daß die 70er Jahre zu den erfolgreichsten in der wirtschaftlichen Entwicklung der RGW-Mitgliedsländer zählen. „Sie sind die Periode des bisher mächtigsten Wachstums der Potenzen des Weltsozialismus.“[1] Mehr als je zuvor wurden die wirtschaftlichen Ergebnisse sozialpolitisch wirksam. In allen Ländern wurden sowohl die Durchschnittslöhne der Arbeiter und Angestellten kontinuierlich angehoben als auch der Umfang der gesellschaftlichen Fonds und der sozialen Leistungen wesentlich erweitert (vgl. Tabellen A 7 und A 8). L. I. Breshnew charakterisierte das folgendermaßen: „Das allseitige Wirtschaftswachstum hat eine gute Grundlage für die Erhöhung des Lebensstandards des Volkes geschaffen. Von 1974 bis 1978 wurden etwa vier Fünftel des Nationaleinkommens, d. h. anderthalb Billionen Rubel, unmittelbar für den Wohlstand des Volkes verwendet. Das ist fast ein Drittel mehr als im vorangegangenen Planjahrfünft.“[2] Er unterstrich gleichzeitig, daß auch künftig der Hebung des Lebensniveaus, der Erhöhung der Löhne und Gehälter sowie des Realeinkommens der Werktätigen, der Vergrößerung der gesellschaftlichen Fonds und dem Wohnungsbau die erstrangige Aufmerksamkeit gilt. Die Tabellen A 9 und A 10 charakterisieren das hohe Entwicklungstempo des Realeinkommens und des Wohnungsbaus in allen europäischen RGW-Ländern in diesen 70er Jahren.

Maßgeblich für die in allen Mitgliedsländern des RGW in diesem Zeitraum verwirklichten sozialpolitischen Programme waren ein generell stabiles Wirtschaftswachstum bei zunehmendem Zwang zur intensiv erweiterten Reproduktion. Insgesamt wurde damit eine Aufgabe in Angriff genommen, die für den gesamten weiteren Ausbau der entwickelten sozialistischen Gesellschaft bestimmend bleibt.

Die kontinuierliche Erhöhung des materiellen und kulturellen Lebensniveaus der Werktätigen in den RGW-Ländern auf der Grundlage eines hohen Entwicklungstempos der Produktion und Effektivität zeugte auch in dieser Periode von der sozialen Überlegenheit des Sozialismus über den Kapitalismus. Das drückte sich

[1] E. Honecker, Das Wohl des Volkes ist der Sinn unseres Kampfes. Aus dem Referat vor den 1. Sekretären der Kreisleitungen am 25. Febr. 1977, in: Neuer Weg, 6/1977, S. 245.

[2] L. I. Breshnew, Sozialistische Welt entwickelt sich sicher und dynamisch, in: Neues Deutschland vom 3./4. März 1979, S. 3.

nicht allein in den gegenüber den entwickelten kapitalistischen Ländern höheren durchschnittlichen Wachstumsraten des Nationaleinkommens aus. Die wirtschaftlichen, sozialen und kulturellen Fortschritte in den RGW-Ländern wurden erzielt in einer Zeit, in der das Wirtschaftswachstum in den kapitalistischen Hauptländern durch verstärkte krisenhafte Schwankungen geprägt wird, in der ständig Millionen Werktätige von Arbeitslosigkeit betroffen sind und inflationäre Prozesse deren soziale Lage verschlechtern.

Die konkrete Entwicklung in den europäischen RGW-Mitgliedsländern in diesem Jahrzehnt widerlegte auch alle theoretischen Konstruktionen bürgerlicher Ökonomen, wonach mit steigendem ökonomischem Niveau und dem Übergang zur intensiv erweiterten Reproduktion eine Stagnation der wirtschaftlichen und sozialen Entwicklung in den sozialistischen Staaten eintrete.

Letztlich handelt es sich hierbei um den untauglichen Versuch, spezifisch kapitalistische Entwicklungsgesetzmäßigkeiten auf sozialistische Verhältnisse zu übertragen, sie als allgemeine Probleme der Produktivkraftentwicklung darzustellen und somit folglich auch die unlösbaren wirtschaftlichen und sozialen Widersprüche des Kapitalismus zu rechtfertigen. Das heißt nicht, daß die wirtschaftliche Entwicklung in unseren Ländern problemlos und ohne Schwierigkeiten verläuft. Doch reifen mit der sozialistischen Gesellschaft zugleich die Bedingungen für deren ständige Lösung auf einem höheren Niveau.

Aus der Aufgabe, die langfristigen sozialen Zielstellungen in den europäischen RGW-Mitgliedsländern immer direkter mit einer steigenden Wirksamkeit der qualitativen Faktoren des Wirtschaftswachstums zu verbinden, ergibt sich eine Reihe reproduktionstheoretischer Probleme. Die nachfolgende Analyse befaßt sich mit einigen charakteristischen Wachstumsprozessen und der Rolle ausgewählter Wachstumsfaktoren in den europäischen RGW-Ländern seit 1970. Der internationale Vergleich wesentlicher Entwicklungen trägt dazu bei, bestimmte allgemeine Züge des Wirtschaftswachstums beim weiteren Ausbau der entwickelten sozialistischen Gesellschaft und seine Modifikationen in einzelnen RGW-Ländern sichtbar zu machen. Er kann auch Ansatzpunkte zeigen, wo durch die Vertiefung der internationalen Zusammenarbeit und der sozialistischen ökonomischen Integration im RGW die intensive volkswirtschaftliche Reproduktion gefördert werden kann.

Angesichts der Kompliziertheit der Zusammenhänge sowie der noch nicht hinreichenden theoretischen und empirischen Analyse wird es teilweise notwendig sein, Sachverhalte darzulegen und vorläufige Auffassungen zu formulieren, ohne bereits endgültige Verallgemeinerungen treffen zu können.

2.1. Wachstumstendenzen des Nationaleinkommens in den 70er Jahren

Das Wachstum der materiellen Voraussetzungen für die bessere Befriedigung der Bedürfnisse der Menschen und für die allseitige Entfaltung ihrer Persönlichkeit ist das grundlegende Kriterium des Wirtschaftswachstums im Sozialismus.[3] Die wesentliche Bedingung für eine ständige Verbesserung dieser materiellen Voraussetzungen liegt in der kontinuierlichen Entwicklung des Nationaleinkommens und des verteilbaren Endprodukts. Aus diesem Grunde orientierten die kommunistischen und Arbeiterparteien der RGW-Länder darauf, die in den Plandirektiven formulierten Ziele für den Zuwachs des Nationaleinkommens auch unter den veränderten außenwirtschaftlichen Bedingungen zu erfüllen und alle wachstumswirksamen Faktoren bestmöglich zu nutzen. Auf der 10. Tagung des ZK der SED wurde herausgearbeitet, daß es unter den veränderten Bedingungen auf dem Weltmarkt um neue Größenordnungen bei der Entwicklung der ökonomischen Leistungskraft der DDR geht. „Das dynamische Wachstum der Leistungen in der Volkswirtschaft und vor allem der Industrie, die erforderliche Zunahme des verteilbaren Endprodukts sind zur ausschlaggebenden Voraussetzung für die Lösung aller Fragen der gesellschaftlichen Entwicklung geworden."[4] Die dafür erforderliche Stärkung der materiell-technischen Basis der Volkswirtschaft der DDR ist gleichzeitig das entscheidende Mittel, das Wirtschaftswachstum in kommenden Planjahrfünften zu sichern.

Diese Zielstellungen schließen eine weitere Aufgabe ein. Unter den Bedingungen der intensiv erweiterten Reproduktion geht es zugleich darum, ein effektives, kontinuierliches und bilanziertes Wachstum zu realisieren, das *langfristig* dem Anspruch einer einheitlichen Wirtschafts- und Sozialpolitik genügt. Damit rücken die qualitativen Gesichtspunkte der Nationaleinkommensentwicklung, die Kontinuität und Effektivität seines Wachstums, die bedarfsgerechte Struktur und Qualität der Konsumtions- und Akkumulationsfonds sowie die Proportionalität der gesamten wirtschaftlichen Tätigkeit immer mehr in den Mittelpunkt.

Untersucht man, ausgehend von diesen Gesichtspunkten, die Nationaleinkommensentwicklung in den europäischen Mitgliedsländern des RGW, findet sich eine Reihe *gemeinsamer Merkmale*:

a) In den Einschätzungen der Planerfüllung 1971—1975 durch die Parteitage und in den Dokumenten über die Planerfüllung wurde übereinstimmend festgestellt, daß trotz der im Planzeitraum eingetretenen, oft unvorhersehbaren Veränderungen in den Wachstumsbedingungen die Pläne erfüllt und ein *hohes Wachstumstempo des Nationaleinkommens realisiert wurde.* In der Mehrzahl der Länder konnten die durchschnittlichen Wachstumsraten der 60er Jahre übertroffen werden (vgl. Tabelle 9).

Diese Entwicklung ist um so höher einzuschätzen, weil das Wirtschaftswachstum grundsätzlich auf die neuen sozialökonomischen Erfordernisse auszurichten war, die Zuführung von Arbeitskräften in die materielle Produktion tendenziell zurückging und ein zunehmender Teil des Zuwachses des Nationaleinkommens durch die

[3] Vgl. H. Nick, Sozialismus und Wirtschaftswachstum, Berlin 1977, S. 27.

[4] E. Honecker, Dem 30. Jahrestag der DDR entgegen, in: Aus dem Bericht des Politbüros an die 10. Tagung des ZK der SED, Berlin 1979, S. 191.

Tabelle 9
Wachstum des Nationaleinkommens in den europäischen Mitgliedsländern des RGW von 1961 bis 1975

Land	Jahresdurchschnittliche Zuwachsraten (in %)		
	1961–1965	1966–1970	1971–1975
VRB	6,7	8,7	7,9
ČSSR	1,9	7,1	5,6
DDR	3,4	5,4	5,4
VRP	6,2	5,9	9,7
SRR	9,2	7,7	11,3
UdSSR	6,5	7,7	5,7
UVR	4,1	6,8	6,3

Quellen
W. Keller/E. Kigyóssy-Schmidt, Hauptkennziffern der wirtschaftlichen Entwicklung der europäischen RGW-Länder 1960 bis 1975, Berlin 1973, S. 64, 65, 87, 88, 93 (Forschungsberichte des Zentralinstituts für Wirtschaftswissenschaften der Akademie der Wissenschaften der DDR, Nr. 1); Statističeskij ežegodnik stran-členov Soveta Ėkonomičeskoj Vzaimopomošči, Moskva 1977, S. 21–37, 131; Wirtschaftswissenschaft, 10/1976, S. 1521, 1523; 11/1976, S. 1718, 1719; 12/1976, S. 1835, 1837; 2/1977, S. 163, 250, 252; 4/1977, S. 553, 555; 5/1977, S. 730, 733; Voprosy ėkonomiki, 4/1967, S. 11, und offizielle Länderangaben in den Jahresplandokumenten und Erfüllungsberichten.

Steigerung der Arbeitsproduktivität erreicht werden mußte. Bestimmte Disproportionen aus den 60er Jahren mußten überwunden werden (z. B. in der Energiebilanz, im Verhältnis von Finalproduzenten und Zulieferern u. a.). Die Preise, besonders für Roh- und Brennstoffe stiegen — zunächst vor allem auf dem kapitalistischen Weltmarkt — stark und erforderten zusätzliche Aufwendungen. Die Krisenprozesse in einer Reihe kapitalistischer Länder erschwerten den Export in das nichtsozialistische Wirtschaftsgebiet zunehmend. Gleichzeitig konnte damit in diesem Zeitraum der Rückstand in der Produktion von Nationaleinkommen je Kopf der Bevölkerung gegenüber den hochentwickelten kapitalistischen Ländern weiter verringert werden.

b) Die für den Zeitraum 1976–1980 geplanten Wachstumstempi des Nationaleinkommens knüpften an die Erfüllung im abgelaufenen Planjahrfünft an (vgl. Tabellen 9 und 10). Mit Ausnahme der VR Bulgarien lagen die Plankennziffern dabei etwas unter denen des vorangegangenen Planes. Die Erfahrungen aus den Jahren 1977, 1978 und 1979 lassen erkennen, daß in allen RGW-Ländern außerordentliche Anstrengungen unternommen wurden, diese Direktivziele zu realisieren, und daß die Initiativen aller Werktätigen im sozialistischen Wettbewerb in der Gegenplanbewegung auf ihre Überbietung orientiert sind.

Tabelle 10
Wachstum des Nationaleinkommens in den europäischen Mitgliedsländern des RGW von 1976 bis 1980

Land	Jahresdurchschnittliche Zuwachsraten (in %)				
	1976—1980 Plan	1976 Ist	1977 Ist	1978 Ist	1979 Plan
VRB	7,8	7,0	6,3	6,0	7,0
ČSSR	4,9—5,2	4,0	4,5	>4,0	4,3
DDR	5,1	3,7	5,2	4,0	4,3
VRP	7,0—7,3	7,5	5,6	2,8	2,8
SRR	10,0—11,0	10,5	8,6	7,6	8,8
UdSSR	4,7[1]	5,0	3,5	4,0	4,3
UVR	5,4—5,7	4,0	7,8	4,0	3—4

[1] Verwendetes Nationaleinkommen.

Quellen
W. Keller/E. Kigyóssy-Schmidt, Hauptkennziffern der wirtschaftlichen Entwicklung der europäischen RGW-Länder 1960 bis 1975, Berlin 1973, S. 64, 65, 87, 88, 93 (Forschungsberichte des Zentralinstituts für Wirtschaftswissenschaften der Akademie der Wissenschaften der DDR, Nr. 1); Statističeskij ežegodnik stran-členov Soveta Ėkonomičeskoj Vzaimopomošči, Moskva 1977, S. 21—37, 131; Wirtschaftswissenschaft, 10/1976, S. 1521, 1523; 11/1976, S. 1718, 1719; 12/1976, S. 1835, 1837; 2/1977, S. 163, 250, 252; 4/1977, S. 553, 555; 5/1977, S. 730, 733; Voprosy ėkonomiki, 4/1967, S. 11, und offizielle Länderangaben in den Jahresplandokumenten und Erfüllungsberichten.

c) Auch in den 70er Jahren hat sich die Tendenz fortgesetzt, daß in den ehemals weniger entwickelten RGW-Ländern ein höheres Wachstumstempo als in den entwickelteren realisiert wurde. Gleichzeitig wurden die relativen Unterschiede im ökonomischen Entwicklungsniveau zwischen den RGW-Ländern geringer. Vom Standpunkt künftigen Wirtschaftswachstums ist das vor allem deshalb von Bedeutung, weil sich mit der Angleichung des ökonomischen Entwicklungsniveaus die Wirkungen der einzelnen Wachstumsfaktoren verändern, die Wachstumsbedingungen unter dem Gesichtspunkt der intensiv erweiterten Reproduktion ähnlicher werden und erweiterte Möglichkeiten für die internationale sozialistische Arbeitsteilung im RGW entstehen.

d) In allen europäischen RGW-Mitgliedsländern ist das Volumen des produzierten Nationaleinkommens von Jahr zu Jahr größer geworden. Ständig positive Wachstumsraten — die für kapitalistische Länder durchaus nicht selbstverständlich sind — bewirkten, daß das im Jahre 1975 produzierte Nationaleinkommen gegenüber 1970 in den verschiedenen europäischen RGW-Ländern in Größenordnungen zwischen 30% (in der DDR und UdSSR) und 70% (in der SR Rumänien) anwuchs (vgl. dazu auch Tabelle 11). In der Mehrzahl der Jahre stieg auch der absolute jährliche Zuwachs des Nationaleinkommens. Der geplante absolute Zuwachs im Zeitraum 1976/80 ist wiederum größer als der in den Planjahren 1971/75 realisierte. Das berechtigt, insgesamt von einem stabilen Wachstum des Nationaleinkommens zu sprechen.

e) Es ist schwierig, gemeinsame Merkmale hinsichtlich des Anteils der einzelnen Wachstumsfaktoren an der Entwicklung des Nationaleinkommens zu analysieren. Das noch unterschiedliche Niveau im absoluten Umfang der Grundmittel, in der Arbeitsproduktivität, in der Grundfondsquote und Grundfondsausstattung u. a. führt auch bei gleichem Entwicklungstempo zu unterschiedlichen Faktorkombinationen und Wachstumseffekten. Dazu kommen sich unterscheidende Zweig- und Erzeugnisstrukturen, Ressourcen u. a. Bedingungen. Tabelle 12 zeigt als auffälligste Gemeinsamkeit in den untersuchten RGW-Ländern ein durchweg hohes Wachstum des Grundmittelbestandes als Folge umfangreicher Investitionen. Gleichzeitig ist in fast allen Ländern ein Rückgang der Grundfondsquote zu erkennen. Das spricht dafür, daß in der Gegenwart der fondsintensive Typ der erweiterten Reproduktion überwiegt und erklärt die ökonomische Notwendigkeit, die Fondsintensität durch bessere Nutzung der vorhandenen Anlagen und Ausrüstungen, günstigere Zweigstrukturen usw. zu senken.

Abhängig vom erreichten wissenschaftlich-technischen und ökonomischen Niveau sowie von der Struktur des Beschäftigtenzuwachses ergeben sich offensichtlich in den verschiedenen RGW-Ländern unterschiedlich starke Impulse für das Wachstum des Nationaleinkommens bei der Erhöhung der Beschäftigtenzahlen im produzierenden Bereich. Das Problem besteht darin, mit der quantitativen und qualitativen Entwicklung der Beschäftigten eine möglichst günstige Kombination aller Wachstumsfaktoren zu erreichen und so alle Elemente des Reproduktionsprozesses ökonomisch wirksamer zu machen.

f) In der Mehrzahl der europäischen RGW-Länder verringerten sich in den 70er Jahren die Schwankungen in den Zuwachsraten des Nationaleinkommens (vgl. Tabelle 13). Man kann davon ausgehen, daß dieses Nachlassen in den Schwankungen der Zuwachsrate zwei Hauptursachen hat: *Erstens* wird mit zunehmendem ökonomischem Entwicklungsniveau, vor allem der Industrialisierung, der Einfluß von natürlichen Faktoren gemindert, und *zweitens* ist die staatliche Leitung und Planung der Volkswirtschaften europäischer RGW-Länder immer besser in der Lage, ökonomische Ziele real einzuschätzen, bilanzierte Bedingungen für ihre Realisierung zu schaffen und auch unvorhersehbare Faktoren durch Reservebildung auszugleichen.

So ist in der Tendenz die Streuung der Zuwachsraten von 1971 bis 1977 niedriger als im Zeitraum 1961 bis 1970, d. h., daß die Zuwachsraten in den einzelnen Jahren kontinuierlicher geworden sind und sich auf dieser Grundlage ein gleichmäßigeres durchschnittliches Wachstumstempo herausgebildet hat. Das seinerseits ist eine wichtige Voraussetzung einer stabil wachsenden Wirtschaft.

Tabelle 11

Entwicklung des absoluten Volumens an Nationaleinkommen in ausgewählten europäischen Mitgliedsländern des RGW

Land/Nationaleinkommen	1960	1965	1970	1975	1976	1977	1978[1]	1980 (Plan)[2]
VRB								
NE (in Mrd. Lewa)								
laufende Preise	4,49	6,64	10,53	14,29	15,24	15,49	16,33	20,7
ČSSR								
NE (in Mrd. Kčs)	176,0	178,5	280,8	370,8	393,1	409,6	415,6	471,0
vergleichbare Preise[3]	162,0							
laufende Preise	163,0	173,5	312,3	410,0/408,4	418,2	414,2		
DDR								
NE (in Mrd. M)								
vergleichbare Preise[3]	71,5	84,8	109,5	142,4	174,5	155,2	161,1	182,0
VRP								
NE (in Mrd. Zł.)								
vergleichbare Preise[3]	379,7	512,2/532,3	711,4/791,3	1502,7	1605,6	1685,9	1733,0	1768
laufende Preise	375,5	536,8/531,3	738,4/749,2	1349,0	1593,3	1736,1		
UdSSR								
NE (in Mrd. Rbl.)								
vergleichbare Preise[3]	148,9	202,6	294,3	388,5	409,1	429,7	450,3	481,0
laufende Preise	145,0	193,5	289,9	363,3	385,7	403,0		
UVR								
NE (in Mrd. Ft.)								
vergleichbare Preise[3]	153,1	186,8	259,8	352,0	362,6	396,7	413,1	465,0

[1] Berechnet auf der Basis gerundeter Indizes; vorläufige Ergebnisse.

[2] Berechnet anhand der geplanten Wachstumsraten.

[3] ČSSR: 1960 oben konstante Preise von 1955; 1960 unten und 1965 Preise von 1960; 1970—1976 Preise von 1967; 1970—1976 wegen neuen Preissystems nicht vergleichbar mit den Vorjahren; DDR: Preise von 1975; VRP: ab 1970 neue Methodik (1970—1976 nicht vergleichbar mit Vorjahren wegen Unterschieden in der Berechnungsmethode in den Zweigen); ab 1975 Preise von 1977; UVR: ab 1970 neue Methodik, ab 1968 neues Preissystem (1970—1976 mit Vorjahren nicht vergleichbar).

Quellen

Statističeski godišnik na narodna republika Bŭlgarija, Sofija 1978, S. 12, 13, 123; Statistical Yearbook 1975, Hungarian Central Statistical Office, Budapest 1976, S. 66; Statistisches Taschenbuch Ungarns, Budapest 1973, S. 77; Statistisches Jahrbuch der DDR 1979, Berlin 1979, S. 13; Rocznik statystyczny, Warszawa 1978, S. 55; 1971, S. 63, 128, 129; 1966, S. 76, 77; Narodnoe chozjajstvo SSSR v. 1977 g., Moskva 1978, S. 40, 403 (Jubilejnyj statističeskij ežegodnik), Moskva 1977, S. 80, 485; 1975, S. 57, 563, 565; (Jubilejnyj statističeskij ežegodnik), Moskva 1972, S. 59; 1965; S. 589; Statisticka ročenka ČSSR, Praha 1978, S. 20/21, 123; 1977, S. 22, 23; 123; 1975, S. 162; 1966, S. 123, 125; Statističeskij ežegodnik stran-členov Soveta Ėkonomičeskoj Vzaimopomošči, Moskva 1979, S. 43.

Tabelle 12
Faktoren des Wirtschaftswachstums europäischer Mitgliedsländer des RGW (durchschnittliche jährliche Wachstumsraten in %)

Land	Produzierende Bereiche			
	1961/1965	1966/1970	1971/1975	1975/1977
VRB				
Beschäftigte[1]	4,6	4,6	6,3	3,0
Grundmittel	9,8	11,0	8,9	8,6
Arbeitsproduktivität[2]	3,4	4,9	–0,2	6,5
Grundfondsquote	–1,9	–1,2	–2,5	–1,6[3]
Grundfondsausstattung	5,4	6,2	2,3	1,3[3]
Investitionen	8,7	12,1	8,5	6,7
ČSSR				
Beschäftigte[1]	2,1	1,7	1,5	1,0
Grundmittel	4,6	4,2	5,4	7,0
Arbeitsproduktivität[2]	–0,2	7,7	4,1	4,2
Grundfondsquote	–3,7	4,7	±0	0,5
Grundfondsausstattung	3,5	2,7	4,2	5,6
Investitionen	2,5	6,0	8,5	3,4
DDR				
Beschäftigte[1]	0,2	1,0	3,5	1,0
Grundmittel	6,0	4,9	5,9	5,4
Arbeitsproduktivität[2]	3,2	4,2	1,7	6,1
Grundfondsquote	–2,5	0,4	–0,4	–1,5
Grundfondsausstattung	5,9	3,9	2,1	4,6
Investitionen	6,6	9,8	4,1	6,3
VRP				
Beschäftigte[1]	3,2	3,4	3,4	1,0
Grundmittel	4,6	5,9	8,1	9,5
Arbeitsproduktivität[2]	3,5	4,7	6,2	5,4
Grundfondsquote	2,5	2,1	1,7	–2,5[3]
Grundfondsausstattung	1,2	2,7	4,4	9,2[3]
Investitionen	8,9	8,5	20,1	7,7
UdSSR				
Beschäftigte[1]	4,1	2,8	2,3	2,0
Grundmittel	9,6	8,1	8,7	7,7
Arbeitsproduktivität[2]	1,9	5,4	2,3	3,2
Grundfondsquote	–8,5	0,2	–3,7	–2,0
Grundfondsausstattung	11,2	5,1	6,3	5,7
Investitionen	7,8	7,6	8,2	4,4

Fortsetzung von Tabelle 12

Land	Produzierende Bereiche			
	1961/1965	1966/1970	1971/1975	1975/1977
UVR				
Beschäftigte[1]	2,5	2,5	1,0	—0,5
Grundmittel	4,9	5,7	7,1	7,7
Arbeitsproduktivität	1,5	4,2	5,4	6,8
Grundfondsquote	—0,2	0,4	—1,2	—4,4[3]
Grundfondsausstattung	1,7	3,7	6,5	8,4[3]
Investitionen	2,8	15,1	8,7	12,3

[1] Durchschnittliche Anzahl der Arbeiter und Angestellten im staatlichen und genossenschaftlichen Sektor der Volkswirtschaft.

[2] Berechnet auf der Basis Nationaleinkommen je Arbeiter und Angestellter im sozialistischen Sektor der Volkswirtschaft.

[3] 1976.

Quellen

Berechnet nach: Statističeskij ežegodnik stran-členov Soveta Ėkonomičeskoj Vzaimopomošči, Moskva 1978, S. 38, 41, 44, 135, 139, 397—300; 1971, S. 382—385; Statističeski godišnik na narodna republika Bulgarija, Sofija 1977, S. 114, 125; 1975, S. 110, 111; 1974, S. 107; 1973, S. 107; 1972, S. 93; 1971, S. 93; 1966, S. 88; 1962, S. 104; Statistical Yearbook 1975, Hungarian Central Statistical Office, Budapest 1976, S. 65, 76; Statistisches Taschenbuch Ungarns, Budapest 1973, S. 12/13, 14, 72, 76, 96; Statistisches Jahrbuch der DDR 1978, Berlin 1978, S. 14, 74, 81; Rocznik statystyczny, Warszawa 1976, S. 70, 134; 1975, S. 69; 1971, S. 128; 1966, S. 76; Narodnoe chozjajstvo SSSR v. 1977 g., Moskva 1978, S. 40, 404; 1972, S. 532; 1965, S. 591; Statistická ročenka ČSSR, Praha 1978, S. 127, 212; 1973, S. 144; 1969, S. 205; 1967, S. 131.

Die Faktoren, die Schwankungen in den Zuwachsraten des Nationaleinkommens verursachen, sind sehr vielzählig und können hier im Detail nicht untersucht werden. Einer davon betrifft bestimmte jährliche Schwankungen in der landwirtschaftlichen Produktion. Das gilt besonders für die europäischen RGW-Länder, in denen der Anteil dieses Bereichs an der Produktion des Nationaleinkommens noch sehr hoch ist und in großem Maße das Rohstoffaufkommen für bestimmte Industriezweige bereitstellt.

Natürlich sind Schwankungen in der landwirtschaftlichen Produktion auf Grund natürlicher Faktoren auch in industrialisierten Ländern niemals ganz auszuschließen. Die Landwirtschaftspolitik der RGW-Länder ist darauf ausgerichtet, u. a. durch umfangreiche Investitionen zur Verbesserung des Bodens, zum Einsatz von Dünger und Pflanzenschutzmitteln, zur industriellen Verarbeitung von Futter, zur Mechanisierung der landwirtschaftlichen Arbeiten die Entwicklung

Tabelle 13
Der Trend in den Schwankungen der Zuwachsraten des in der Industrie geschaffenen Nationaleinkommens in den europäischen Mitgliedsländern des RGW

Land	Nationaleinkommen			
	durchschnittliche Zuwachsrate (in %)		Streuung	
	1961–1970	1971–1977	1961–1970	1971–1977
VRB	10,8	9,1	3,14	1,65
ČSSR	4,9	5,3	3,37	2,02
DDR	5,3	5,6	0,82	0,74
VRP	8,3	10,1	1,76	1,49
SRR	13,2	12,8	1,97	1,89
UdSSR	9,4	7,3	2,43	1,01
UVR	7,2	7,2	2,30	1,65

Quelle
Berechnet nach: Statističeskij ežegodnik stran-členov Soveta Ėkonomičeskoj Vzaimopomošči, Moskva 1978, S. 38, 57, 129; 1976, S. 40, 59, 132; 1971, S. 44, 54, 126; Valovoj obščestvenny product, nacionalnyj dochod, zanatost' osnovnye fondy narodnovo chozjajstvo strančlenov SĖV i Jugoslavii, Moskva 1978, S. 46, 52, 58, 62, 70, 75, 81.

der pflanzlichen und tierischen Produktion zu stabilisieren. Zugleich kommt der Reservebildung für den Ausgleich witterungsbedingter Ertragsschwankungen wachsende Bedeutung zu.

Einige verallgemeinernde Feststellungen:

1. Es gehört zu den wesentlichen Vorzügen der sozialistischen Planwirtschaft, das ökonomische Wachstum nicht nur jährlich abzurechnen und zu kontrollieren, sondern es auch vorausschauend zu planen. Letzteres war und ist keine leichte Aufgabe. Die Vielzahl der berechenbaren, z. T. aber auch noch nicht vorhersehbaren Faktoren macht es erforderlich, die Leitung und Planung makroökonomischer Prozesse ständig zu vervollkommnen und wissenschaftlich exakter zu begründen. In den vergangenen Jahren ist es zunehmend besser gelungen, die in den Direktiven zu den Fünfjahrplänen fixierten Ziele zu realisieren. Das ist identisch mit einer immer besseren planmäßigen Beherrschung der Wachstumsprozesse. Unter dem Gesichtspunkt deren außenwirtschaftlicher Beeinflussung waren hier die Synchronisierung der Planzeiträume zwischen den Mitgliedsländern des RGW seit 1965, die umfassende Koordinierung der Fünfjahrpläne, die Aufnahme der Integrationsmaßnahmen in die Volkswirtschaftspläne u. a. Maßnahmen bedeutsam. Diese Maßnahmen der gemeinsamen Planungstätigkeit machten auch eine Reihe von Auswirkungen veränderter außenwirtschaftlicher Bedingungen auf das Wirtschaftswachstum und den volkswirt-

schaftlichen Reproduktionsprozeß *planbar*. Sie trugen insgesamt dazu bei, daß die wirtschaftliche Entwicklung in den europäischen RGW-Ländern stabiler geworden ist.

2. Wir waren davon ausgegangen, daß es zur uneingeschränkten Realisierung der vorgesehenen sozialpolitischen Zielstellungen unbedingt erforderlich ist, die Direktivziele für das Wachstum des Nationaleinkommens zu erfüllen oder — angesichts veränderter Reproduktionsbedingungen — gezielt zu überbieten. Das beantwortet jedoch nicht die breit diskutierte Frage, welches Wachstumstempo des Nationaleinkommens langfristig in den 80er Jahren erforderlich und möglich ist, um die Aufgaben der entwickelten sozialistischen Gesellschaft auf der Basis einer allseitig intensiv erweiterten Reproduktion erfolgreich zu lösen.

Nach unserer Auffassung sind weitere reproduktionstheoretische Untersuchungen notwendig, um eine aus den allgemeinen Gesetzmäßigkeiten beim Ausbau der entwickelten sozialistischen Gesellschaft abgeleitete und für die Bedingungen aller europäischen RGW-Mitgliedsländer verallgemeinerungsfähige Aussage über das durchschnittlich notwendige Wachstumstempo des Nationaleinkommens in den nächsten 15 bis 20 Jahren zu treffen. Nick[5] wirft die Frage auf, ob wir in diesem Zeitraum mit etwa den gleichen Wachstumsraten wie in den 70er Jahren rechnen können. Wir stimmen mit ihm in der Auffassung überein, daß gegenwärtig — am Anfang einer *intensiven* volkswirtschaftlichen Entwicklung — noch zu wenig über die Veränderung der einzelnen Wachstumsfaktoren, die Möglichkeiten ihrer Kombination sowie über den Einfluß des beschleunigten wissenschaftlich-technischen Fortschritts auf das ökonomische Wachstum bekannt ist.

Nach Auffassung von Sorokin sind es vor allem „die vor sich gehenden Strukturveränderungen, die Vergrößerung der Produktionsmaßstäbe und ihre technische Neuausstattung, die Intensivierung der Volkswirtschaft, die umfangreichen Arbeiten zur Schaffung einer stabilen und hochproduktiven Landwirtschaft, das Wachstum des kulturell-technischen Niveaus der Werktätigen"[6], die die Fragen nach einer *Erhöhung* des Wachstumstempos in den 80er Jahren zulassen. In der Gegenwart scheint besonders die Tatsache des sich erhöhenden Grundfondsaufwandes je Einheit des produzierten Nationaleinkommens diesen Vorstellungen zu widersprechen. Auch hier bleibt jedoch zu untersuchen, inwieweit der höhere Grundfondsaufwand zur Steigerung der Wirksamkeit und Ökonomisierung der anderen Wachstumsfaktoren führt. Generell kann die gegenwärtige Praxis aus den schon genannten Gründen nur relativ beschränkte Anhaltspunkte für das künftige Wachstum des Nationaleinkommens liefern, wenn sie nicht mit einer tiefgründigen Analyse der langfristigen Wirkung solcher Faktoren, wie sie Sorokin anführt, verbunden wird.

[5] Vgl. H. Nick, Sozialismus und Wirtschaftswachstum, a. a. O., S. 68ff.

[6] G. Sorokin, Problemy teorii socialističeskogo vosproizvodstva, in: Voprosy ėkonomiki, 1/1979, S. 30.

3. Ausgehend von den Bedürfnissen der entwickelten sozialistischen Gesellschaft, muß die Reproduktionstheorie eine Reihe sehr komplexer Probleme des intensiven Wirtschaftswachstums weiter untersuchen. Dazu gehören:

— die Voraussetzungen für den Übergang von der fondsintensiven zur allseitig intensiv erweiterten Reproduktion;

— der konkrete Beitrag von Wissenschaft und Technik, die physischen und psychischen Fähigkeiten des Menschen zur schöpferischen Tätigkeit zu entwickeln;

— die Hauptrichtungen bei der Produktion und ökonomischen Nutzung völlig neuer Arbeitsmittel und Arbeitsgegenstände;

— die Entwicklung rationellster Formen der Leitung, Planung und Organisation des Reproduktionsprozesses und der Kombination der Arbeit;

— Richtungen einer effektiven volkswirtschaftlichen Strukturentwicklung;

— die Wirkung der gesellschaftlichen Arbeitsteilung und der sozialistischen ökonomischen Integration auf zukünftige Wachstumsprozesse.

Der internationale Vergleich einiger ausgewählter Entwicklungstendenzen des Einflusses wichtiger Wachstumsfaktoren und Bedingungen zwischen den RGW-Ländern soll dazu einen Beitrag leisten.

2.2. Zur Entwicklung von Arbeitskräftezahl und Arbeitsproduktivität als wesentliche Faktoren des ökonomischen Wachstums

Einen zentralen Platz bei der weiteren Analyse des Wirtschaftswachstums nimmt die Frage ein, in welchem Verhältnis in den europäischen Mitgliedsländern des RGW Anzahl und Verteilung der Beschäftigten sowie die Steigerung der Arbeitsproduktivität zueinander stehen.

Der Nutzungsgrad des gesellschaftlichen Arbeitsvermögens weist aus, wie die *lebendige* Arbeit eingesetzt wird, um das Nationaleinkommen zu erhöhen. Mit wesentlichen Tendenzen und Problemen dieses Prozesses haben wir uns im Abschnitt 1.3.1. beschäftigt. Hier gilt es, sie für die 70er Jahre näher zu untersuchen.

Bei tendenziell sinkendem Zuwachs der Bevölkerung im arbeitsfähigen Alter ist in den ersten zwei Dritteln der 70er Jahre in allen europäischen RGW-Ländern die *Anzahl der Arbeiter und Angestellten im sozialistischen Sektor gestiegen.* Für die einzelnen Volkswirtschaften liegen nach Tabelle 14 die durchschnittlichen jährlichen Zuwachsraten von 1971 bis 1975 zwischen 6% (VR Bulgarien) und 1,2% (ČSSR). Vergleicht man diese Tendenzen mit jenen in der *zweiten Hälfte der 60er Jahre*, ergeben sich für die SR Rumänien und die VR Bulgarien zu Beginn der 70er Jahre steigende Wachstumsraten. Die Zunahme der Arbeiter und Angestellten in der DDR resultiert *vorwiegend* aus Maßnahmen zur Umwandlung von privaten und Handwerksbetrieben in sozialistische Betriebe. Es verbirgt sich dahinter also nicht in jedem Falle eine reale Zunahme der Beschäftigten. Im

Tabelle 14
Jährlicher Zuwachs der Anzahl der Arbeiter und Angestellten im sozialistischen Sektor der Volkswirtschaft der europäischen Mitgliedsländer des RGW (in %)

Bereich/Land	Durchschnitt	
	1971–1975	1976–1978
Volkswirtschaft insgesamt		
VRB	6,0	2,0
ČSSR	1,2	1,2
DDR	3,5	1,3
VRP	3,5	1,0
SRR	4,2	3,2
UdSSR	2,5	2,1
UVR	1,5	1,9
darunter:		
Industrie		
VRB	2,3	1,0
ČSSR	1,0	0,4
DDR	4,7	0,7
VRP	3,0	0,3
SRR	6,3	3,5
UdSSR	1,5	1,9
UVR	0,3	–0,7
Bauwesen		
VRB	0,3	2,3
ČSSR	2,8	1,5
DDR	4,7	1,5
VRP	5,6	–0,7
SRR	1,5	3,9
UdSSR	3,2	1,4
UVR	2,5	–0,7
Landwirtschaft		
VRB	23,7	4,4
ČSSR	–6,5	0,9
DDR	1,5	4,4
VRP	3,7	3,0
SRR	1,9	3,3
UdSSR	2,3	2,3
UVR	–1,2	–1,4

Fortsetzung von Tabelle 14

Bereich/Land	Durchschnitt 1971—1975	1976—1978
Transportwesen		
VRB	3,7	3,0
ČSSR	—0,4	0,9
DDR	1,0	0,6
VRP	2,4	1,3
SRR	3,4	2,5
UdSSR	2,8	2,3
UVR	1,5	0,4
Handel und materiell-technische Versorgung		
VRB	5,9	2,2
ČSSR	3,2	2,0
DDR	1,0	0,2
VRP	3,9	0,8
SRR	5,2	4,0
UdSSR	3,3	1,9
UVR	2,7	0,9
Nichtmaterielle Bereiche[1]		
VRB	4,9	0,5
ČSSR	1,3	2,2
DDR[2]	2,3	2,2
VRP	5,1	2,2
SRR	2,8	2,9
UdSSR	3,2	2,4
UVR[3]		3,2[4]

[1] Kommunale Wohnungswirtschaft und Dienstleistungen für die Bevölkerung; Wissenschaft und wissenschaftliche Dienstleistungen; Bildungswesen, Kultur und Kunst; Gesundheits-, Sozialwesen und Körperkultur.

[2] Gesamter nichtmaterieller Bereich; Stichtagsangaben.

[3] Beschäftigte im gesamten nichtmateriellen Bereich.

[4] 1977—1978.

Quellen

Statističeskij ežegodnik stran-členov Soveta Ėkonomičeskoj Vzaimopomošči, Moskva 1979, S. 445ff.; Statistisches Taschenbuch Ungarns, Budapest 1977, S. 138; Statistisches Jahrbuch der DDR 1979, Berlin 1979, S. 87; 1977, S. 87.

Unterschied dazu sinken die entsprechenden Zuwachsraten in der ČSSR, der Sowjetunion und der Ungarischen VR.

In der VR Polen ist dieser Zuwachs in beiden Zeiträumen annähernd gleich groß. Hier vollzieht sich jedoch in den 70er Jahren ein grundlegender Wandel: Die Angaben für die Jahre 1976 und 1977 weisen deutlich auf eine kräftig sinkende Wachstumstendenz hin. Sie setzt im gegenwärtigen Fünfjahrplan auch in *allen* anderen europäischen RGW-Ländern ein, bzw. sie verstärkt sich. Für die europäischen RGW-Länder ist also zum Ende der 70er Jahre charakteristisch, daß die *Zuwachsraten* der arbeitsfähigen Bevölkerung *und* der Arbeiter und Angestellten im sozialistischen Sektor der Volkswirtschaft *tendenziell sinken.*

Dennoch vergrößert sich in diesen Ländern noch immer das einsetzbare *Volumen an lebendiger Arbeit*, das eine wesentliche Quelle für die Entwicklung des Nationaleinkommens darstellt — allerdings mit sinkendem Wachstumstempo, das für alle RGW-Länder einen effektiveren Einsatz der Arbeitskräfte erforderlich macht. Läßt die *Verteilung des Zuwachses* der Arbeiter und Angestellten in den 70er Jahren in dieser Hinsicht Veränderungen erkennen?

Gruppiert man die Zuwachsraten der einzelnen volkswirtschaftlichen Bereiche aus Tabelle 14 um, so ergibt sich eine Rangfolge, die folgende Tendenzen verdichtet: (vgl. Tabelle 15).

1. In den europäischen RGW-Mitgliedsländern entfällt der Zuwachs der Arbeiter und Angestellten im sozialistischen Sektor überwiegend auf den Handel, die materiell-technische Versorgung sowie die nichtmateriellen Bereiche. Zweifellos ist das mit der verstärkten Orientierung auf die Verbesserung des materiellen und geistig-kulturellen Lebensniveaus der Werktätigen verbunden und zugleich jedoch Ergebnis des wissenschaftlich-technischen Fortschritts.

2. Bei der Verteilung des Zuwachses auf die produktiven Bereiche hat die Industrie eindeutig an Priorität verloren und das Bauwesen — wohl vor allem dank dem steigenden Wohnungs- und Gesellschaftsbau — gewonnen.

3. Nur ein geringer Teil des Zuwachses der Arbeiter und Angestellten entfällt auf diesen Bereich, doch steigt die Anzahl dieser Beschäftigten in der *Landwirtschaft*. Tabelle 14 läßt erkennen, daß die Steigerung in Ländern wie der DDR, der SR Rumänien, der UdSSR und der VR Polen ein Ausmaß haben, das sich aus der ökonomischen Notwendigkeit erklärt, mehr Arbeiter und Angestellte für die Mechanisierung landwirtschaftlicher Arbeiten, die Konzentration, Spezialisierung und Industrialisierung der landwirtschaftlichen Produktion einzusetzen. Der beträchtlich höhere Zuwachs in der VR Bulgarien resultiert nur z. T. daraus, zum anderen ist er unseres Erachtens auf die Bildung von Agrar-Industrie-Komplexen zurückzuführen, die auch eine größere Zahl von Betrieben der Verarbeitungsindustrie einschließen.

Diese Tendenz hebt zu einem Teil die fortgesetzte Verringerung der Beschäftigten in der Landwirtschaft auf. In der Ungarischen VR und der ČSSR ist selbst die Zahl der Arbeiter und Angestellten gesunken. Die *Gesamtzahlen der landwirtschaftlich Beschäftigten* sanken nach Berechnungen des Autoren-

Tabelle 15

Rangfolge der Zuwachsraten der Anzahl der Arbeiter und Angestellten nach Wirtschaftsbereichen

	1971—1975 Bereich						1976—1978 Bereich					
	Industrie	Bauwesen	Landwirtschaft	Transportwesen	Handel und materielle Versorgung	Nichtmaterieller Bereich	Industrie	Bauwesen	Landwirtschaft	Transportwesen	Handel und materielle Versorgung	Nichtmaterieller Bereich
VRB	5	6	1	4	2	3	5	3	1	2	4	6
ČSSR	4	2	6	5	1	3	6	3	4	4	2	1
DDR	1	1	4	5	6	3	4	3	1	5	6	2
VRP	5	1	4	6	3	2	5	6	1	3	4	2
SRR	1	6	5	3	2	4	3	2	4	6	1	5
UdSSR	6	3	5	4	1	2	4	6	2	2	4	1
UVR	4	2	5	3	1		4	4	6	3	2	1
Insgesamt	26	21	30	30	16	17	31	27	19	25	23	18

kollektivs von 1971 bis 1975 in der VR Bulgarien um 300000, in der Ungarischen VR um 165000, in der VR Polen nur um 34000, in der DDR um 102000 und in der ČSSR um 150000 Personen. Damit hält der Prozeß an, durch steigende Produktionsleistungen in der Landwirtschaft Arbeitskräfte für andere Bereiche freizusetzen.

4. Ein weiterer Blick auf die Rangfolge läßt erkennen, daß in mehreren RGW-Ländern volkswirtschaftliche Aufgaben spezifische Prioritäten für den Einsatz von Arbeitern und Angestellten notwendig machen. Dazu gehören u. a. Industrie und Bauwesen in der DDR, das Bauwesen in der VR Polen und die Industrie in der SR Rumänien. Auch das fällt ins Auge: In allen RGW-Ländern ist der entsprechende Zuwachs im Transportwesen recht gering.

Zusammenfassend wäre festzustellen, daß aus diesen z. T. veränderten Tendenzen das staatliche Ziel aller Länder erkennbar ist, höhere Beschäftigtenzahlen zur proportionalen Entwicklung aller Bereiche einzusetzen, also einen solchen Einsatz der Arbeitskräfte zu erreichen, der die Lösung der Hauptaufgabe unterstützt.

Auf die Entwicklung des Nationaleinkommens ergeben sich danach u. a. folgende Wirkungen: Die Umsetzung von Arbeitskräften aus der Landwirtschaft in die Industrie bzw. andere Bereiche setzt sich mit verringertem Tempo fort, oder es beginnt sogar der umgekehrte Trend. Unter volkswirtschaftlichem Aspekt tritt dabei ein *zweifacher Struktureffekt* auf: Innerhalb der Landwirtschaft erhöht sich der Anteil der Beschäftigten mit höherer Arbeitsproduktivität (durch Mechanisierung u. a. Maßnahmen). Zugleich wird der „traditionelle" Struktureffekt weiterhin dadurch wirksam, daß landwirtschaftliche Arbeitskräfte in volkswirtschaftlich produktivere Bereiche übergehen. Beide Tendenzen fördern direkt und indirekt das Wachstum des Nationaleinkommens. Zu einem Teil wurde der indirekte Einfluß (Einsatz von landwirtschaftlich Beschäftigten in produktiveren Bereichen) dadurch verringert, daß diese freien Arbeitskräfte in den 70er Jahren mehr in den Handel und den Dienstleistungsbereich als in die Industrie gingen.

Der vorrangige Einsatz des Zuwachses der Arbeitskräfte im Handel, in der materiell-technischen Versorgung und im nichtmateriellen Bereich (die schnelle Zunahme der Beschäftigten in diesem Bereich geht aus Tabelle A 11 hervor!) verbessert zweifellos die Reproduktionsbedingungen für die Lösung verschiedener sozialer Aufgaben. Gleichzeitig verringert sich *tendenziell* die Zahl der Arbeitskräfte, die in den produktivsten Produktionszweigen, vor allem in der Industrie und im Bauwesen, eingesetzt werden können. Damit erhöht sich der ökonomische Druck auf die Steigerung der Arbeitsproduktivität je Produktionsarbeiter, die Produktivität je Arbeitsstunde in diesen Bereichen, weil deren Anteil an der Erhöhung der Produktivität der lebendigen Arbeit im Durchschnitt der Volkswirtschaft steigt.

So ist es von großem Interesse zu analysieren, wie sich das Verhältnis zwischen den Arbeitskräften und der Arbeitsproduktivität entwickelt. Da die Bruderländer ein stabiles Wachstum des Nationaleinkommens anstreben, müßte der sinkende Arbeitskräftezuwachs durch eine entsprechende Steigerung der Arbeitsproduktivität kompensiert werden. Um diese Frage beantworten zu können, reicht die traditionell berechnete Kennziffer Arbeitsproduktivität nicht aus. Wir verwenden an ihrer Stelle die Kennziffer Nationaleinkommen je Arbeiter und Angestellter im produktiven Bereich des sozialistischen Sektors.

Tabelle 16 zeigt zunächst, daß seit Anfang der 60er Jahre der Anteil der Arbeitsproduktivität an der Steigerung des Nationaleinkommens *im gesamten produzierenden Bereich* der europäischen RGW-Länder sehr hoch ist. *In diesem Zeitraum ist die gesellschaftliche Arbeitsproduktivität der bestimmende Faktor der National-*

Tabelle 16
Anteile der Faktoren Arbeitsproduktivität und Arbeitskräfte an der Nationaleinkommensentwicklung (in %)

Land		1961—1965		1966—1970		1971—1975	
		a	b	a	b	a	b
VRB	I	104	—4	96	4	99	1
	II	71	29	75	25	74	26
ČSSR	I	77	23	89	11	86	14
	II	55	45	81	19	80	20
DDR	I	107	—7	100	0	99	1
	II	99	1	93	7	96	4
VRP	I	80	20	80	20	82	18
	II	66	34	57	43	78	22
UdSSR	I	71	29	82	18	69	31
	II	36	64	62	38	72	28
UVR	I	100	0	85	15	99	1
	II	55	45	71	29	96	4

a = Arbeitsproduktivität; b = Arbeitskräfte.
I = produzierende Bereiche; II = Industrie.

Quellen
Berechnet nach: Statističeskij ežegodnik stran-členov Soveta Ėkonomičeskoj Vzaimopomošči, Moskva 1977, S. 393—395; Problemy reprodukzij stran-členov Soveta Ėkonomičeskoj Vzaimopomošči, Moskva 1974, S. 68/69; Statističeski godišnik na narodna republika Bůlgarija, Sofija 1976, S. 12/13, 100, 125; 1971, S. 66; Statistical Yearbook 1975, Hungarian Central Statistical Office, Budapest 1976, S. 6/7, 66; Statistisches Taschenbuch Ungarns, Budapest 1973, S. 8/9, 77; Statistisches Jahrbuch der DDR 1977, Berlin 1977, S. 15, 16, 74; Rocznik statystyczny, Warszawa 1976, S. 54, 70; 1975, S. 51, 68/69; 1972, S. 107; 1971, S. 109, 128; 1970, S. 80; 1965, S. 71; Narodnoe chozjajstvo SSSR v. 1975 g., Moskva 1976, S. 529, 530, 564; 1970, S. 535, 508; Statistická ročenka ČSSR, Praha 1977, S. 20—22, 156; 1970, S. 145; Yearbook of Labour-Statistics, Geneva 1976, S. 341; 1975, S. 335; 1970, S. 331.

einkommensentwicklung. Das hat einen stabilisierenden Einfluß auf die Erhöhung des Nationaleinkommens und zeigt, daß die gesellschaftliche Arbeitsproduktivität zur ausschlaggebenden Quelle für die erweiterte Reproduktion geworden ist.

Dabei treten von Land zu Land Unterschiede auf: In der ersten Hälfte der 70er Jahre ist dieser Zuwachs in der VR Bulgarien, in der Ungarischen VR und in der DDR zu fast 100% auf die höhere Arbeitsproduktivität zurückzuführen. Dagegen ist der Anteil in den übrigen untersuchten RGW-Mitgliedsländern niedriger. Betrachtet man nur die Relationen in der *Industrie*, erhält man ein ähnliches Bild, bei noch etwas größeren Unterschieden zwischen den einzelnen Ländern.

Nun belegen diese Berechnungen aber lediglich den jeweiligen Anteil beider Faktoren an der tatsächlichen Entwicklung des Nationaleinkommens, nicht aber das Ausmaß, wie sich beide Faktoren gegenseitig *„ersetzt"* haben. Um dazu näherungsweise Aussagen machen zu können, vergleichen wir in Tabelle 17 die Zuwachsraten der *gesellschaftlichen* Arbeitsproduktivität und der Arbeiter und Angestellten im sozialistischen Sektor.

Es zeigt sich erneut, was bereits im vorangegangenen Abschnitt auffiel: Der Zuwachs der Beschäftigten und der der Arbeitsproduktivität stehen *nicht* in einem kausalen Verhältnis zueinander. Das resultiert aus den vielen Faktoren, die die Arbeitsproduktivität erhöhen, allerdings nur z. T. mit dem Beschäftigtenzuwachs verbunden sind.

Tabelle 17

Jährlicher Zuwachs der Arbeitsproduktivität[1] sowie der Arbeiter und Angestellten im gesamten produzierenden Bereich[2] (in %)

Land	Arbeiter/Angestellte		Arbeitsproduktivität	
	Durchschnitt			
	1971–1975	1976–1977	1971–1975	1976–1977
VRB	6,3	3,1	–0,2	6,5
ČSSR	1,2	0,9	4,1	4,2
DDR	3,5	1,2	1,7	6,1
VRP	3,5	0,7	6,2	5,4
UdSSR	2,3	2,0	2,3	3,2
UVR	0,9	–0,7	5,4	6,8

[1] Berechnet auf der Basis Nationaleinkommen je Arbeiter und Angestellter im sozialistischen Sektor der Volkswirtschaft.

[2] Ohne sonstige produzierende Zweige.

Quellen

Statističeskij ežegodnik stran-členov Soveta Ėkonomičeskoj Vzaimopomošči, Moskva 1978, S. 397ff.; Nationale Jahrbücher der europäischen Mitgliedsländer des RGW.

Die Steigerung der Arbeitsproduktivität wurde in allen RGW-Ländern durch vielfältige Maßnahmen zur Qualifizierung der Arbeitskräfte gefördert. So vergrößerte sich die Anzahl der *Fachschulkader* von 1970 bis 1977 u. a. in der Ungarischen VR um 35%, in der VR Polen um nahezu 50% und in der SR Rumänien um über 50%. Ebenso hohe Steigerungsraten wurden in diesen Ländern auch bei der Entwicklung von *Hochschulkadern* erreicht. Diese Bildungsinvestitionen sind ein Faktor, der für die stabile Steigerung der Arbeitsproduktivität immer wichtiger wird.

Der von uns berechnete Zuwachs der *gesellschaftlichen* Arbeitsproduktivität unterscheidet sich z. T. beträchtlich von jenem der Produktivität der lebendigen Arbeit in der Industrie (vgl. dazu Kapitel 3). Zudem ist der betrachtete Zeitraum von 1970 bis 1977 zu kurz, um generelle Aussagen zu treffen, längere Zeitreihen sind wegen der veränderlichen Preisbasis des Nationaleinkommens schwer zu berechnen. Somit bietet sich ein breites Bild von Zusammenhängen, aus denen zwei hervortreten:

a) die Beschäftigtenzuwächse Anfang der 70er Jahre haben mit zeitlicher Verzögerung Mitte der 70er Jahre in allen untersuchten RGW-Ländern einen *hohen Zuwachs* der gesellschaftlichen Arbeitsproduktivität gefördert;

b) der Zuwachs der Beschäftigten von 6% der VR Bulgarien und von 3,5% in der DDR hat Anfang der 70er Jahre nicht ausgereicht, um die „geringe Steigerung" der Arbeitsproduktivität (—0,2% in der VR Bulgarien und 1,7% in der DDR) zu „kompensieren".

Anhand dieser Tendenzen in den Beziehungen zwischen zwei wesentlichen Faktoren der Nationaleinkommensentwicklung wird deutlich, daß wir die Bedingungen für die Wirkung der Arbeitskräfte wie der Arbeitsproduktivität (einschließlich struktureller Unterschiede zwischen den einzelnen RGW-Ländern) weiter untersuchen müssen, weil hier Reserven für die Steigerung des Nationaleinkommens durchaus noch vorhanden sind.

2.3. Einige Entwicklungstendenzen der volkswirtschaftlichen Investitionen

Das wirtschaftliche Wachstum aller europäischen Mitgliedsländer des RGW wird durch eine *schnelle* Entwicklung der volkswirtschaftlichen Investitionen charakterisiert (vgl. Tabelle 18 und Abbildung 5). Dieser Faktor hat entscheidend dazu beigetragen, daß im Zeitraum von 1960 bis 1975 der Bestand an Fonds in allen Wirtschaftsbereichen wesentlich gewachsen ist, seine Struktur verändert wurde, die Kapazitäten aller Produktionsbereiche erweitert bzw. erneuert werden konnten und sich insgesamt die Fondsausstattung der lebendigen Arbeit schnell erhöht hat. Diese für alle Mitgliedsländer des RGW gültigen Tendenzen einer planmäßigen Investitionsentwicklung haben das Wachstum des Nationaleinkommens zweifellos wesentlich gefördert. Bei näherer Untersuchung zeigen sich allerdings auch einige Unterschiede, die auf die volkswirtschaftlichen Ziele wie

Tabelle 18
Durchschnittliche jährliche Wachstumsraten der volkswirtschaftlichen Investitionen in den europäischen Mitgliedsländern des RGW (in %)

Land	1961—1965	1966—1970	1971—1975	1976	1977	1978
VRB	7,9	12,5	8,6	0,2	14,3	0,1
ČSSR	2,0	7,3	8,0	3,6	2,8	4,3
DDR	5,0	10,1	4,7	7,4	5,6	3,0
VRP	6,8	8,1	18,4	18,3	4,3	1,6
SRR	11,3	11,2	11,5	8,2	13,6	16,0
UdSSR	6,2	7,6	7,0	4,5	3,7	6,0
UVR	5,1	11,5	7,0	4,4	17,9	8,3

Quellen
Statističeskij ežegodnik stran-členov Soveta Ėkonomiičeskoj Vzaimopomošči, Moskva 1979, S. 169; Fünfjahrpläne der europäischen Mitgliedsländer des RGW 1976—1980.

die konkreten Reproduktionsbedingungen der einzelnen Länder zurückzuführen sind.

Bleiben wir zunächst beim *Wachstumstempo* der volkswirtschaftlichen Investitionen in den *60er Jahren*. Dabei ist nicht zu übersehen, daß jene RGW-Länder die höchsten Zuwachsraten aufwiesen, die ehemals zu den weniger entwickelten zählten: Die VR Bulgarien und die SR Rumänien erweiterten in diesem Zeitraum ihre Fondsbestände um durchschnittlich mehr als 10%, während die übrigen RGW-Länder vorwiegend Wachstumstempi von durchschnittlich mehr als 5% realisierten. Daß die Ungarische VR und die DDR in der zweiten Hälfte der 60er Jahre die Investitionen zeitweilig ebenfalls um mehr als 10% erhöhten, resultierte aus den Anstrengungen zum Ausbau der Energie- und Rohstoffbasis sowie zur Automatisierung der Produktion.

Beim Übergang in die 70er Jahre behielt die SR Rumänien dieses hohe durchschnittliche Wachstumstempo im Interesse ihrer dynamischen Entwicklung bei. Die VR Polen erhöhte die Investitionen im Jahresdurchschnitt sprunghaft auf weit über 10%, um ihre Produktionsbasis in verschiedenen Richtungen forciert auszubauen (verstärkte Förderung von Kohle und Schwefel, Erweiterung der Metallurgie, Rekonstruktion des Verkehrswesens, Entwicklung verschiedener Zweige der Industrie wie des Bauwesens) und dabei gleichzeitig den beachtlichen Zuwachs an Arbeitskräften voll zu beschäftigen. Unter diesen Voraussetzungen ist es durchaus begründet, von einer vorwiegend *extensiven* Entwicklung der Investitionen in diesen beiden Ländern zu sprechen. Dabei folgte der sprunghaften Investitionssteigerung von 1971 bis 1975 in der VR Polen eine Schrumpfung ihres Wachstums im laufenden Fünfjahrplan, zweifellos in dem Bestreben, vorhandene Produktionsfonds besser auszunutzen, begonnene Investitionen abzuschließen, einen geringeren Teil des verwendeten Nationaleinkommens für die Akkumulation einzusetzen und einen entsprechend größeren für die Verbesserung

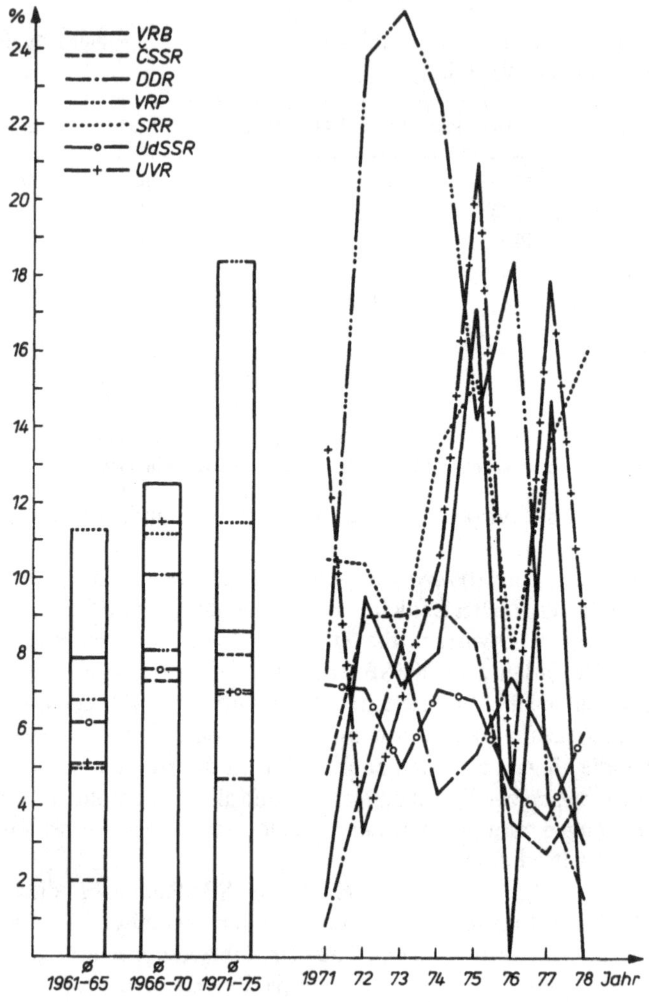

Abb. 5:
Durchschnittliche jährliche Wachstumsraten der volkswirtschaftlichen Investitionen in den europäischen Mitgliedsländern des RGW (in %)

Quellen: Siehe Tabelle 18.

des Lebensniveaus. Auch die VR Polen tendiert mit diesen Maßnahmen dazu, die Investitionen auf den Übergang zur vorwiegend intensiven Reproduktion auszurichten.

Die Verringerung des Wachstumstempos der Investitionen in den übrigen RGW-Ländern zeigt dieses Bestreben, die extensive Erweiterung der Fonds durch eine

Investitionspolitik abzulösen, die die intensive Reproduktion fördert, noch ausgeprägter: Die VR Bulgarien, die Ungarische VR, die DDR und die Sowjetunion konzentrierten sich in der ersten Hälfte der 70er Jahre darauf, die Investitionen stärker für die Rationalisierung und Rekonstruktion bestehender Kapazitäten zu verwenden, Erweiterungsinvestitionen einzuschränken, kurzum mit einem geringeren Investitionszuwachs die geplanten volkswirtschaftlichen Ziele zu erreichen.

Wie aus der Tabelle 18 zu entnehmen ist, weisen die Zuwachsraten der Investitionen selbst in zwei aufeinanderfolgenden Jahren beachtliche Schwankungen auf. Sie gruppieren sich aber um das allgemeine Ziel, die Investitionen im jährlichen Durchschnitt des Planzeitraumes 1976 bis 1980 um etwa 5 bis 8% zu erhöhen. Allein die SR Rumänien realisiert wiederum durchschnittliche Zuwachsraten jenseits der 10-Prozent-Marke. Mit dieser Einschränkung kann man annehmen, daß sich auch in den 80er Jahren die Tendenzen einer auf die intensive Reproduktion ausgerichteten Investitionspolitik in den meisten europäischen RGW-Ländern verstärkt fortsetzen werden.

Das ökonomische Wachstum dieser Länder war von vielfältigen Veränderungen in der *Verteilung der Investitionen auf die Volkswirtschaftsbereiche* begleitet und hat in dieser Hinsicht auch Differenzierungen im Interesse sozialer und ökonomischer Ziele erforderlich gemacht. Ein erstes Merkmal dieser Strukturveränderungen besteht darin, daß die Investitionen in den *nichtmateriellen Bereichen* in der zweiten Hälfte der 60er Jahre schneller gewachsen sind als in der ersten Hälfte dieses Zeitraums. Mehr noch: In der Mehrzahl der europäischen RGW-Länder sind die Zuwachsraten der Investitionen in diesem Bereich seit Anfang der 70er Jahre höher als in den Zweigen der materiellen Produktion. Tabelle 19 zeigt, daß das höhere Tempo dieser Investitionen vor allem durch die Zielstellungen im Wohnungsbau ausgelöst wurde und zu einem Teil auch der vorrangigen Entwicklung von Wissenschaft, Bildung, Gesundheits- und Sozialwesen dient. Damit materialisiert sich der Kurs auf die rasche Verbesserung der sozialen Lebensbedingungen der Werktätigen, und der ökonomische Zwang zum effektiveren Einsatz der Investitionen in der Produktion wird verstärkt.

Auch bei der Analyse der Investitionsverteilung auf die einzelnen *Produktionsbereiche* werden für alle europäischen Mitgliedsländer des RGW gleichartige Tendenzen sichtbar. So besteht in den 60er Jahren ein zweites Merkmal darin, daß auf die Industrie der größte Teil der Investitionen entfällt. Mit dem Eintritt in die 70er Jahre verringert sich der Anteil dieses Bereiches in allen europäischen RGW-Ländern, was hauptsächlich mit der ökonomischen Notwendigkeit erklärbar ist, alle Volkswirtschaftsbereiche in einem proportionalen Verhältnis durch Investitionen zu entwickeln und nicht allein — wie vorrangig in früheren Abschnitten des sozialistischen Aufbaus — das Wachstum der Industrie zu fördern.

Weit mehr als 10% der volkswirtschaftlichen Investitionen entfallen allein auf die Brennstoff- und Energieproduktion. Im einzelnen beanspruchte dieser Bereich im Jahre 1978 in der VR Bulgarien 21%, in der Ungarischen VR

Tabelle 19
Anteile ausgewählter Bereiche an den volkswirtschaftlichen Gesamtinvestitionen (in %)

Land	Bereich	1960	1965	1970	1975	1978
VRB	1	34,1	44,7	45,2	39,9	41,7
	2	4,9	7,1	5,8	5,3	5,4
	3	29,7	19,7	15,7	14,6	12,8
	4	5,9	6,8	8,7	13,4	14,4
	5	2,3	3,1	3,5	3,1	2,7
	6	14,1	12,0	9,7	9,5	10,7
	7	4,4	3,7	4,3	4,9	4,0
	8	1,5	1,2	1,6	1,5	1,8
ČSSR	1	40,2	42,9	38,5	36,5	37,1
	2	5,0	5,9	3,8	4,9	5,6
	3	16,8	13,9	10,7	12,3	12,3
	4	9,5	11,3	12,4	13,6	13,2
	5	3,3	4,0	5,2	4,7	4,3
	6	15,3	14,7	17,3	15,2	13,3
	7	5,4	5,3	5,2	5,9	5,2
	8	1,3	1,5	2,3	2,0	2,3
DDR	1	49,2	54,5	51,4	49,9	52,7
	2	.	.	.	.	.
	3	11,9	13,4	13,0	11,8	10,3
	4	10,6	9,4	8,8	10,5	8,1
	5	3,0	4,4	4,8	3,8	4,2
	6	12,4	8,3	6,1	8,3	9,1
	7	2,9	2,6	3,7	3,7	4,0
	8	1,1	1,0	1,5	2,0	2,1
VRP	1	37,6	39,8	39,0	45,2	40,1
	2	4,2	4,3	4,1	3,1	4,0
	3	12,6	16,4	16,3	13,5	16,7
	4	11,1	11,6	13,1	12,8	9,6
	5	3,0	3,2	2,5	2,3	2,0
	6	21,7	16,1	15,8	11,8	16,9
	7	5,3	4,6	3,7	2,6	2,0
	8	2,3	1,7	1,9	2,1	2,1
SRR	1	42,3	47,0	47,2	49,1	49,3
	2	4,2	8,6	7,2	6,9	5,3
	3	19,6	18,5	16,4	13,5	13,9
	4	9,2	10,3	11,5	11,7	11,6
	5	2,7	2,6	3,5	3,5	2,8
	6	15,7	10,7	9,8	9,7	9,8
	7	3,7	2,2	2,4	2,6	2,0
	8	1,4	1,1	1,4	1,0	6,4

Fortsetzung von Tabelle 19

Land	Bereich	1960	1965	1970	1975	1978
UdSSR	1	35,9	36,8	35,4	35,2	35,5
	2	4,0	4,4	3,8	3,2	3,0
	3	13,2	17,0	17,8	20,8	20,0
	4	9,8	10,0	9,8	11,2	12,5
	5	3,1	2,9	2,8	2,5	2,5
	6	22,8	17,1	16,6	14,4	13,5
	7	5,8	6,2	5,5	5,2	5,1
	8					
UVR	1	40,0	37,6	32,5	31,5	37,0
	2	6,3	5,6	4,1	4,6	5,3
	3	14,4	16,4	20,9	15,8	15,3
	4	13,6	13,0	12,2	13,4	11,4
	5	3,0	3,1	3,1	4,6	3,7
	6	15,4	16,3	15,9	17,6	16,3
	7	3,5	3,6	3,3	4,5	4,0
	8	1,9	2,9	2,7	2,6	3,1

1 = Industrie
2 = Energie
3 = Land- und Forstwirtschaft
4 = Verkehr
5 = Binnenhandel
6 = Wohnungsbau
7 = Wissenschaft, Bildung, Kultur (UVR einschl. Körperkultur)
8 = Gesundheits- und Sozialwesen, Körperkultur (UVR ohne Körperkultur)

Quelle
Berechnet nach: Statističeskij ežegodnik stran-členov Soveta Ėkonomičeskoj Vzaimopomošči, Moskva 1979, S. 169ff.

27%, in der VR Polen nahezu 22%, in der SR Rumänien über 23%, in der UdSSR 29% und in der ČSSR 26%[7] der gesamten Industrieinvestitionen. Daran zeigt sich, daß die europäischen RGW-Länder in den 70er Jahren unverändert die Entwicklung dieses Bereichs als einen Investitionsschwerpunkt verfolgen.

[7] Vgl. Statističeskij ežegodnik stran-členov Soveta Ėkonomičéskoj Vzaimopomošči, Moskva 1979, S. 184ff. — Die Angaben für die DDR sind mit denen der anderen Länder nicht vergleichbar, da sie nicht der RGW-Nomenklatur entsprechen. (Vgl. Statistisches Jahrbuch der DDR 1976, Berlin 1976, S. 43.) Danach hat die DDR für diese Zweige 1975 über 25% der Industrieinvestitionen aufgewendet, in allen Zweigen der Rohstoffproduktion werden nahezu 60% der industriellen Investitionen eingesetzt.

Schließlich sei zumindest noch auf ein drittes Merkmal verwiesen: In allen europäischen RGW-Ländern werden weit über 10% der volkswirtschaftlichen Investitionen für die Entwicklung der Land- und Forstwirtschaft eingesetzt. Die Mechanisierung landwirtschaftlicher Arbeiten und seit Beginn der 70er Jahre die Einführung industrieller Produktionsmethoden in diesem Bereich sind überwiegend durch steigende Anteile an den Gesamtinvestitionen zu realisieren.

Diese Tendenzen lassen die Frage entstehen, welchen Platz die Entwicklung der metallverarbeitenden Industrie, des Motors des wissenschaftlich-technischen Fortschritts, in der Investitionspolitik einnimmt. Angesichts des volkswirtschaftlichen Investitionsbedarfs verstärkt sich auch in diesem Bereich die Notwendigkeit, die Investitionen gezielt einzusetzen, um neue Produktionszweige aufzubauen und bestehende zu erweitern bzw. zu erneuern. Diesem Bedürfnis nach ständiger Modernisierung der Maschinen, Ausrüstungen und Geräte in allen Produktionszweigen entsprechen die europäischen RGW-Länder, indem sie 1975 über 20% der Industrieinvestitionen in der metallverarbeitenden Industrie einsetzten. Im Vergleich zu 1970 ist dieser Anteil in der VR Bulgarien, in der VR Polen, in der SR Rumänien und in der ČSSR sogar angestiegen, in allen europäischen RGW-Ländern sind die Investitionen in diesem Bereich von 1970 bis 1978 mit einem überdurchschnittlichen Tempo gestiegen. Investitionspolitik zugunsten der intensiven Reproduktion bedeutet also nach wie vor den Einsatz umfangreicher Fonds auch in der metallverarbeitenden Industrie.

Es entsteht die Frage, wie bei wachsendem Investbedarf vieler Volkswirtschaftsbereiche das in der zweiten Hälfte der 70er Jahre langsamer steigende Investvolumen so angelegt werden kann, daß die Wirkungen auf das Wirtschaftswachstum der europäischen RGW-Länder unverändert hoch sind bzw. sogar erhöht werden können. Folgende Wege bieten sich dafür u. a. an:

1. Die Akkumulationskraft der europäischen sozialistischen Länder muß in steigendem Maße so eingesetzt werden, daß der aktive Teil der Produktionsgrundfonds, der Anteil der Maschinen und Anlagen tendenziell wächst. Die günstigere technologische Struktur der Investitionen ermöglicht eine qualitativ bessere Ausstattung der vorhandenen Arbeitsplätze mit Fonds, die Reduzierung der Ausgaben für die Errichtung neuer Gebäude und die schnelle Erweiterung der Ausgaben für die technische Ausrüstung von Produktionskapazitäten. Diese Orientierung entspricht der Erkenntnis, daß in den entwickelteren sozialistischen Ländern mit einer weiterhin vorwiegend extensiven Ausdehnung der Produktionskapazitäten — bei begrenzt wachsenden Arbeitskräfteressourcen in den meisten Ländern — nur eine relativ geringe Effektivitätssteigerung der gesellschaftlichen Produktion zu erreichen ist. Deshalb setzt sich immer mehr die Tendenz durch, daß die *Investitionen für Rationalisierung und Rekonstruktion* bestehender Betriebe schneller wachsen als die Investitionen, die der extensiven Ausdehnung des Produktionsfeldes dienen. Die ersteren erreichen in den Mitgliedsländern des RGW gegenwärtig oftmals 50% und mehr der geplanten Gesamtinvestitionen. In der *UdSSR* waren z. B. 1975 etwa 60% der Investi-

tionen für die Rationalisierung und Rekonstruktion bereits bestehender Betriebe bestimmt; im 10. Fünfjahrplan (1976 bis 1980) erreichten die Ausgaben für die technische Neuausrüstung und Rekonstruktion 64% der Investitionen. In der *VR Bulgarien* sind für den gleichen Zeitraum etwa 70% der Kapitalanlagen für Modernisierung, Umbau und Erweiterung bestimmt. Auch in der *ČSSR* und der *DDR* ist die vorrangige Rekonstruktion und Modernisierung vorhandener Kapazitäten in Verbindung mit einer schnelleren Aussonderung veralteter Technik und uneffektiver Produktionen die grundlegende Linie der Investitionspolitik. Dies bedeutet, daß neue Kapazitäten nur dann geschaffen werden, wenn die Produktionssteigerung auf dem Wege der Rekonstruktion und Modernisierung vorhandener Kapazitäten nicht erreicht werden kann.

Damit wird in der Direktive des IX. Parteitages der SED zur Entwicklung der Volkswirtschaft der DDR 1976 bis 1980 gleichzeitig die Einsparung von Arbeitsplätzen angestrebt: Durch gezielten Investitionseinsatz sind mehr Arbeitskräfte freizusetzen als durch Investitionen zusätzlich benötigt werden.[8] Die Erhöhung des Investitionsvolumens in der Volkswirtschaft der DDR bis 1980 gegenüber dem vorangegangenen Planzeitraum mußte sich deshalb in erster Linie in der Modernisierung von Produktionseinrichtungen niederschlagen.

2. Immer mehr tritt in den Mitgliedsländern des RGW die Forderung nach einer höheren Effektivität der Investitionen in den Vordergrund. Auf der 10. Tagung des ZK der SED wurde nicht nur eindeutig festgestellt, daß Rückstände bei der Durchführung zentral geleiteter Investitionsobjekte in der DDR, der Einsatz bilanzierter Kapazitäten für nicht geplante Objekte sowie zu aufwendige Investitionen zu Lasten der produktiven Akkumulation und des Nationaleinkommenswachstums gehen, sondern gleichzeitig eine Reihe wichtiger Maßnahmen vorgeschlagen, um die Konzentration der Investitionen auf volkswirtschaftliche Schwerpunkte zu verbessern.[9]

Auf vielen Baustellen der UdSSR stiegen die veranschlagten Kosten während des Baus um mehr als 40%. Ähnlich hohe Angaben sind auch aus anderen RGW-Ländern bekannt. Zu Beginn des laufenden Fünfjahrplanes (1976 bis 1980) belief sich die Höhe nicht fertiggestellter Bauten in der UdSSR auf 13 Mrd. Rubel. Das hat dazu geführt, daß die sowjetische Volkswirtschaft im Jahre 1975 etwa 3 Mrd. Rubel Nationaleinkommen zu wenig erhalten hat.[10] Beispiele dieser Art verweisen auf Probleme, die in allen RGW-Ländern bestehen. Über die richtige Proportionierung der Investitionsmittel zwischen den Zweigen und innerhalb der

[8] Vgl. Direktive des IX. Parteitages der Sozialistischen Einheitspartei Deutschlands zum Fünfjahrplan für die Entwicklung der Volkswirtschaft der DDR 1976 bis 1980, Berlin 1976, S. 87.

[9] Vgl. E. Honecker, Dem 30. Jahrestag der DDR entgegen, in: Aus dem Bericht des Politbüros an die 10. Tagung des ZK der SED, a. a. O., S. 192/193.

[10] Vgl. Povysit' ėffektivnost' kapitalovloženij, in: Trud vom 3. Dez. 1976.

Zweige hinaus sind es besonders zwei Probleme, die die Wachstumswirksamkeit und Effektivität der Investitionen einschränken:

1. Der Anteil der Erweiterungsinvestitionen ist noch immer zu hoch, bestehende Anlagen werden nicht genügend schnell modernisiert und die Freisetzung von Arbeitskräften reicht nicht aus.

2. Umfangreiche unvollendete Investitionen, die damit zusammenhängende lange Bindung vorgeschossener Fonds und die verzögerte Inbetriebnahme der Investitionen bringt erst zu einem späteren Zeitpunkt volkswirtschaftlichen Nutzen. Damit ist die Gefahr verbunden, daß sie bei der Aktivierung bereits technisch überholt sind.

Die *Verkürzung des Investitionszyklus* ist folglich ein wesentliches Problem, auf welches in den Beschlüssen und Dokumenten der Parteien und Regierungen der sozialistischen Länder immer wieder hingewiesen wird.

3. Ein weiterer Weg zu einer höheren Investitionseffektivität besteht darin, die Zusammenarbeit der RGW-Länder auf diesem Gebiet durch internationale Abstimmung von Investitionen, gemeinsame Rationalisierungsinvestitionen, Erfahrungsaustausch und gemeinsame Investitionen (was mit der Bildung internationaler Betriebe oder internationalen Eigentums nicht identisch sein muß) zu entwickeln.[11]

In den letzten Jahren, im Zusammenhang mit verstärkten Integrationsbemühungen, hat der internationale Transfer von Fonds (als eine der Formen der internationalen Mobilität der Produktionsfaktoren) zugenommen. Dieser Transfer erfolgt von Land zu Land oder über die Internationale Investitionsbank in Moskau. Bei den bilateralen Kreditierungen haben die Investitionsbeteiligungen, also die objektgebundenen Kreditierungen (und Rückzahlungen), zugenommen.

Im Zeitraum 1971 bis 1975 trugen die europäischen RGW-Länder (ohne Sowjetunion) mit etwa 3,5 Mrd. Rubel zur Finanzierung gemeinsamer Objekte in der Sowjetunion bei. Von 1976 bis 1980 sollen es mehr als 5 Mrd. Rubel sein. Die Gesamtsumme der *Industrie*investitionen dürfte in den europäischen RGW-Ländern (wiederum ohne Sowjetunion) im Jahre 1975 vielleicht bei etwa 15 Mrd. Rubel gelegen haben. Demnach dürften, im einzelnen unterschiedlich, die Investitionsbeteiligungen in kurzer Zeit auf 5% der Industrieinvestitionen der Kreditgeber angestiegen sein. Mit diesen Investitionskrediten werden Bezüge von Energie und Rohstoffen aus der Sowjetunion gesichert. Umgekehrt gewährt die Sowjetunion Kredite für Entwicklungsaufgaben und den Zahlungsbilanzausgleich. Bei einer geplanten Investitionsbeteiligung der DDR in Höhe von 8 Mrd. Mark von 1976 bis 1980 steigt deren Anteil auf etwa 5% der gesamten Industrieinvestitionen. Wichtig scheint es, auch auf ausgewählten, ge-

[11] Vgl. u. a. G. Kraft, Die Zusammenarbeit der Mitgliedsländer des RGW auf dem Gebiet der Investitionen, Berlin 1977 (Forschungsberichte des Zentralinstituts für Wirtschaftswissenschaften der Akademie der Wissenschaften der DDR, Nr. 20).

meinsam interessierenden Gebieten der verarbeitenden Industrie Investitionsbeteiligungen und andere Formen der Investitionszusammenarbeit zu nutzen, um zusätzliche Konzentrations- und Zeiteffekte zu erzielen oder beschleunigt material- und energiesparende Verfahren, Technologien und Ausrüstungen zu entwickeln. Zweifellos bilden diese Internationalisierungsprozesse einen wichtigen Beitrag, die Effektivität der Investitionstätigkeit im gesamten RGW-Bereich zu erhöhen oder dringenden Bedarf schneller zu decken. Auch er kann jedoch nur in dem Maße wirksam werden, wie es gelingt, die genannten Probleme der Investitionspolitik und Investitionsdurchführung innerhalb der einzelnen Volkswirtschaften zu lösen.

2.4. Zum Verhältnis von Industrie und Landwirtschaft

Die Gewährleistung der planmäßigen Entwicklung von Industrie *und* Landwirtschaft ist eine *ökonomische* und *soziale Frage ersten Ranges.* Vom *sozialen* Standpunkt aus bedeutet sie vor allem die weitere Verringerung wesentlicher Unterschiede zwischen Stadt und Land, d. h. die Annäherung des staatlichen sozialistischen Eigentums und der genossenschaftlichen Eigentumsform, die allmähliche Einführung industrieller Produktionsmethoden in den landwirtschaftlichen Arbeitsprozeß und die Angleichung der materiellen und kulturellen Lebensbedingungen der städtischen und ländlichen Bevölkerung.

Ökonomisch ist die proportionale Entwicklung von Industrie und Landwirtschaft Voraussetzung einer effektiven Befriedigung des Bedarfs der Bevölkerung und Industrie an landwirtschaftlichen Erzeugnissen und Rohstoffen sowie der Ausstattung der Landwirtschaft mit industriellen Erzeugnissen.

Das durch volkswirtschaftliche Strukturveränderungen zwischen diesen Bereichen geförderte ökonomische Wachstum war in den RGW-Ländern von einigen *Tendenzen* begleitet, die auch für die Beurteilung künftiger Prozesse wichtig sind. Vergleichen wir die Tabellen 1 und A 5, so zeigt sich:

1. Im Zeitraum bis 1975 stieg mit der fortschreitenden industriellen Entwicklung der Anteil der Industrie sowohl an den Gesamtbeschäftigten als auch am Nationaleinkommen. Die entsprechenden Anteile der Landwirtschaft gingen relativ schnell zurück.

2. Der Anteil der Industrie am Nationaleinkommen wächst schneller als der Anteil dieses Bereichs an den Gesamtbeschäftigten.

3. Der Anteil der Beschäftigten in der Landwirtschaft geht mit einem etwas schnelleren Tempo zurück als der Anteil dieses Bereichs an der Schaffung des Nationaleinkommens.

4. Der Anteil der Industrie am Nationaleinkommen ist größer als an den Gesamtbeschäftigten, während dies bei der Landwirtschaft umgekehrt ist.

5. Auch in den ehemals weniger entwickelten europäischen RGW-Mitgliedsländern ist der Anteil der Industrie am Nationaleinkommen tendenziell höher als der Anteil der Industriebeschäftigten an den Gesamtbeschäftigten.

Auf Grund dieser Prozesse ist die Bevölkerungszahl je Beschäftigten in der Landwirtschaft in allen europäischen RGW-Ländern gestiegen (vgl. Tabelle 20), d. h., jeder landwirtschaftlich Beschäftigte trägt mit seiner Arbeit zur Versorgung einer gewachsenen Zahl von Einwohnern bei.

Tabelle 20
Bevölkerungszahl je Beschäftigter in der Landwirtschaft (in Personen)

Land	1950	1960	1970	1975	1977
VRB	2	4	7	9	9
ČSSR	6	9	12	14	15
DDR	9	13	17	19	19
VRP	4	6	6	7	6
SRR	3	3	4	5[1]	.
UdSSR	5	7	11	11	11
UVR	4	5	8	9	10

[1] 1974.

Quelle
Problemy reprodukzij stran-členov Soveta Ėkonomičeskoj Vzaimopomošči, Moskva 1974, S. 75; weitergerechnet für die Jahre 1960, 1970 und 1975 anhand der nationalen Statistiken; Statističeskij eżegodnik stran-členov Soveta Ėkonomičeskoj Vzaimopomošči, Moskva 1979, S. 8.

In den sich industrialisierenden Ländern, besonders in jenen, die unmittelbar nach dem zweiten Weltkrieg den Status eines Agrarlandes hatten, war die Arbeitsproduktivität in der Industrie um ein Vielfaches höher als in der Landwirtschaft. Dieser Unterschied erreichte — wie Tabelle A 12 zeigt — in der VR Bulgarien in den 50er Jahren die Größenordnung von 1:5 und mehr, während in der DDR diese Relation bei 1:1,5 lag. Die ehemaligen Agrarländer im RGW haben den sich hier auftuenden Wachstumseffekt konsequent genutzt, indem sie die Arbeitskräftereserven der Landwirtschaft auf die komplexe industrielle Entwicklung konzentrierten. Dieser Struktureffekt *und* der Ausbau der Landwirtschaft führten zur Verringerung der Arbeitsproduktivitätsunterschiede zwischen Industrie und Landwirtschaft bei steigendem Entwicklungsniveau beider Bereiche. Die Tabelle A 12 weist z. B. aus, daß sich die relativen Produktivitätsunterschiede zwischen Industrie und Landwirtschaft in der VR Bulgarien erheblich verringert und der entsprechenden Relation in der DDR angenähert haben.

Es gehört zu den wichtigsten Erfahrungen der sozialistischen Industrialisierung, daß die in den 50er und 60er Jahren in europäischen RGW-Ländern erreichte Strukturverschiebung von Arbeitskräften nicht unendlich ausdehnbar ist und mit der stärkeren Industrialisierung der Landwirtschaft, der Herausbildung von Agrar-Industrie-Komplexen, auch qualitativ neue Züge trägt. Der Wachstumseffekt wird nicht nur selbst geringer, sondern seine *einseitige* Nutzung kann die für ein kontinuierliches *volkswirtschaftliches* Wachstum erforderlichen Proportionen zwischen Industrie und Landwirtschaft empfindlich stören. Die Überführung von Arbeitskräften aus der Landwirtschaft in die Industrie wurde durch die Bildung landwirtschaftlicher Genossenschaften und die zunehmenden Möglichkeiten der Mechanisierung, des Einsatzes moderner Maschinen, gefördert. In der Landwirtschaft wurde ein Produktionswachstum unter den Bedingungen des rapiden Rückgangs der landwirtschaftlichen Arbeitskräfte erreicht. Die Arbeitsproduktivität entwickelte sich in der Landwirtschaft vorübergehend recht schnell. Die *Hauptursache* hierfür lag offensichtlich nicht primär im Produktionswachstum, sondern im Rückgang der Arbeitskräfte. Dies barg jedoch die Gefahr in sich, daß im Interesse eines kurzfristigen schnellen Wachstums der Produktivität durch Nutzung eines zeitweilig günstigen Struktureffekts künftige Wachstumsprozesse behindert werden können; denn nur ein hohes Wachstum der landwirtschaftlichen Produktion selbst bei steigender Produktivität kann den zunehmenden volkswirtschaftlichen Bedarf an landwirtschaftlichen Erzeugnissen voll befriedigen.

Solche Erscheinungen machten sich zu Beginn der 60er Jahre in einigen europäischen sozialistischen Ländern bemerkbar. Auf einer ganzen Reihe von Tagungen der Zentralkomitees der kommunistischen und Arbeiterparteien der europäischen RGW-Länder wurden, den volkswirtschaftlichen Erfordernissen Rechnung tragend, vielfältige Maßnahmen zur Steigerung der landwirtschaftlichen Produktion eingeleitet. Es zeigte sich, daß parallel zur primär extensiven Entwicklung der Industrie in der Landwirtschaft bis dahin die Mechanisierung der Produktion, d. h. die Freisetzung von Arbeitskräften, im Vordergrund stehen mußte. Mit dem Übergang zu den 70er Jahren war es an der Tagesordnung, *von dieser Mechanisierung der landwirtschaftlichen Arbeit zu einer Intensivierung der gesamten landwirtschaftlichen Produktion überzugehen*, um ein stabiles, hohes Wachstum der pflanzlichen und tierischen Erzeugnisse zu erzielen, das dem volkswirtschaftlichen Bedarf in Übereinstimmung mit der Lösung der Hauptaufgabe entspricht.

Bezüglich der Proportionalität von industriellem und landwirtschaftlichem Wachstum ist noch ein weiterer Aspekt zu beachten. Es zeigte sich, daß die Mechanisierung allein zur Freisetzung von Arbeitskräften nicht ausreicht, um die von den witterungsbedingten Schwankungen in der landwirtschaftlichen Produktion ausgehenden Einflüsse auf das Nationaleinkommen zu reduzieren. Mit dem Übergang zu höherer Effektivität in der Landwirtschaft durch Intensivierung muß deshalb nicht nur eine steigende landwirtschaftliche Produktion erreicht, sondern auch eine Stabilisierung des Nationaleinkommenswachstums gefördert werden.

Auf der Grundlage gewachsener materieller Möglichkeiten der Industrie wurde in den 60er Jahren in den europäischen RGW-Ländern eine Wirtschaftspolitik eingeleitet, die den neuen volkswirtschaftlichen Strukturerfordernissen zwischen Industrie und Landwirtschaft gerecht wurde und sich auf die weitere Mechanisierung durch den Einsatz von Traktoren und Maschinen, die steigende Produktion und den Einsatz von Düngemitteln und Schädlingsbekämpfungsmitteln, die Be- und Entwässerung u. a. m. konzentrierte.

Die Tabellen A 13, A 14 und Abbildung 8 (S. 208/209) machen deutlich, *daß seitdem die landwirtschaftliche Produktion in den europäischen RGW-Ländern eine neue materiell-technische Basis erhielt*, die die Voraussetzung dafür war, Produktionsschwankungen zu reduzieren. Tabelle A 15 charakterisiert, daß damit beachtliche Veränderungen in den Relationen des Wachstums der Investitionen zugunsten der Landwirtschaft verbunden waren. Nicht zufällig läßt sich in Korrespondenzen zu den in diesen Tabellen angeführten Kennziffern für die RGW-Länder die schnelle Steigerung des Nationaleinkommens in der Landwirtschaft nachweisen (vgl. Tabelle A 16). Ausdruck dieser Entwicklung ist auch die seit dieser Zeit ständig steigende landwirtschaftliche Produktion (vgl. Tabellen 21 und 22):

Tabelle 21

Jahresdurchschnittliches Wachstum der landwirtschaftlichen Bruttoproduktion (in %)

Land	1961—1965	1966—1970	1971—1975	1976—1978
VRB	3,2	3,5	3,0	1,2
ČSSR	—0,4	4,9	2,7	2,8
DDR	1,0	1,7	2,7	1,2
VRP	2,7	1,9	3,7	0,8
SRR	2,3	1,9	6,5	6,0
UdSSR	2,7	4,1	0,6	4,3
UVR	1,2	2,8	4,9	2,8

Quelle

Statističeskij ežegodnik stran-členov Soveta Ėkonomičeskoj Vzaimopomošči, Moskva 1979, S. 221.

Tabelle 22

Entwicklung Industrieproduktion/Landwirtschaftsproduktion (Verhältnis der durchschnittlichen Wachstumsraten; Landwirtschaft = 1)

Land	1951—1955	1956—1960	1961—1965	1966—1970	1971—1975	1976—1978
VRB	2,108	2,790	3,656	3,114	3,033	5,667
ČSSR	9,083	7,000	...	1,367	2,482	2,214
DDR	1,803	3,107	6,444	3,824	2,407	4,250
VRP	16,200	2,676	3,111	4,368	2,811	8,750
SRR	1,495	9,083	6,000	6,263	1,985	1,850
UdSSR	3,220	1,733	3,185	2,073	12,333	1,186
UVR	3,882	19,000	6,250	2,214	1,306	1,964

Quelle

Statističeskij ežegodnik stran-členov Soveta Ėkonomičeskoj Vzaimopomošči, Moskva 1979, S. 67, 221; 1971, S. 55, 186.

Angesichts dieser Entwicklung wird eine Bemerkung von Marx bedeutsam. Er schreibt: „Im ganzen ist anzunehmen, daß in der vorkapitalistischen Produktionsweise die Agrikultur *produktiver* ist als die Industrie, . . . in der Sturmperiode der kapitalistischen Produktion entwickelt sich die Produktivität der Industrie rasch gegen die Agrikultur . . . Später geht die Produktivität in beiden voran, obgleich in ungleichem Schritt. Aber auf einem gewissen Höhepunkt der Industrie muß die Disproportion abnehmen, d. h. die Produktivität der Agrikultur sich relativ rascher vemehren als die der Industrie."[12]

Die quantitativen und qualitativen Veränderungen der Relationen zwischen Industrie und Landwirtschaft mit Hilfe der durch die Regierungen der RGW-Mitgliedsländer in den 70er Jahren eingeleiteten Maßnahmen ermöglichen eine *proportionale Entwicklung beider Bereiche.* Es wurden gewaltige Investitionen zur Erhöhung der Effektivität der landwirtschaftlichen Produktion und ihrer Intensität eingesetzt,[13] und auf dieser Basis wurde auch zwischen vielen RGW-Ländern eine weitere Annäherung wesentlicher landwirtschaftlicher Kennziffern erreicht.

Ungeachtet dessen macht gerade ein Vergleich der in den einzelnen RGW-Ländern eingesetzten Düngemittel als markanter Ausdruck der Chemisierung deutlich, welche Unterschiede noch bestehen, und daß im Einsatz von Düngemitteln große Wachstumsreserven liegen, um die Produktion je Flächeneinheit zu erhöhen (vgl. noch einmal *Tabelle A 14* und *Abbildung 8*).

In den letzten Jahren zeigt sich, daß die Rolle der Landwirtschaft im gesamten gesellschaftlichen Reproduktionsprozeß und vor allem bei der Befriedigung der Bedürfnisse der Bevölkerung weitaus größer ist, als dies verschiedene Anteilkennziffern in bezug auf die Produktion, die Investitionen, die Beschäftigten u. dgl. mehr zum Ausdruck zu bringen vermögen. Eine ausgewogene Entwicklung von Industrie und Landwirtschaft, die Berücksichtigung ihrer inneren Verflechtungen und der Auswirkungen auf den gesamten Reproduktionsprozeß, vor allem auf die Reproduktion der Arbeitskräfte, ist deshalb ein zentrales Problem der materiellen Produktion überhaupt. Dies wiederum hat zugleich — auf Grund der Spezifik der landwirtschaftlichen Produktion — erheblichen Einfluß auf das volkswirtschaftliche Wachstum insgesamt.

Eine besondere Bedeutung erlangen dabei die *hohe Fondsintensität der landwirtschaftlichen Produktion* und die mit ihr verbundenen Konsequenzen für Wachstum und Effektivitätsentwicklung. In der Tat ist die Grundfondsquote in der Landwirtschaft oft niedriger als in der Industrie oder zumindest in einigen Bereichen der Industrie. Vom Standpunkt der volkswirtschaftlichen Entwicklung

[12] K. Marx, Theorien über den Mehrwert, in: Karl Marx/Friedrich Engels, Werke, Bd. 26/2, Berlin 1967, S. 103.

[13] Vgl. auch L. I. Breshnew, Über die weitere Entwicklung der Landwirtschaft der UdSSR, in: Neues Deutschland vom 4. Juli 1978, S. 3.

ist es jedoch wenig sinnvoll, Industrie und Landwirtschaft unter diesem Gesichtspunkt gegenüberzustellen, da hier keine Alternativen bestehen. Unter den Bedingungen der entwickelten sozialistischen Gesellschaft geht es zuerst darum, den Boden — als vielleicht beschränkteste Ressource — durch Einsatz aller verfügbaren Mittel für die Steigerung der pflanzlichen und tierischen Produktion zu nutzen. Im Vordergrund steht hierbei also die Erhöhung der Flächenproduktivität. Erst davon abgeleitet sind Aussagen über vergleichbare Grundfondsquoten, Fondsintensitäten oder den Nutzeffekt bestimmter Investitionen, in die Landwirtschaft wirklich aussagefähig. Insofern bestehen hier durchaus wesentliche Unterschiede zwischen ertragssteigernden und arbeitssparenden Investitionen. In der Landwirtschaft der europäischen RGW-Länder unterscheiden sich deren Ausmaße, abhängig vom erreichten Entwicklungsniveau, noch beträchtlich. Bei stärkerem Einsatz von Dünger, Schädlingsbekämpfungsmitteln u. a. kann die Produktion in der Landwirtschaft bedeutend steigen, die Grundfondsintensität der Produktion sich verbessern oder verschlechtern. Will man diesem Problem näher kommen, darf man beim Vergleich nicht nur die Grundfonds berücksichtigen, sondern auch die anderen Fonds, vor allem die Umlauffonds, weil diese in der Landwirtschaft eine wachsende Rolle spielen. Addiert man alle Fonds und bezieht sie auf die Produktion des betreffenden Jahres, dann ist diese Kennziffer ebenfalls wenig aussagekräftig, weil die Struktur der einzelnen Fondsarten nicht berücksichtigt wird. Wenn z. B. der Anteil der Fonds in Form von Dünger sehr gering ist, der Ertrag deshalb niedrig und die Produktion pro Fondseinheit gering ist, so folgt daraus noch nicht, daß die Fondsintensität in der Landwirtschaft sehr groß ist. Investitionen für die Mechanisierung und für die Erhöhung der Bodenfruchtbarkeit müssen sich sinnvoll ergänzen.

Neben den angeführten Strukturfragen gibt es auch *methodologische Probleme*, welche Mittel man überhaupt als *Investitionen in die Landwirtschaft* bezeichnen kann. Durch den Einsatz von Traktoren und Maschinen in der Landwirtschaft wird lebendige Arbeit durch vergegenständlichte ersetzt. Diese Investitionen haben also Arbeitskräfte vorwiegend für die Industrie freigesetzt. Sie können hier bei konstanter landwirtschaftlicher Nutzfläche (LNF) die Erhöhung der landwirtschaftlichen Produktion nicht wesentlich beeinflussen und sollten deshalb *ökonomisch* auch nicht ausschließlich als Investitionen in die Landwirtschaft betrachtet werden. Gleiches gilt auch für den Ersatz von tierischer Zugkraft durch mechanische.

Die LNF wird in einigen RGW-Ländern durch Industriebauten geringer (in der DDR z. B. um etwa 8000 ha jährlich). Um aber die gleiche landwirtschaftliche Produktion zu sichern, sind weitere Investitionen in die Landwirtschaft notwendig. Auch diese Mittel, die *zusätzlich* für die Landwirtschaft erforderlich werden, um das alte Produktionsniveau zu halten, sind volkswirtschaftlich gesehen Industrieinvestitionen und sollten bei Analysen der Grundfondsintensität in der Landwirtschaft nicht berücksichtigt werden. Ferner kommen bei einem Vergleich der Fondsintensität zwischen Industrie und Landwirtschaft noch folgende Probleme hinzu:

a) Während in der Industrie die Fonds bei konstanter oder z. T. steigender Beschäftigtenzahl wachsen, vollzieht sich der gleiche Prozeß in der Landwirtschaft bei tendenziell sinkender Beschäftigtenzahl.

b) Hauptproduktionsmittel in der Landwirtschaft ist der Boden. Das ist ein Naturprodukt, welches nicht beliebig vermehrt werden kann. In der Landwirtschaft wirken neben den gesellschaftlichen auch natürliche Produktivkräfte, die für die Produktion von Bedeutung sind. Diese Besonderheit bildet die Grundlage dafür, daß die allgemeinen Begriffe wie „Intensität" im Zusammenhang mit der landwirtschaftlichen Produktion einen spezifischen Inhalt erlangen.

c) Wenn man die Fondsintensität zweier volkswirtschaftlicher Bereiche vergleicht, sollte man nicht nur die direkten, sondern auch die *indirekten* Investitionen berücksichtigen. Da wir die Verflechtungsbeziehungen zwischen Industrie und Landwirtschaft nicht ausreichend charakterisieren können, sind diese indirekten Investitionen nur schwer zu ermitteln. Es muß auch an einen solchen Faktor wie die ständig wachsenden Ausgaben für Forschung und Entwicklung erinnert werden. Diese sind allerdings in der Landwirtschaft noch relativ geringer als in der Industrie.

Unsere Argumentation sollte deutlich machen, daß Wachstum und Strukturentwicklung unter dem Aspekt der Fondsintensität einzelner Zweige ein sehr komplexes Herangehen verlangen und Aussagen nach diesen Kriterien relativ sind.

Zu Beginn der 70er Jahre hat sich die Relation zwischen industrieller und landwirtschaftlicher Produktion in den europäischen RGW-Ländern weiter angenähert. Tabelle 23 weist darauf hin, daß die Unterschiede in der relativen Produktivität zwischen den Beschäftigten in Industrie und Landwirtschaft tendenziell geringer werden. Obwohl auch hier noch Differenzierungen sichtbar sind, spielt dieser Struktureffekt für die künftige Entwicklung offensichtlich nicht mehr die entscheidende Rolle. Immer mehr setzt sich die Notwendigkeit durch, landwirtschaftliche und industrielle Produktion gleichermaßen — unter Beachtung des volkswirtschaftlichen Bedarfs und der zu seiner Befriedigung erforderlichen Kosten — zu entwickeln und eine den Anforderungen der entwickelten sozialistischen Gesellschaft entsprechende industrielle und landwirtschaftliche Produktion zu erreichen.

Ausgehend von der wesentlich erweiterten materiell-technischen Basis, einer fortgeschrittenen Mechanisierung und Chemisierung der Landwirtschaft vollzieht sich jetzt der Prozeß der sogenannten Industrialisierung der landwirtschaftlichen Produktion, der auf die bereits erwähnte notwendige *komplexe* Betrachtungsweise beider Bereiche, auf das Erkennen des inneren Zusammenhangs auf höherer Stufe hinausläuft. Er beinhaltet die Integration industrieller Methoden in die landwirtschaftliche Produktion, einen Prozeß, der bis zur Beseitigung der Unterschiede zwischen beiden Bereichen fortdauern wird.

Tabelle 23

Entwicklung der relativen Produktivität[1] der Beschäftigten in Industrie und Landwirtschaft

Land	1965		1970		1975		1978	
	Industrie- und Bauwesen	Landwirtschaft[2]	Industrie- und Bauwesen	Landwirtschaft[2]	Industrie- und Bauwesen	Landwirtschaft[2]	Industrie- und Bauwesen	Landwirtschaft[2]
VRB	1,57	0,74	1,49	0,63	1,44	0,78	1,52	0,73
ČSSR	1,62	0,59	1,57	0,56	1,62	0,49	1,51	0,58
DDR	1,28	1,03	1,31	0,99	1,34	0,97	1,33	0,91
VRP	1,69	0,57	1,71	0,50	1,78	0,48	1,65	0,52
SRR	2,24	0,50	2,26	0,39	1,69	0,44	1,73	0,49
UdSSR	1,72	0,73	1,62	0,87	1,68	0,75	1,61	0,84
UVR[3]	1,31	0,81	1,27	0,67	1,33	0,73	1,35	0,75

[1] Koeffizient aus: $\frac{\text{Anteil am produzierten NE}}{\text{Anteil an den Beschäftigten}}$.

[2] Einschließlich Forstwirtschaft.

[3] Landwirtschaft ohne Forstwirtschaft beim Anteil am produzierten Nationaleinkommen.

Quelle

Berechnet nach: Statističeskij ežegodnik stran-členov Soveta Ėkonomičeskoj Vzaimopomošči, Moskva 1979, S. 46, 393ff.

Man kann davon ausgehen, daß der *Anteil* der landwirtschaftlichen Produktion an wichtigen volkswirtschaftlichen Kennziffern, wie Produktion und Beschäftigung, künftig nicht mehr in dem Maße rückläufig sein wird wie bisher. Ferner gibt es für die Bestimmung dieser Proportion kein allgemeines Modell, sondern die Relation zwischen industrieller und landwirtschaftlicher Produktion wird in den einzelnen Ländern unterschiedlich sein, vor allem auch in Abhängigkeit von der unterschiedlichen Größe des landwirtschaftlichen Bodenfonds und von klimatischen Bedingungen.

Gegenwärtig konzentrieren sich die europäischen RGW-Länder darauf, die landwirtschaftliche Produktion maximal zu erhöhen, um den volkswirtschaftlichen Bedarf stärker aus eigener Produktion zu befriedigen. In den europäischen RGW-Ländern liegt z. B. die Pro-Kopf-Erzeugung von Getreide gegenwärtig bei durchschnittlich 730 kg, in der Sowjetunion beträgt sie 810 kg und in der DDR 540 kg. Die Produktionshöhe von 1000 kg je Einwohner wird angestrebt, um ausreichend Getreide für die menschliche Ernährung und die Futterversorgung aus eigener Erzeugung bereitstellen zu können. Dazu — wie für zahlreiche andere Kulturen — haben die RGW-Länder auf der XXXII. RGW-Tagung ein langfristiges Zielprogramm angenommen.

Betrachtet man die Relation zwischen industrieller und landwirtschaftlicher Produktion als Faktor ökonomischen Wachstums in den europäischen RGW-Ländern aus historischer Sicht, zeichnen sich drei Phasen ab:

Erstens, die Phase der sozialistischen Industrialisierung, in der ein wesentlicher Teil der Arbeitskräfte aus der landwirtschaftlichen Produktion in die Industrie übergeführt wurde. Auf dieser Stufe der überwiegend kleinbäuerlichen Produktion in der Landwirtschaft ergaben hohe Produktivitätsunterschiede zwischen landwirtschaftlicher und industrieller Produktion einen außerordentlichen volkswirtschaftlichen Wachstumseffekt.

Zweitens, die Etappe, in der die sozialistische Industrie festen Fuß gefaßt hatte, die Kollektivierung der Landwirtschaft eingeleitet, mehr oder weniger abgeschlossen und mit Hilfe von Maschinen und Ausrüstungen der eingangs genannte Struktureffekt in hohem Maße weiter genutzt wurde. Hier überwogen anfangs arbeitssparende Investitionen, die in ihrer Entwicklung natürlich nicht beliebig ausdehnbar sind, ohne den gesamten Reproduktionsprozeß zu stören. Dieser Prozeß der Mechanisierung der Landwirtschaft muß zu einem bestimmten Zeitpunkt ergänzt werden — und dies ist nur parallel zur entsprechenden industriellen Entwicklung möglich — durch eine weitgehende Chemisierung und die damit verbundene Steigerung der Produktion in der Landwirtschaft.

Drittens die Etappe, in der wir uns gegenwärtig befinden, erfordert eine proportionale Entwicklung, in der die umfassende Intensivierung, die Erhöhung der Effektivität der landwirtschaftlichen wie der industriellen Produktion, in den Vordergrund rückt. Dieser Prozeß schließt ein stabiles Wachstum der landwirtschaftlichen Produktion, Spezialisierung, Konzentration und Kombination, die Anwendung industrieller Methoden in der Landwirtschaft und die allmähliche

Schaffung von agrarindustriellen Komplexen oder anderen Formen der kooperativen Arbeit ein.

2.5. Außenwirtschaftsbeziehungen als Bedingungen effektiven Wirtschaftswachstums

Unter dem Einfluß des wissenschaftlich-technischen Fortschritts nimmt die Vielfalt des Bedarfs in Produktion und Konsumtion zu und die Verbrauchsstrukturen werden breiter. Es vergrößern sich die Maßstäbe ökonomisch effektiver Produktionen und die gegenseitigen Abhängigkeiten der einzelnen Elemente des Reproduktionsprozesses.

So besteht eine der historischen Funktionen der sozialistischen Internationalisierung im allgemeinen und der sozialistischen Außenwirtschaftsbeziehungen im besonderen in der „rationellen Entwicklung der Produktivkräfte in allen Staaten und Nationen des sozialistischen Systems, der Entwicklung der sozialistischen Großproduktion durch Entfaltung der sozialistischen internationalen Arbeitsteilung entsprechend den Notwendigkeiten des wissenschaftlich-technischen Fortschritts".[14] Deshalb muß die Entwicklung der Außenwirtschaft, ihr Einfluß auf die Befriedigung gesellschaftlicher Bedürfnisse und die volkswirtschaftliche Effektivität zum Gegenstand jeder reproduktionstheoretischen Analyse gehören.

Auf dem XXV. Parteitag der KPdSU wurde begründet, daß es bei der Entwicklung der Außenwirtschaftsbeziehungen darum geht, „zusätzliche Möglichkeiten für die Lösung wirtschaftlicher Aufgaben und für einen Zeitgewinn, für die Steigerung der Effektivität der Produktion und den beschleunigten Fortschritt von Wissenschaft und Technik zu erschließen".[15] Ebenso orientiert die SED darauf, alle Vorzüge aus der Internationalisierung und der weltweiten Arbeitsteilung zu nutzen.[16] Širjaev sieht als ein Ziel der sozialistischen Außenwirtschaftstätigkeit die Maximierung des Nationaleinkommens und betrachtet die Außenwirtschaftsbeziehungen im Sozialismus in erster Linie als Rationalisierungsfaktor im Maßstab der gesamten Volkswirtschaft, was einschließt, „die Produktion dieser oder jener Waren und Dienstleistungen durch stabile Importe aus anderen Ländern, besonders aus sozialistischen Staaten, zu ersetzen".[17]

Die in den Außenwirtschaftsbeziehungen dafür bestehenden potentiellen Mög-

[14] G. Kohlmey, Vergesellschaftung und Integration im Sozialismus, Berlin 1973, S. 122 (Schriften des Zentralinstituts für Wirtschaftswissenschaften der Akademie der Wissenschaften der DDR, Nr. 8).

[15] XXV. Parteitag der KPdSU. Rechenschaftsbericht des ZK der KPdSU und die nächsten Aufgaben der Partei in der Innen- und Außenpolitik, Berlin 1976, S. 69.

[16] Vgl. Programm der Sozialistischen Einheitspartei Deutschlands, Berlin 1976, S. 33.

[17] Ju. S. Širjaev, Razvitie meždunarodnogo socialističeskogo razdelenija truda, in: Voprosy ėkonomiki, 10/1976, S. 5/6.

lichkeiten beeinflussen das Nationaleinkommen wertmäßig und gebrauchswertmäßig auf zwei Wegen[18]:

a) durch produktivitätsfördernde Effekte;

b) durch Austauscheffekte.

Produktionsfördernde Effekte durch die Realisierung bestimmter Integrationsmaßnahmen wirken über Konzentrationseffekte und Struktureffekte auf eine Erhöhung des produzierten Nationaleinkommens. Sie beeinflussen aber auch das verfügbare Nationaleinkommen, da sich in der Regel eine über Integrationsprozesse erzielte höhere Effektivität in der Produktion auch in entsprechend steigendem physischen Volumen und rentablen Exporten niederschlagen. Andererseits kann man die Austauscheffekte nicht begrenzen auf die wertmäßige Modifizierung des produzierten zum verfügbaren Nationaleinkommen. Die Modifizierung der gebrauchswertmäßigen Struktur des Nationaleinkommens ist zugleich eine Voraussetzung für höhere Produktivität. Diese stofflichen Veränderungen des gesellschaftlichen Gesamtprodukts durch die Außenwirtschaft sind in allen europäischen Mitgliedsländern des RGW außerordentlich umfangreich und für die erweiterte Reproduktion bedeutsam. Sie schließen die Deckung des Bedarfs an Anlagen, Ausrüstungen und Intensivierungsmitteln durch gegenseitige Lieferungen und Kooperation ebenso ein wie die Versorgung mit Roh- und Brennstoffen und die Diversifikation der Sortimente für Produktion und Konsumtion.

Das bedeutet, beide Effekte sind von ihrer *wertmäßigen und gebrauchswertmäßigen* Seite zu betrachten und stehen in enger Wechselwirkung.

Bei der Ausnutzung dieser Effekte für das Wirtschaftswachstum der europäischen RGW-Länder sind folgende Bedingungen bestimmend:

a) Mit der sozialistischen ökonomischen Integration werden zunehmend qualitative Veränderungen in den Außenwirtschaftsbeziehungen wirksam. Wir denken an Stabilität und Langfristigkeit der internationalen Zusammenarbeit, die planmäßigen Veränderungen der Volkswirtschaftsstrukturen und ihre koordinierte Weiterentwicklung, an die wachsenden Möglichkeiten der Forschungs- und Produktionskooperation sowie deren Nutzung zur Konzentration und Effektivitätssteigerung in den einzelnen Volkswirtschaften.

b) In der UdSSR haben alle anderen RGW-Länder einen Partner, der auf Grund seiner wirtschaftlichen Stabilität, seines gewaltigen Potentials in Forschung und Produktion, der Ausstattung mit Naturressourcen und des aufnahmefähigen Marktes stabile Außenwirtschaftsbeziehungen und deren planmäßige Nutzung für das Wirtschaftswachstum garantiert.

Eine zentrale Stellung nimmt in den Außenwirtschaftsbeziehungen *der Außenhandel ein, über den die Ergebnisse der verschiedenen außenwirtschaftlichen Beziehungen realisiert werden.* Der Außenhandel spielte und spielt eine bedeutende

[18] Vgl. auch Autorenkollektiv (Ltg. E. Faude/G. Grote/Chr. Luft), Sozialistische Außenwirtschaft, Berlin 1976, S. 143ff.

Rolle bei der Sicherung der Rohstoff-, Brennstoff- und Energieversorgung als Grundlage stabilen wirtschaftlichen Wachstums, beim Ausbau und der Modernisierung von Kapazitäten, der Herstellung stabiler Produktions- und Exportstrukturen (u. a. auch über den „traditionellen" Außenhandel), bei der Erhöhung des technischen und technologischen Produktionsniveaus, bei der Aufnahme der Produktion neuer Erzeugnisse und nicht zuletzt bei der Versorgung mit Nahrungs- und Konsumgütern.

Die *Wirkungen auf das Wirtschaftswachstum* hängen eng zusammen mit der Außenhandelsintensität des Nationaleinkommens in den einzelnen RGW-Mitgliedsländern, mit der Dynamik des Außenhandels und mit den aus der sozialistischen ökonomischen Integration erwachsenden Einflüssen, die sich besonders in wachsenden Anteilen spezialisierter Produktionen am Intra-RGW-Außenhandel niederschlagen.

Abhängig vom ökonomischen Potential, Entwicklungsniveau, Ressourcen u. a. Faktoren bestehen Unterschiede im quantitativen Einfluß der Außenwirtschaft auf das volkswirtschaftliche Wachstum. Der unterschiedliche Grad der außenwirtschaftlichen Verflechtung, gemessen als Anteil des Außenhandelsumsatzes oder des Exports am Nationaleinkommen, gibt dafür Anhaltspunkte, ohne aber endgültige Schlußfolgerungen über den Wachstumseffekt des Außenhandels im einzelnen zuzulassen. Mit steigender Außenhandelsintensität des Nationaleinkommens nimmt die Bedeutung einer *effektiven* Außenhandelsstruktur für das volkswirtschaftliche Wachstum zu. Außenhandelsintensität und -effektivität können sich gegenseitig in ihrem Einfluß auf den Nationaleinkommenszuwachs potenzieren.

Mitte der 70er Jahre wurden in den europäischen RGW-Mitgliedsländern zwischen 35% des Nationaleinkommens (in der VR Bulgarien und der Ungarischen VR) und 6 bis 7% (in der UdSSR) über den Export gebrauchswertmäßig verändert.

Die Bedeutung der Exportproduktion selbst für eine so große und komplexe Wirtschaft wie die der Sowjetunion zeigen beispielsweise folgende Zahlen: Es wurden rd. ein Fünftel des geförderten Erdöls, 7% des Erdgases, 25% des Eisenerzes, 6% des Walzgutes, 7% des Schnittholzes, 8% der Zerspanungsmaschinen, ein Sechstel der Ausrüstungen für das Eisenhüttenwesen und die Elektroenergiewirtschaft, etwa ein Viertel der Pkw-Produktion, ein Fünftel der Rundfunkgeräte und Fahrräder, rd. ein Drittel der Uhren und der Fotoapparate exportiert.

Im Import ist ein Schwerpunkt die Einfuhr von Maschinen und Ausrüstungen (etwa ein Drittel des Gesamtimports). Die Sowjetunion bezog beispielsweise im 9. Planjahrfünft Importausrüstungen im Werte von 29 Mrd. Rubel, darunter komplette Ausrüstungen für 2000 verschiedene industrielle Objekte. Durch Importe werden rd. ein Viertel der Investitionen in der Leicht- und Nahrungsmittelindustrie, ein Drittel in der Walzwerksproduktion, zwei Fünftel in der Zellstoff- und Papierindustrie usw. gesichert. Eine große Rolle spielt der Import bei der Ausrüstung der sowjetischen Flotte, der Eisenbahn mit rollendem Material, der Entwicklung des Rohrleitungstransports und in anderen Zweigen.[19] Damit ist die Sowjetunion, als Hauptwirtschaftspartner der europäischen RGW-Mitgliedsländer, zugleich nach wie vor der entscheidende Lieferant wichtiger Roh- und Brennstoffe sowie von volkswirtschaftlich unverzichtbaren Maschinen und Ausrüstungen, aber auch bedeutendster Importeur industrieller Fertigerzeugnisse aus den Partnerländern. Dies wird auch im kommenden Zeitraum die den Außenhandel der RGW-Länder bestimmende Entwicklung bleiben. An der gemeinsamen Lösung der vor den Mitgliedsländern des RGW stehenden wirtschaftlichen und wissenschaftlich-technischen Aufgaben hat die Sowjetunion entscheidenden Anteil; sie ist die führende Kraft der sozialistischen ökonomischen Integration. Den RGW-Ländern bieten sich im Entwicklungsstand der sowjetischen Industrie große Möglichkeiten für eine effektive internationale Spezialisierung und Kooperation in Wissenschaft, Technik und Produktion.

Auch in den 70er Jahren ist im RGW-Bereich der Export schneller gewachsen als das produzierte Nationaleinkommen. Die Rolle des Exports im Reproduktionsprozeß hat sich damit erhöht. Betrug beispielsweise der Zuwachs an produziertem Nationaleinkommen im Zeitraum 1971 bis 1975 36%, so verdoppelte sich gleichzeitig etwa das Exportvolumen.[20] Ähnliche Tendenzen gelten auch für die Relationen zwischen dem Wachstum des Exports und der Industrieproduktion. Über eine längere Zeitspanne wurden in den RGW-Mitgliedsländern folgende Wachstumsrelationen durchgesetzt:

Zuwachsrate des Außenhandelsumsatzes	>	Zuwachsrate der Industrieproduktion	>	Zuwachsrate des Nationaleinkommens

Auch die jahresdurchschnittlichen Wachstumsraten des produzierten Nationaleinkommens und des Außenhandels zeigen, daß der Außenhandelsumsatz der RGW-Länder seit 1970 insgesamt — bei unterschiedlicher Entwicklung in den einzelnen Ländern — schneller gewachsen ist als das produzierte Nationaleinkommen (vgl. Tabelle 24).

Gleichzeitig hat sich unter dem Einfluß der sozialistischen ökonomischen Integration das Wachstumstempo des Außenhandels selbst gegenüber den 60er Jahren deutlich beschleunigt.

Die RGW-Mitgliedsländer realisieren einen wesentlichen Teil ihres gesamten Außenhandelsvolumens innerhalb des RGW-Bereichs (vgl. Tabelle 25). Damit ist die Aufgabe verbunden, durch weitere Maßnahmen der ökonomischen Integration,

19 Vgl. auch B. Pitschugin, Die Außenwirtschaftsbeziehungen der UdSSR im 10. Planjahrfünft, in: Presse der Sowjetunion, 3/1977, S. 11.

20 Vgl. Ėkonomičeskoe sotrudničestvo stran-členov SĖV, 6/1976, S. 65—69.

Tabelle 24

Relationen des Wachstums von Außenhandelsumsatz und Nationaleinkommen in den europäischen Mitgliedsländern des RGW

Land	Gesamter Zuwachs (in %) 1971—1975			Gesamter Zuwachs (in %) 1976—1978		
	Außenhandelsumsatz	Nationaleinkommen	1:2	Außenhandelsumsatz	Nationaleinkommen	4:5
	1	2	3	4	5	6
VRB	117,9	46,0	2,563	37,6	19,1	1,968
ČSSR	80,6	31,0	2,600	34,8	12,9	2,698
DDR	87,9	30,0	2,930	30,3	13,1	2,313
VRP	164,9	59,0	2,795	26,0	15,7	1,656
SRR	132,2	71,0	1,862	44,8	28,6	1,566
UdSSR	129,6	32,0	4,050	38,2	15,9	2,402
UVR	100,9	35,0	2.883	49,3	16,1	3.062

Quelle

Berechnet nach: Statističeskij eżegodnik stran-členov Soveta Ėkonomičeskoj Vzaimopomošči, Moskva 1979, S. 27ff., 371.

Tabelle 25

Intraregionaler Umsatz der europäischen Mitgliedsländer des RGW 1978

Land	Volumen (in Mio Rbl.)	Anteil vom Gesamtumsatz (in %)
VRB	8114	78,4
ČSSR	11286	68,5
DDR	14264	68,8
VRP	11771	54,7
SRR	4572	39,7
UdSSR	39092	55,7
UVR	8416	52,1

Quelle

Statističeskij eżegodnik stran-členov Soveta Ėkonomičeskoj Vzaimopomošči, Moskva 1979, S. 373.

besonders bei der Entwicklung der Spezialisierung und Kooperation in Wissenschaft und Produktion, dieses gewaltige Volumen nicht nur weiter auszudehnen, sondern auch noch effektivitäts- und wachstumswirksamer zu gestalten. In erster Linie bedeutet das, das technische Niveau und die Qualität der Exporte weiter zu verbessern, die Exportproduktion noch mehr auf den Bedarf in den Partnerländern zu profilieren, alle Formen der Planungszusammenarbeit so zu nutzen, daß ein höherer Spezialisierungsgrad der einzelnen Volkswirtschaften erreicht, unökonomische Parallelentwicklungen eingeschränkt und Konzentrationseffekte in Produktion und Außenhandel erzielt werden.

Veränderungen in der Warenstruktur des Exports/Imports sind ein wichtiger Ausdruck sowohl für den Grad als auch in bestimmtem Maße für die Formen der Teilnahme an der internationalen sozialistischen Arbeitsteilung und letztlich auch für die Nutzung des Außenhandels zur Beschleunigung der Prozesse der intensiv erweiterten Reproduktion. Im Kapitel 4 werden einige dieser Veränderungen analysiert.

Eine ganz entscheidende Effektivitätsbedingung bei solchen Strukturveränderungen ist die Durchsetzung der Konzentration und Spezialisierung über den Außenhandel. Hier läßt sich in der Tat eine ganze Reihe von Beispielen aufzählen, wo im Rahmen der planmäßigen langfristigen Außenhandelsbeziehungen zwischen sozialistischen Ländern sowohl ehemals weniger entwickelte Länder als auch industriell fortgeschrittene auf wichtigen Gebieten bedeutende Exportkapazitäten geschaffen haben, die ihren Ausdruck in hohen Exportquoten finden. Auf Grund von RGW-Empfehlungen entstanden z. B. folgende bedeutende Exportproduktionen in RGW-Ländern: Balcancar in der VR Bulgarien, Ikarus-Busse in der Ungarischen VR, Schiffbau in der DDR und der VR Polen, Traktoren- und Erdölbohrausrüstungen in der SR Rumänien. Der Anteil spezialisierter Erzeugnisse am gegenseitigen Außenhandel, der sich besonders mit Beginn der 70er Jahre erhöht hat, ist ein wichtiges Kriterium für derartige progressive Entwicklungen. Allerdings wird damit nicht die gesamte Problematik erfaßt. Setzt man die spezialisierte Produktion ins Verhältnis zur Produktion, so ist der Anteil wesentlich geringer und macht bedeutende Reserven sozialistischer ökonomischer Integration sichtbar. Bei einzelnen Erzeugnissen konnten bereits im Ergebnis von Spezialisierungsmaßnahmen hohe Exportquoten erreicht werden; in Einzelfällen jedoch zeichnen sich auch bestimmte Grenzen für eine weitere Erhöhung dieser Kennziffer ab. Das schließt nicht aus, die Effektivität von Produktion und Export dieser Erzeugnisse weiter zu erhöhen und bedeutet vor allem, den Kreis dieser Erzeugnisse planmäßig zu erweitern. Im Ergebnis der internationalen Spezialisierung und Kooperation sind bei einer wachsenden Anzahl von Erzeugnissen hohe Exportquoten mit günstigen Exportrentabilitäten zu erreichen, um auf diesem Wege die Anzahl der langfristig stabilen (und damit effektiven) Exportlinien zu erweitern und so auch Voraussetzungen für weitere rentable NSW-Exporte zu schaffen.

Gewisse Rückschlüsse über den Einfluß der Außenwirtschaft auf die inneren Reproduktionsprozesse läßt auch das Entwicklungsverhältnis von Außenhandel und Investitionen zu. Tabelle 26 und Abbildung 6 zeigen eine Reihe unterschiedlicher und nur im Zusammenhang mit anderen Entwicklungen wertbarer Tendenzen. So hat sich gegenüber dem vorangegangenen Planjahrfünft 1971 bis 1975 das Verhältnis von Export- und Investitionszuwachs im allge-

Tabelle 26
Relationen des Wachstums von Export, Import und Investitionen[1] in den europäischen Mitgliedsländern des RGW

Land	Gesamter Zuwachs im jeweiligen 5-Jahreszeitraum (in %)			1:3	2:3
	Export	Import	Investitionen		
	1	2	3	4	5
1966 bis 1970					
VRB	70,5	55,5	76,9	0,917	0,722
ČSSR	41,0	38,3	33,7	1,217	1,136
DDR	49,2	72,5	57,6	0,854	1,259
VRP	59,2	54,2	49,8	1,189	1,088
SRR	68,0	81,9	70,9	0,959	1,155
UdSSR	56,5	45,6	44,4	1,273	1,027
UVR	53,4	65,9	100,6	0,531	0,655
1971 bis 1975					
VRB	93,7	144,4	50,0	1,874	2,880
ČSSR	70,8	90,6	49,7	1,425	1,823
DDR	82,4	93,0	19,8	4,162	4,697
VRP	140,7	188,6	150,0	0,938	1,257
SRR	139,0	125,8	73,2	1,899	1,719
UdSSR	108,6	152,6	47,8	2,272	3,192
UVR	91,8	109,5	51,6	1,779	2,122
1976 bis 1978					
VRB	46,4	29,9	14,7	3,156	2,034
ČSSR	36,6	34,2	10,9	3,358	3,138
DDR	31,5	29,1	15,1	2,086	1,927
VRP	30,8	22,3	15,6	1,974	1,430
SRR	38,9	50,6	43,4	0,896	1,166
UdSSR	48,4	29,6	16,0	3,025	1,850
UVR	81,4	91,5	37,0	2,200	2,473

[1] Investitionen im produzierenden Bereich.

Quelle
Berechnet nach Statističeskij eżegodnik stran-členov Soveta Ėkonomičeskoj Vzaimopomošči, Moskva 1979, S. 169, 371

meinen verbessert. Der Export wuchs schneller als die Investitionen, gleichzeitig aber auch – mit noch höherem Tempo – die Importe.

Das Problem darf jedoch nicht einseitig auf den Import von Anlagen und Ausrüstungen reduziert werden. Vor allem gilt, über den Integrationsprozeß solche Auswirkungen auf die volkswirtschaftlichen Investitionen anzustreben, daß

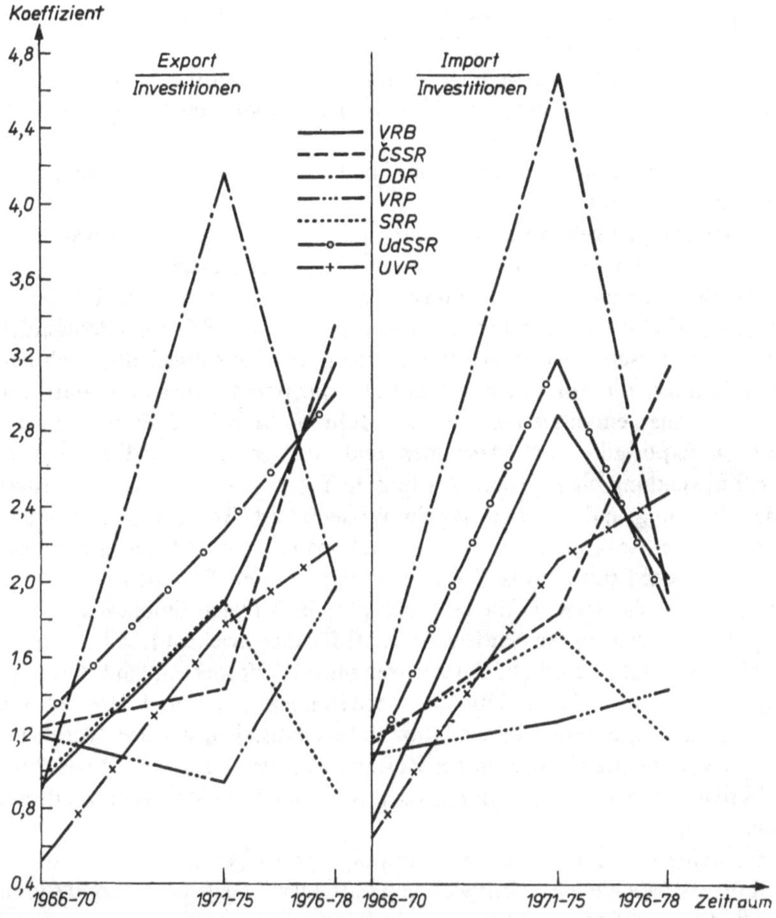

Abb. 6:
Relationen des Wachstums von Export, Import und Investitionen in den europäischen Mitgliedsländern des RGW
Anmerkung und Quelle: Siehe Tabelle 26.

auch entsprechend hohe und effektive Exporte folgen. Mit anderen Worten: Die im Zusammenhang mit der Realisierung von Integrationsvorhaben getätigten Investitionen müssen *exportwirksam* werden. Das gilt vor allem für die verarbeitende Industrie. Integrationsmaßnahmen binden in der Regel volkswirtschaftliche Investitionsfonds und sind deshalb stets auch auf ihre langfristige Exportwirksamkeit zu prüfen.

Ähnlich sind auch im Ergebnis von Kompensationsgeschäften mit den kapitalistischen Industrieländern hohe und effektive Exporte anzustreben. Kompensationsgeschäfte mit kapitalistischen Industrieländern können der effektiven Realisierung von Integrationsmaßnahmen dienen.

Eine ganz wesentliche Bedingung des volkswirtschaftlichen Wachstums ist die wechselseitige Entwicklung von Export und Import, besonders unter zwei Gesichtspunkten:

1. der Entwicklung der Preisrelationen der Exporte und Importe, der sogenannten „terms of trade";
2. der Möglichkeiten zur Inanspruchnahme günstiger Kreditbedingungen im Interesse zeitweilig überdurchschnittlicher Importsteigerungen.

Mit der Veränderung von Preisniveau und Preisrelationen auf dem kapitalistischen Weltmarkt und deren Wirkungen auf den RGW-Außenhandel haben sich die spezifischen Austauscheffekte verändert. Sie entwickelten sich zugunsten jener Länder, die vor allem Rohstoffe exportieren. Auch dies darf wiederum nicht zu einer einseitigen Beurteilung führen. Man muß in Rechnung stellen, daß die Exporteure von Maschinen und Ausrüstungen in dieser neuen Phase der Entwicklung neben den Austauscheffekten — dank der internationalen Spezialisierung und Kooperation in Wissenschaft, Technik und Produktion — durch innere Strukturveränderungen, Rekonstruktion und Reorganisation volkswirtschaftliche Produktionseffekte realisieren können. Erst die *Kombination beider Effekte* aus volkswirtschaftlicher Sicht gibt einen realen Einblick in die Entwicklung des Nutzens aus der Außenwirtschaft für die einzelnen Länder. Die bisherige Erfahrung zeigt, daß erhebliche Anstrengungen erforderlich sind, um zusätzliche Exporte für die Bilanzierung der notwendigen Roh- und Brennstoffimporte unter diesen veränderten Preisrelationen bereitzustellen. Dementsprechend intensiv müssen alle Möglichkeiten der Zusammenarbeit ausgeschöpft werden, andere Effektivitätsquellen — z. B. durch volkswirtschaftliche Strukturveränderungen — zu erschließen.

Zeitweilig überdurchschnittliche Importsteigerungen auf Kreditbasis sind speziell für die beschleunigte Entwicklung einzelner Zweige oder Produktionen bzw. für die Bilanzierung von Defiziten von Bedeutung.

Unter den Bedingungen der sozialistischen ökonomischen Integration gewinnt der internationale Kredit als Mittel zur gemeinsamen bzw. koordinierten Lösung von Problemen bei der Erschließung von Rohstoffvorkommen — und in Zukunft sicher auch bei der internationalen Spezialisierung und Kooperation in der *verarbeitenden Industrie* — an Bedeutung. Das Problem besteht darin, Kredite dort einzusetzen, wo sie Effektivitätszuwachs und Exportsteigerungen bringen. Das gilt gleichermaßen für die Aufnahme von Krediten im nichtsozialistischen Wirtschaftsgebiet.

Die genannten Prozesse zeigen, daß die Außenwirtschaftsbeziehungen der RGW-Länder erfolgreich dazu beitragen, die Widersprüche zu lösen, die zwischen den objektiv notwendigen Produktionsmaßstäben und der Begrenztheit der nationalen Märkte, zwischen der Vielzahl der steigenden Bedürfnisse und Produktionsarten und der erforderlichen Konzentration und Spezialisierung der Produktion, zwischen dem wachsenden Tempo und Aufwand des wissenschaftlich-technischen Fortschritts und den nur begrenzt zur Verfügung stehenden materiellen, finanziellen und Arbeitskräftefonds bestehen. Effektiver lösbar werden auch jene Widersprüche, die sich aus der unterschiedlichen geographischen Verteilung der natürlichen Ressourcen und der regionalen Bedarfsstruktur an Roh- und Brennstoffen bei der Entwicklung komplexer Volkswirtschaften ergeben. Über die Entwicklung des Außenhandels wurden dabei langfristig positive Impulse auf das Wirtschaftswachstum in allen Ländern ausgeübt. Um diesen Faktor unter den gegenwärtigen Reproduktionsbedingungen effektiver umzusetzen, ist es notwendig:

— die Dynamik des Außenhandels zu erhöhen und seine Struktur qualitativ zu verbessern;

— die zwei- und mehrseitige wissenschaftlich-technische und Produktionszusammenarbeit für eine weitere Diversifikation des Gesamtsortiments und die Konzentration der Produktion in den einzelnen Ländern zu nutzen;

— die internationale Spezialisierung und Kooperation in Richtung eines höheren Exportvolumens bei steigender Effektivität wirksam zu machen und so den Einfluß veränderter Preisrelationen auf den Außenmärkten zu mildern.

Unser Anspruch an die Entwicklung der Außenwirtschaftsbeziehungen besteht also darin, daß er über die Bedarfsdeckung und die Effektivitätsentwicklung zum Wirtschaftswachstum beiträgt. Das trifft auch für die Entwicklung der Handels- und Wirtschaftsbeziehungen zu kapitalistischen Ländern zu.

Einige RGW-Länder haben in den letzten Jahren den Handel mit kapitalistischen Ländern schneller entwickelt als den Intra-RGW-Handel. Demzufolge haben sich die Anteile der kapitalistischen Länder am Außenhandelsumsatz einiger RGW-Länder vergrößert.

Die Gründe für das zeitweilig rasche Wachstum des Außenhandels zwischen beiden Ländergruppen liegen sowohl in der politischen als auch in der ökonomischen Sphäre: in einer gewissen Verringerung des politischen Risikos für die sozialistischen Länder dank der Tendenz zur internationalen Entspannung sowie zur Festigung der zwischenstaatlichen Beziehungen, in den größeren Möglichkeiten einer gleichberechtigten gegenseitig vorteilhaften wirtschaftlichen und wissenschaftlich-technischen Zusammenarbeit zwischen sozialistischen und kapitalistischen Staaten.

Obwohl die Krisenprozesse in den kapitalistischen Industrieländern und das damit verbundene Streben der westlichen Firmen, ihre Exporte in die sozialistischen Länder zu erhöhen, in bedeutendem Maße zum Wachstum des Außenhandelsvolumens beigetragen haben, sind die Außenwirtschaftsbeziehungen der sozialistischen Länder zu kapitalistischen Industrieländern einschließlich der Industriekooperation und der wissenschaftlich-technischen Zusammenarbeit als eine qualitativ neue Erscheinung in den internationalen Wirtschaftsbeziehungen zu werten.

Wenn neben den politischen Gründen für die Handelsausweitung auch die ökonomischen eine wichtige Rolle spielen, ist das vorrangig auf das schnelle

Wachstum der Volkswirtschaften der RGW-Länder und die dabei erreichten hohen ökonomischen und technischen Ergebnisse zurückzuführen.

Doch gibt es auch Probleme und ernsthafte Hindernisse für eine Ausweitung des Austausches, wie sie den materiellen Möglichkeiten in kapitalistischen und sozialistischen Ländern entsprechen würde. Neben der Diskriminierung durch kapitalistische Länder und der Nichtgewährung der Meistbegünstigung besteht ein weiteres Hindernis in der gegenwärtig verzerrten Warenstruktur dieses Außenhandels, die in keiner Weise dem Entwicklungsstand der europäischen RGW-Mitgliedsländer entspricht (vgl. Tabelle 27):

Tabelle 27

Struktur des Exports europäischer Mitgliedsländer des RGW in die kapitalistischen Industrieländer 1973 (Anteile in %)

Land	Maschinen und Ausrüstungen	Roh- und Brennstoffe, Materialien	Erzeugnisse der Landwirtschaft und der Nahrungsmittelindustrie	Industrielle Massenbedarfsgüter
RGW insgesamt	8,9	59,9	18,7	12,5
VRB	8,9	39,7	41,9	9,5
ČSSR	16,2	46,7	12,4	24,7
DDR	16,3	41,4	19,6	22,7
VRP	12,8	42,4	32,5	12,3
UVR	4,4	38,2	31,7	19,7

Quelle

Vgl. W. Iskra, RGW und EWG: Möglichkeiten der Zusammenarbeit, in: Probleme des Friedens und des Sozialismus, 6/1976, S. 782.

Wie aus dieser Tabelle hervorgeht, liegt Anfang der 70er Jahre — mit Unterschieden zwischen den einzelnen RGW-Ländern — der Anteil des Exports der RGW-Länder am Gesamtexport in kapitalistische Industrieländer bei Maschinen und Ausrüstungen zwischen 4,4 und 16,3%, bei Roh- und Brennstoffen sowie Materialien zwischen 38,2 und 59,9%, bei Erzeugnissen der Landwirtschaft und der Nahrungsmittelindustrie zwischen 12,4 und 41,9% und bei industriellen Massenbedarfsgütern zwischen 9,5 und 24,7%. Besonders deutlich werden die Unterschiede zur Struktur des Intra-RGW-Exports bei den beiden erstgenannten Warengruppen. Diese Tatsache erschwert die Herausbildung effektiver Produktions- und Außenhandelsstrukturen in einzelnen RGW-Ländern. Im weiteren Verlauf des Integrationsprozesses sind diese Strukturen stärker einander anzugleichen und auf diesem Wege volkswirtschaftliche Effektivitätsgewinne zu erzielen.

Es kommt darauf an, einerseits die diskriminierenden Maßnahmen der kapitalistischen Länder gegenüber dem Export von Maschinen und Ausrüstungen und anderen Erzeugnissen in die kapitalistischen Länder zu überwinden, andererseits aber auch durch weitere Verbesserungen der Qualität und des technischen Niveaus der Erzeugnisse, des Services usw. in den RGW-Ländern bessere Voraussetzungen für die Erreichung größerer Marktanteile in der kapitalistischen Welt zu schaffen.

Freies Kapital in den westlichen Industrieländern, das vor allem im Gefolge abflauender Konjunktur und tiefer zyklischer Krisen vorhanden war, und ein großer Bedarf an Maschinen und Ausrüstungen in den RGW-Ländern, führten in den vergangenen Jahren zur Ausdehnung des Kreditgeschäfts zwischen beiden Ländergruppen, besonders im Handel mit Investitionsgütern. Diese Kredite liegen im Interesse der sozialistischen Länder und ebenso im Interesse des verstärkten Exports der westlichen Länder. Gemessen an den Gesamtinvestitionen der sozialistischen Länder, finanzieren Kredite aus kapitalistischen Ländern nur einen geringen Teil der Investitionen. Ungeachtet dessen wird von westlichen Massenmedien diese Form wirtschaftlicher Zusammenarbeit immer häufiger genutzt, mit dem Argument der Verschuldung Leistungsfähigkeit und Wachstumsorientiertheit der Wirtschaft in den RGW-Ländern zu diskriminieren. Wie wenig das beispielsweise auch der Auffassung bestimmter westlicher Wirtschaftskreise entspricht, zeigt sich in verschiedenen Äußerungen dazu. So heißt es — auf die Politik der RGW-Länder zum stärkeren Ausgleich der Handelsbilanzen eingehend — in einem Bericht des Deutschen Instituts für Wirtschaftsforschung: „Zu dieser Politik werden die RGW-Länder nicht aufgrund mangelnder Kreditbereitschaft westlicher Banken bzw. Firmen gedrängt; denn die Kreditwürdigkeit dieser Staaten wird im Westen nach wie vor positiv beurteilt.“[21] Aus welchem Grunde aber sollten kapitalistische Unternehmen Kredite ausreichen, wenn nicht in der Sicherheit vorteilhafter Geschäftsbeziehungen mit einer sich stabil entwickelnden sozialistischen Wirtschaft.

Die zeitweise größere Kredit-Inanspruchnahme durch RGW-Länder in westlichen Staaten hat ihre Ursache, abgesehen von den bereits genannten Gründen und damit verbundenen relativ günstigen Kreditbedingungen, vor allem auch darin, daß es den Mitgliedsländern des RGW — infolge diskriminierender Handelsbeschränkungen und fehlender Bereitschaft zur Veränderung der Importstruktur, namentlich seitens der USA und der EWG — nicht möglich wurde, in ausreichendem Maße industrielle Erzeugnisse auf den westlichen Märkten abzusetzen. Hinzu kommen solche bereits erwähnten Faktoren, wie die noch nicht genügende Weltmarktfähigkeit verschiedener Erzeugnisse, die Verschlechterung der „terms of trade“, aber auch eine verstärkte Investitionstätigkeit der RGW-Länder, die bestimmte Mittel und Erzeugnisse bindet.

Kredite sind ein normales Instrument des Welthandels und folglich auch der

[21] Zum Osthandel der Bundesrepublik Deutschland, in: Deutsches Institut für Wirtschaftsforschung (DIW) Wochenbericht [Berlin(West)], 13/78, S. 137.

Ost-West-Zusammenarbeit. Ihr Einfluß auf die sozialistischen Volkswirtschaften wird über das Valutamonopol des sozialistischen Staates reguliert. Einen effektiveren Weg, zusätzliche Kreditbelastungen zu vermindern, stellen Kooperations- und Kompensationsabkommen dar, da mit ihrer Hilfe die wirtschaftliche Leistungsfähigkeit der RGW-Länder erhöht wird.

Alle diese Zusammenhänge zwischen ökonomischem Wachstum und Außenwirtschaftsbeziehungen sind im Interesse der volkswirtschaftlichen Intensivierung weiterzuentwickeln. Dabei bildet die Vertiefung der sozialistischen ökonomischen Integration die entscheidende Entwicklungsrichtung, die auch die Vervollkommnung der Handels- und Wirtschaftsbeziehungen mit den nichtsozialistischen Ländern ermöglichen wird.

2.6. Zum Verhältnis von Akkumulation und Konsumtion

Das Wachstumstempo des Nationaleinkommens ist maßgeblich von der Reproduktion der Produktionsbedingungen abhängig. Keine Gesellschaft kann das gesamte Mehrprodukt konsumieren oder ausschließlich für die Erweiterung der Produktion einsetzen. Die richtige Entscheidung über die Verwendung des Nationaleinkommens für Akkumulation *und* Konsumtion ist eine der wichtigsten und zugleich auch kompliziertesten Aufgaben der wissenschaftlich begründeten Wirtschaftspolitik der kommunistischen und Arbeiterparteien. Hier beginnt und schließt sich jener Prozeß, den man zu Recht als lebensspendenden Blutkreislauf jeder Volkswirtschaft bezeichnen kann: hohes ökonomisches Wachstum — wachsendes Mehrprodukt — steigendes Volumen von Akkumulation und Konsumtion — hohes ökonomisches Wachstum. Diese Analyse ausgewählter volkswirtschaftlicher Wachstumsprozesse schließt deshalb auch die Untersuchung einiger Fragen des Verhältnisses von Akkumulation und Konsumtion ein.

Die Analyse dieser Proportionen im Zeitraum der 60er und 70er Jahre für die europäischen RGW-Länder (vgl. Tabelle 28), die sich unter teilweise recht differenzierten Wachstumsbedingungen entwickeln, ermöglicht nicht, allgemeingültige Schlußfolgerungen für ihre künftige Entwicklung zu ziehen. Jedoch zeichnen sich in der Entwicklung dieses Verhältnisses gewisse Tendenzen ab, die sich im Laufe der nächsten fünf bis acht Jahre kaum grundlegend verändern werden:

1. Das rasche Wachstum des Nationaleinkommens war in den meisten Mitgliedsländern des RGW in den 60er Jahren direkt mit einer im Durchschnitt *hohen Akkumulationsrate* verbunden. Diese kontinuierlich hohen Akkumulationsraten sind ein wichtiges Merkmal für die dynamische Entwicklung der sozialistischen Wirtschaft, eine wesentliche Grundlage für ihre erweiterte Reproduktion.

2. Die *Akkumulationsraten* unterschieden sich in ihrer Höhe und Entwicklung in den 60er Jahren von Land zu Land und im Zeitverlauf teilweise beträchtlich.

Tabelle 28

Entwicklung der Akkumulationsraten in ausgewählten europäischen Mitgliedsländern des RGW

Land	1960	1965	1970	1971	1972	1973	1974	1975	1976	1977	1978
VRB	27,4	28,4	29,2	23,6	26,7	27,7	30,8	32,5	28,6	26,0	24,0
ČSSR	17,7	9,2	27,0	24,5	26,0	26,9	28,6	29,2	28,3	25,1	25,0
DDR	18,2	20,0	24,4	22,8	22,1	22,7	22,6	22,3	22,9	23,0	21,6
VRP	24,0	25,9	25,1	29,3	31,7	34,6	37,2	34,1	34,7	31,7	30,8
UdSSR	26,8	26,3	29,5	29,0	27,4	29,2	28,2	26,6	27,0	26,8	26,3
UVR[1]	23,1	19,3	27,2	30,4	26,4	25,5	29,6	27,7	27,2	28,2	32,3

[1] 1971—1974 mit den Vor- und Folgejahren nicht vergleichbar.

Quelle

Statističeskij ežegodnik stran-členov Soveta Ėkonomičeskoj Vzaimopomošči, Moskva 1979, S. 48; 1977, S. 44; 1976, S. 44; 1974, S. 49; 1973, S. 50.

Sie unterlagen keineswegs gleichmäßigen Schwankungen, was sowohl auf ökonomische als auch politische Ursachen zurückzuführen ist.

3. Seit 1960 zeigt sich in allen europäischen RGW-Ländern nahezu gleichermaßen *eine Tendenz zum weiteren Anstieg der Akkumulationsrate.* Sie wird zu Beginn der 70er Jahre durch einen kurzfristigen Rückgang unterbrochen, um sich dann bis Mitte der 70er Jahre verstärkt fortzusetzen. In jüngster Zeit scheinen sich die Akkumulationsraten auf einem relativ hohen Niveau zu stabilisieren.

Die tendenzielle Erhöhung der Akkumulationsrate *in den 60er Jahren* ist mit der Fortsetzung der extensiv erweiterten Reproduktion, z. T. aber auch mit der Schaffung von Voraussetzungen für die vorwiegend intensive Reproduktion (arbeitskraftsparender Typ) verbunden. Wenn dieser Anstieg zu Beginn der 70er Jahre geringer war, kann man das sicherlich vor allem auf die Politik aller kommunistischen und Arbeiterparteien der europäischen Mitgliedsländer des RGW zur Verbesserung des materiellen Lebensniveaus der Werktätigen zurückführen. Das etwa ab 1973/74 fortgesetzte tendenzielle Wachstum der Akkumulationsrate ist maßgeblich damit verbunden, daß sich die Reproduktionsbedingungen in den europäischen RGW-Ländern verändert haben. Dazu gehören auch wachsende Erfordernisse zur Bereitstellung von Akkumulationsmitteln für die nichtmateriellen Bereiche in diesen Ländern.

4. Für alle Entwicklungsabschnitte seit den 50er Jahren ist weiterhin charakteristisch, daß die *ehemals weniger entwickelten RGW-Länder höhere Akkumulationsraten* aufweisen als ihre entwickelteren sozialistischen Partnerländer. Das war und ist offensichtlich eine ganz entscheidende Voraussetzung, um in den erstgenannten Ländern ein relativ höheres Wachstum und damit tendenziell eine Annäherung des ökonomischen Entwicklungsniveaus zu gewährleisten.

In diesem Zusammenhang ist zu berücksichtigen, daß auf Grund der Tempo-Niveau-Relation höhere Akkumulationsraten nicht in jedem Falle auch höhere Summen von Akkumulationsmitteln bedeuten.

Trotz dieser klar erkennbaren Tendenzen scheint es kaum möglich, aus internationalen Trendvergleichen Aussagen für die Bestimmung einer allgemeingültigen Akkumulationsrate beim Aufbau der sozialistischen Gesellschaft abzuleiten. Dazu sind die Unterschiede zwischen den RGW-Ländern und in ihrer volkswirtschaftlichen Entwicklung zu vielfältig, die Aufgaben zu differenziert. So hat jedes sozialistische Land bisher seine „eigene" Akkumulationsrate, die aber auch nur für einen bestimmten Zeitabschnitt Gültigkeit hat.

Auf Grund der Tendenzen in den vergangenen eineinhalb Jahrzehnten kann man annehmen, daß sich die *Akkumulationsraten in den europäischen RGW-Ländern im Verlaufe der nächsten fünf bis acht Jahre auf ihrem gegenwärtigen Niveau einpendeln werden.*

Die von 1973 bis 1976 sprunghaft erhöhte Akkumulationsrate der VR Polen wurde durch Beschlüsse der Polnischen Vereinigten Arbeiterpartei 1977 wieder verringert. Die sehr hohen Akkumulationsraten in der SR Rumänien und in der VR Bulgarien ergeben sich aus den Aufgaben, die diese Länder bei ihrem weiteren industriellen Wachstum zu lösen haben. So wurde von bulgarischen Ökonomen festgestellt, der Übergang der bulgarischen Wirtschaft von einem Durchschnittsniveau in die Gruppe der höher entwickelten Länder im Verlaufe der nächsten 15 Jahre sei objektiv damit verbunden, daß sich die Investitions- und Fondsintensität erhöhen. Folglich müsse auch die Akkumulationsrate steigen. Diesem Prozeß könnten hohe Raten des ökonomischen Wachstums und ein höheres Niveau der allseitig intensiv erweiterten Reproduktion stark entgegenwirken. Diese Gegenwirkung werde auch von einem langfristig gültigen Faktor ausgehen, dem Effekt hochentwickelter wirtschaftlicher und Infrastrukturen, einem technologisch und technisch-organisatorisch fortgeschrittenen Entwicklungsniveau der Produktion, der für entwickeltere sozialistische Länder charakteristisch sei.

Das unterstützt die These, daß die jetzt in ehemals weniger entwickelten RGW-Ländern noch höheren Akkumulationsraten eine wesentliche Voraussetzung dafür bilden, die ökonomischen Niveauunterschiede langfristig zu beseitigen. Allein auf dieser Grundlage kann sich auch nur eine tendenzielle Annäherung der Akkumulationsraten dieser Länder an die anderer europäischer RGW-Länder durchsetzen.

Dobrescu weist in diesem Zusammenhang darauf hin, daß die Akkumulationsrate aber auch nicht zu hoch sein darf: „Erstens läßt sich der Lebensstandard nicht von Zeit zu Zeit, stoßweise erhöhen; erforderlich ist vielmehr ein ununterbrochenes Wachstum. Zweitens ist eine effektive Akkumulation von einer Reihe materieller und organisatorischer Voraussetzungen abhängig (davon, ob technologische Ausrüstungen, Projektierungs-, Konstruktions- und Baukapazitäten, Arbeitskräfte usw. vorhanden sind), und wenn diese Bedingungen nicht oder nur teilweise gegeben sind, wird die vorgesehene Rate nicht voll erreicht oder aber bei niedriger Effektivität realisiert. Unter Berücksichtigung all dessen legte der XI. Parteitag der RKP fest, daß in der Perspektive der Anteil der Akkumulation am Nationaleinkommen 30 bis 32 Prozent betragen soll.“[22]

Dem jeweiligen Entwicklungsniveau und den spezifischen politischen und ökonomischen Bedingungen der einzelnen europäischen RGW-Länder entsprechende hohe Akkumulationsraten sind notwendig, um die umfassende sozialistische Rekonstruktion und Rationalisierung der Volkswirtschaften zu verwirklichen, neue Technologien einzuführen, zahlreiche Produktionsprozesse entsprechend den Maßstäben der wissenschaftlich-technischen Revolution zu erneuern, d. h. die volkswirtschaftliche Reproduktion umfassend zu intensivieren und durch die Steigerung der volkswirtschaftlichen Effektivität Tendenzen steigender Aufwendungen für das ökonomische Wachstum zu neutralisieren oder gar voll zu ersetzen. Das zentrale Problem besteht in diesem Zusammenhang gegenwärtig darin, die steigenden Aufwendungen für die Produktion und den Import (durch Investitionsbeteiligung) für Energie-, Roh- und Brennstoffe,

[22] E. Dobrescu, Akkumulationspolitik und Lebensstandard in Rumänien, in: Probleme des Friedens und des Sozialismus, 11/1975, S. 1536ff.

Nahrungsgüter und Umweltreproduktion durch Entwicklung und Einführung energie- und materialsparender Technologien, die generell effektivere Verwendung der Arbeitsgegenstände, eine rationelle Nahrungsmittelproduktion sowie umweltfreundliche Stoffkreisläufe zu minimieren. Für die damit verbundene Umrüstung der materiell-technischen Basis in den europäischen RGW-Ländern bilden stabile, hohe Akkumulationsraten eine notwendige Voraussetzung.

Dabei entsteht die Frage, ob dieses Erfordernis mit der Politik der Hauptaufgabe vereinbar ist, ob die Stabilisierung der bereits genannten Akkumulationsraten der Verwirklichung sowohl der ökonomischen als auch der sozialen Aufgaben gerecht wird. Das ist zugleich auch die Frage nach dem Spielraum, gegenwärtig eine Verbesserung des Lebensniveaus zu erreichen und *zugleich* auch die Voraussetzungen für die langfristige Fortsetzung des Kurses der Hauptaufgabe zu schaffen.

Politökonomisch wären folgende Varianten denkbar:

Eine *erste Variante* wäre die *langfristige, allmähliche Erhöhung der Akkumulationsrate* im Interesse steigender Nettoinvestitionen

a) in die extraktive Industrie, die Landwirtschaft, das Transportwesen und den Umweltschutz;

b) in die verarbeitende Industrie zur Durchsetzung des wissenschaftlich-technischen Fortschritts;

c) in die Konsumgüter- und Nahrungsgüterindustrie, um den Bedarf der Werktätigen zu befriedigen;

d) in die nichtmateriellen Bereiche zur Verbesserung der Versorgung mit Dienstleistungen, für die Entwicklung des Bildungswesens, der Wissenschaft und des Gesundheitsschutzes.

Bei einer vorrangigen Konzentration von Akkumulationsmitteln auf die Prozesse a) und b) würde das ökonomische Wachstum die Entwicklung des Lebensniveaus zumindest kurzfristig verringert. Bei einer Orientierung vor allem auf die Prozesse c) und d) könnte mittel- und langfristig das ökonomische Wachstum zurückgehen.

Eine *zweite Variante*, die *langfristige allmähliche Senkung der Akkumulationsrate*, würde — dazu bedarf es wohl keines näheren Beweises — kurzfristig die Konsumtion erhöhen, mittel- und langfristig aber sowohl eine Verminderung des ökonomischen Wachstums als auch des Lebensstandards bewirken.

So bleibt noch eine *dritte Variante*: die *tendenzielle Stabilisierung der Akkumulationsraten*, was bei einer stabilen Entwicklung des Nationaleinkommens eine ständige Erhöhung der Akkumulations*masse* ermöglichen wird. Daraus ergibt sich die für die weitere wirtschaftliche Entwicklung europäischer RGW-Länder zentrale Frage, ob die so wachsende Akkumulationsmasse und ihr effektiverer volkswirtschaftlicher Einsatz ausreichen, um den vier Prozessen in der exakten Variante kurz- und langfristig voll gerecht zu werden. Mit anderen Worten: Wie kann eine komplexe, proportionale Entwicklung aller materiellen und nichtmateriellen Bereiche in den europäischen RGW-Ländern gesichert und damit zugleich die Voraussetzung für eine mittel- und langfristig wachsende Konsumtion geschaffen werden?

Alle europäischen RGW-Länder haben gegenwärtig ein ökonomisches Entwicklungsniveau erreicht, bei dem durch eine annähernd gleichbleibende Akkumulationsrate eine Investitionsmasse bereitsteht, die die vorher schon erwähnte komplexe intensive Entwicklung ermöglicht. Das setzt allerdings voraus, daß die Effektivität der produktiven Akkumulation durch den wissenschaftlich-technischen Fortschritt, die internationale Koordinierung von langfristigen Reproduktionsprozessen zwischen den RGW-Ländern, die höhere Auslastung der Fonds und aller anderen Reserven der wirtschaftlichen Entwicklung konsequent verbessert wird. Darauf gründet sich die Realität der Orientierung der kommunistischen und Arbeiterparteien der europäischen RGW-Länder, die Hauptaufgabe ständig besser zu lösen.

Die jüngsten Erfahrungen zeigen, daß sich dabei in den europäischen RGW-Ländern gegenwärtig und auch in der nächsten Zukunft *zwei Tendenzen durchkreuzen.*

Eine *erste Tendenz* wirkt in der Richtung, daß der Anteil der Investitionen an der Verwendung des Nationaleinkommens im Innern der Volkswirtschaften erhöht wird (Tendenz zur Erhöhung der Akkumulationsrate und des Quotienten $\frac{\text{Investition}}{\text{Nationaleinkommen}}$). Die Notwendigkeit einer solchen Tendenz ergibt sich u. a. aus folgenden Faktoren: dem Bau von Wohnungen und sozialen Einrichtungen, den erhöhten Aufwendungen im Energie- und Rohstoffbereich (dabei für die Nettoimporteure von Rohstoffen aus den höheren Energie- und Rohstoffpreisen), dem Ausbau der Infrastruktur, dem Umweltschutz.

Die *zweite Tendenz* führt dahin, die Effektivität der Akkumulation durch weitere Intensivierung der Wirtschaftsprozesse zu erhöhen.

Nun geht es darum, alles zu tun, damit die erste Tendenz nicht (oder nicht zu sehr) dominiert, womit die Akkumulationsraten annähernd stabilisiert werden könnten.

Daß die europäischen RGW-Mitgliedsländer in dieser Richtung wirksame Anstrengungen unternehmen, kann man aus Tabelle 29 schlußfolgern. Mit ihrer Berechnung wurde versucht, eine globale Effektivität der sozialistischen Akkumulation zu ermitteln, indem sie zu den Zuwachsraten des produzierten Nationaleinkommens ins Verhältnis gesetzt wird. Diese synthetische Kennziffer unterliegt natürlich Veränderungen der Zuwachsraten des Nationaleinkommens und der Akkumulation und darf nicht einseitig ausgewertet werden. Ihre Entwicklung zeigt aber dennoch, daß mit Ausnahme der Ungarischen VR und der VR Polen im Laufe der 70er Jahre die Wirksamkeit der Akkumulation zugunsten der Nationaleinkommensentwicklung tendenziell erhöht werden konnte. Danach kann man schlußfolgern, daß die weitere Ausbreitung intensiver Reproduktionsprozesse eine reale Grundlage für die Stabilisierung der Akkumulationsraten in den europäischen RGW-Ländern bildet.

Tabelle 29
Koeffizient der Zuwachsraten von Nationaleinkommen und Akkumulation

Land	ΔNE % 1966—70 / ΔAK % 1961—65	ΔNE % 1971—75 / ΔAK % 1966—70	ΔNE % 1974—77 / ΔAK % 1970—73
VRB	1,051	0,686	0,958
ČSSR	−2,040	0,340	0,737
DDR	1,150	0,491	1,343
VRP	0,680	1,569	0,290
UdSSR	1,448	0,471	1,000
UVR	1,945	0,478	...

Quellen
Berechnet nach: Statističeskij ežegodnik stran-členov Soveta Ėkonomičeskoj Vzaimopomošči, Moskva 1978, S. 38; 1976, S. 40; Valovoj obščestvenny produkt, nacionalnyj dochod, zanatost', osnovnye fondy narodnovo chozjajstva stran-členov SĖV i Jugoslavii, Moskva 1978, S. 96.

2.7. Aufwandstendenzen des Wirtschaftswachstums

Ein stabiles Wirtschaftswachstum als entscheidende materielle Voraussetzung für die weitere Gestaltung der entwickelten sozialistischen Gesellschaft zu sichern, schließt die Frage nach dem dafür notwendigen volkswirtschaftlichen Aufwand ein. Von seiner Entwicklung ist zugleich auch die Effektivität des Wirtschaftswachstums abhängig.

Die ökonomische Effektivität als synthetische Größe beinhaltet das Verhältnis zwischen dem volkswirtschaftlichen Ertrag und dem dafür notwendigen Aufwand. Bei der Effektivität der gesellschaftlichen Produktion handelt es sich um die Relation zwischen dem Wachstum des physischen Volumens des Nationaleinkommens und dem Aufwand an Produktionsressourcen. Dabei muß einschränkend vermerkt werden, daß bei dieser Gegenüberstellung nicht alle sozialen Wirkungen von Aufwand und Ergebnis einbezogen werden. Einflüsse auf Sozialstrukturen und Umweltbedingungen werden in ihrer Komplexität ebenso wenig erfaßt wie viele soziale Wirkungen auf das Lebensniveau. Da soziale Erscheinungen keinen Wertausdruck besitzen, wenden wir uns in den weiteren Überlegungen dem wirtschaftlichen Wachstum zu, wobei nochmals generell zu betonen ist, daß soziale Wirkungen nur über ein stabiles Wirtschaftswachstum zu erreichen sind. Mehr noch, eine Aufwands- und Nutzensbetrachtung kann nur von der Einheit von Wirtschafts- und Sozialpolitik ausgehen.

Ist der Zähler der Kennziffer Effektivität der gesellschaftlichen Produktion in Form des Nationaleinkommens mehr oder weniger unbestritten, liegt das zentrale Problem in der volkswirtschaftlichen Aufwandsmessung, im Nenner.

Ohne auf den umfassenden wissenschaftlichen Meinungsstreit zu dieser Frage einzugehen, teilen wir die Meinung von Chačaturov[23], bei der Aufwandsgröße von den eingesetzten Grund- und Umlauffonds auszugehen, zuzüglich des Lohnfonds in der materiellen Produktion. Voraussetzung für das Wachstum der Produktion sind sämtliche Produktionsfonds, ohne die das Nationaleinkommen nicht produziert werden kann. Das Nationaleinkommen auch als Ergebnis vorhergehender Perioden zu betrachten, die Einbeziehung der in den Vorperioden produzierten und akkumulierten Fonds führt diese Fragestellung bis hin zur wachsenden Bedeutung des Nationalreichtums für das Nationaleinkommen. Um die komplizierten Bewertungsprobleme des Nationalreichtums zu umgehen, stützen wir uns ausschließlich auf die erfaßbaren vorgeschossenen Fonds.

Wenn wir diese Fonds, um Chačaturov zu folgen, mit F bezeichnen, ist die gesamte Größe des für die Aufnahme der Produktion benötigten Vorschußfonds gleich $F_{Gr} + F_{Uml.} + R$, wobei R die Aufwendungen für den Lohnfonds in der materiellen Produktion darstellt. Nach Umrechnung dieser Größe auf den Jahresmaßstab erhält man:

$$E(F_{Gr} + F_{Uml.} + R)\,.$$

Dann ließe sich die Effektivität der gesellschaftlichen Produktion als Verhältnis des Nutzeffekts zum Aufwand mit der Formel

$$\frac{v + m}{v + m + a + EF} \quad \text{oder} \quad \frac{D}{P + EF}$$

ausdrücken, wobei D das Nationaleinkommen und P das Endprodukt ($v + m$ + Amortisationen) wäre.

Eine solche Kennziffer für alle RGW-Länder zu berechnen, ist gegenwärtig praktisch kaum möglich, weil die statistischen Angaben fehlen. Eine Möglichkeit besteht darin, globale Aussagen heranzuziehen, die auch ohne statistisch schlüssigen Beweis zumindest die Trendrichtung begründen können. Eine zweite Möglichkeit besteht in der Nutzung von Teilkennziffern, deren beschränkte Aussagekraft dabei zu berücksichtigen ist.

Zuvor soll noch auf ein anderes wichtiges Problem eingegangen werden, das auch von Chačaturov[24] aufgegriffen wurde. Innerhalb welchen Zeitraums soll eine maximale Effektivität der gesellschaftlichen Produktion erzielt werden? Die Verschiebung dieses Zeitpunkts ist mit sehr unterschiedlichen Aufwendungen und Einsparungen verbunden. Dabei kann von der Regel ausgegangen werden, daß die geringstmöglichen Aufwendungen dann eintreten, wenn das

[23] Vgl. T. Chačaturov, Ėffektivnost' obščestvennogo proizvodstva, in: Ėkonomičeskie Nauki, 3/1977, S. 37/38.

[24] Vgl. ebenda.

Maximum für das Ende einer längeren Periode (15 bis 20 Jahre) geplant wird. Die größten Aufwendungen treten bei jener Variante ein, bei der die maximale Effektivität in jedem gegebenen Jahr erzielt werden muß. Das hat natürlich erhebliche Konsequenzen für die Größe des Konsumtionsfonds wie überhaupt für das Verhältnis von Akkumulation und Konsumtion.

Diese Überlegungen sind mit einem generellen Problem, der zeitlichen Differenz zwischen Aufwand und eintretender Effektivität, verbunden und bei den weiteren Überlegungen zu berücksichtigen.

Mit welchen Zusammenhängen müssen wir in der überschaubaren Perspektive rechnen, wenn wir die Fragestellung dahingehend erweitern, welche Veränderungen in den Effektivitäts- und damit auch Aufwandsbedingungen in den europäischen RGW-Ländern zu erwarten sind.

1. Das Gewicht heutiger *Vorleistungen* für ein langfristig stabiles Wirtschaftswachstum gewinnt an Bedeutung. Die zeitliche Differenz zwischen notwendigen Aufwendungen und eintretenden Effekten nimmt bei einer Vielzahl zu lösender Wirtschaftsprobleme zu, was zunehmend langfristige und komplexe Überlegungen notwendig macht. Zum Beispiel vergrößert sich das Zeitintervall von der Entscheidung bis zur wirtschaftlichen Nutzung im Rohstoff-, Brennstoff- und Energiesektor. Es beträgt hier etwa 10 bis 15 Jahre.

2. Es ist mit einem *wachsenden Aufwand für die quantitative einfache Reproduktion* bestimmter Produktionsressourcen zu rechnen, vor allem dort, wo tendenzielle Verschlechterungen der Effektivitätsbedingungen zu erwarten sind. Dazu gehört der weiter steigende Fondseinsatz pro Einheit der Produktion in vielen Bereichen der Rohstoff-, Brennstoff- und Energiewirtschaft. Die ohnehin hohe Investitionsintensität in diesen Bereichen kann sich dadurch weiter erhöhen. Auf Ursachen wurde schon im Kapitel 1 (Abschnitt 3: Reproduktionsbedingungen) hingewiesen.

3. Die *verstärkte Einbeziehung der ökonomisch nutzbaren natürlichen Ressourcen*, die neben der Tendenz zu einer relativen Begrenztheit bestimmter natürlicher Ressourcen und ihrer wachsenden Bedeutung im internationalen Warenaustausch auch zu einer zunehmenden Diskrepanz zwischen den Standorten natürlicher Ressourcen und denen der verarbeitenden Industrie führt, ist *mit wachsenden Aufwendungen für die soziale und materiell-technische Infrastruktur wie für neue technologische Prozesse* verbunden. Allein die Kosten für entsprechende Transportsysteme sind dafür beredtes Beispiel. Auch diese Aufwendungen stellen einen langfristigen Kostenvorschuß dar.

4. Wachsende Aufwendungen werden auch für die *Regenerierung der Naturbedingungen* notwendig. Probleme der Reproduktion unserer Umwelt rücken immer mehr in den Mittelpunkt der Aufmerksamkeit. Man kann sogar von einer qualitativ neuen Situation, von einem gewissen Wendepunkt in den Beziehungen zwischen Natur und Gesellschaft sprechen. Dabei geht es vor allem um den Erhalt bestimmter Reproduktionsbedingungen für künftige Wirtschaftsperioden, so daß die dafür notwendigen Aufwendungen z. T. erst in sehr viel weiter

entfernten Zeiträumen effektivitätswirksam werden. Erinnert sei hier nur an das Problem, Störungen globalen Ausmaßes im biologischen Gleichgewicht zu vermeiden. Zum Teil geht es auch um die schon in bisherigen Wirtschaftsperioden aufgelaufenen Umweltschädigungen, deren Folgen möglichst rasch zu beseitigen sind.

5. Eine zunehmende Inanspruchnahme von Produktionsressourcen ist auch mit der *Entwicklung der nichtproduzierenden Bereiche* verbunden. Ihr Anteil am gesellschaftlichen Arbeitsvermögen wie auch am Investitionsvolumen wird tendenziell steigen. Die Erweiterung der nichtproduzierenden Bereiche setzt Freisetzung von Arbeitskräften und Investmittel voraus. Sie ist folglich nur möglich auf der Grundlage höherer Effektivität in den produzierenden Sektionen der Wirtschaft. Erschwerend kommt hinzu, daß die Arbeitsproduktivität in diesen Bereichen unter dem volkswirtschaftlichen Durchschnitt liegt, notwendige Aufwendungen also nicht sofort mit hohem Effektivitätszuwachs verbunden sind.

6. Die von steigenden Rohstoff- und Energiepreisen ausgehenden Wirkungen auf das Niveau der kapitalistischen Weltmarktpreise und tendenziell auch der RGW-Vertragspreise führen für europäische RGW-Länder, vor allem bei Nettorohstoffimporten, zur Verschlechterung der „terms of trade", die wachsende Exportäquivalente für notwendige Importe erfordern.

So muß der *wissenschaftlich-technische Fortschritt* vielfältige Aufgaben lösen, die sich aus allen sechs vorher behandelten Problemen ergeben, beginnend bei der Entlastung der Rohstoff-, Brennstoff- und Energiewirtschaft durch entsprechende Intensitätsminderungen der Inanspruchnahme über neue Techniken und Technologien, die wissenschaftlich-technische Lösung von Infrastrukturproblemen, Umweltentlastungen durch abproduktarme und abproduktfreie Technologien, die Schaffung geschlossener Stoffkreisläufe bis hin zur verstärkten Entwicklung weltmarktfähiger Produktionslinien. Das stellt hohe Anforderungen an die Akkumulationskraft der RGW-Länder und führt zu wachsenden Aufwendungen auch für Wissenschaft und Technik, wobei auch hier der Anteil langfristig effektivitätswirksamer Kostenvorschüsse zunehmen kann.

Aus diesen Überlegungen ergibt sich die generelle Fragestellung, in welchem Maße tendenziell steigende Aufwendungen für das volkswirtschaftliche Wachstum durch Ergebnisse des wissenschaftlich-technischen Fortschritts, durch die höhere Produktivität der gesellschaftlichen Arbeit kompensiert werden können. Für die überschaubare Perspektive zeichnet sich ab, daß eine solche Kompensation tendenziell, allerdings in differenziertem Maße, realisierbar wird. Das Hauptproblem ist und bleibt dabei die zielstrebige Mobilisierung der effektivitätssteigernden Faktoren, vor allem eine deutliche Beschleunigung des wissenschaftlich-technischen Fortschritts.[25] Das stellt enorme Anforderungen an die technisch-ökonomische Leistungskraft unserer Volkswirtschaften, wobei die zu vollziehenden Prozesse von Land zu Land und von Zweig zu Zweig Unterschiede aufweisen.

[25] Vgl. auch: H. Nick, Sozialismus und Wirtschaftswachstum, a. a. O., S. 77.

Die weitere Durchsetzung folgender Prozesse erlangt besonderes Gewicht, um Tendenzen steigender Aufwendungen in den europäischen RGW-Ländern voll zu kompensieren:

1. Die ständige Erhöhung der *gesellschaftlichen* Arbeitsproduktivität bietet die Gewähr dafür, daß der Wirkungsgrad der lebendigen Arbeit weiter verbessert wird. Nach unseren Untersuchungen in diesem Kapitel (vgl. noch einmal Abschnitt 1, insbesondere Tabelle 12, S. 61) wurde das von allen europäischen RGW-Ländern erreicht. Nun geht es darum, die Arbeitskräfte nicht nur volkswirtschaftlich effektiver einzusetzen, sondern sie in volkswirtschaftlichen Größenordnungen freizusetzen. Damit erlangen zwei Fragen für die weitere Forschungsarbeit besondere Bedeutung:

a) Durch welchen Fondseinsatz sind in den einzelnen Ländern/Zweigen Arbeitskräfte freisetzbar?

b) Wie kann erreicht werden, daß der Freisetzungsaufwand durch den Einsatz der freiwerdenden Arbeitskräfte voll aufgewogen wird?

2. Gegenwärtig haben alle europäischen RGW-Länder eine tendenziell sinkende Grundfondsquote, d. h., der Fondseinsatz je Quantum des Nationaleinkommens erhöht sich. Tabelle 30 und Abbildung 7 weisen darauf hin, daß die RGW-Länder im Verlaufe der 70er Jahre Möglichkeiten erschlossen haben, dieser Tendenz entgegenzuwirken. Dazu gehören auch künftig eine rationelle Nutzung vorhandener und die Aussonderung veralteter Produktionsgrundfonds, vor allem auf dem Wege der Rationalisierung und Rekonstruktion von Produktions-

Tabelle 30

Dynamik der Nutzung der Produktionsgrundfonds[1]

Land	1961—1965	1966—1970	1971—1975	1976—1978
VRB	0,85	0,91	0,87	0,72
ČSSR	0,88	1,12	1,001	0,71
DDR	0,88	1,02	0,91	0,73
VRP	1,07	0,99	1,25	0,51
SRR	1,06	0,86	0,95	0,78
UdSSR	0,66	0,98	0,62	0,65
UVR	0,92	1,08	0,97	0,79

[1] Verhältnis der Wachstumstempi des Nationaleinkommens und der Produktionsgrundfonds.

Quellen

K. I. Mikul'skij, Problemy ėffektivnosti socialističeskoj ėkonomiki, Moskva 1972, S. 211, zitiert in: Voprosy ėkonomiki, 19/1973, S. 114; ergänzt um die Angaben zur UdSSR; weiterberechnet nach der nationalen Statistik der Produktionsgrundfonds und den Wachstumstempi des Nationaleinkommens (Statističeskij ežegodnik stran-členov Soveta Ėkonomičeskoj Vzaimopomošči, Moskva 1979, S. 43, 51).

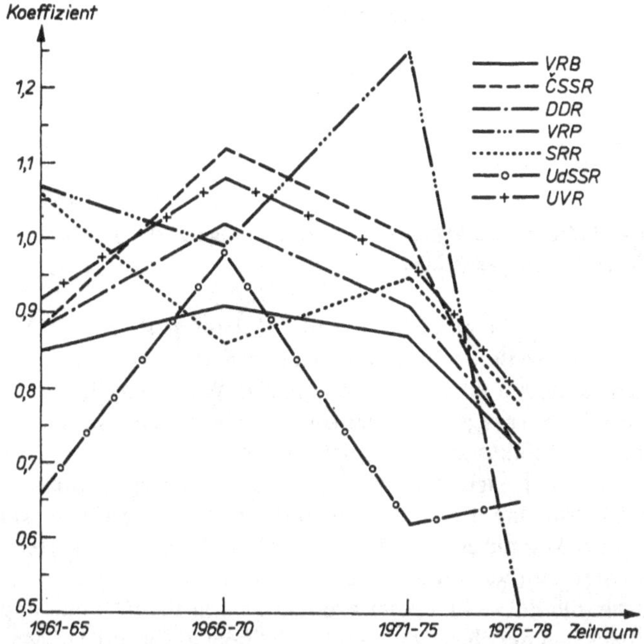

Abb. 7:
Dynamik der Nutzung der Produktionsgrundfonds[1]
Anmerkung und Quelle: Siehe Tabelle 30.

kapazitäten im volkswirtschaftlichen Maßstab, bei Anwendung neuer Technologien und Produktionsverfahren.

3. Die Senkung der Materialintensität bildet den dritten Schwerpunkt, um steigenden Aufwandstendenzen entgegenzuwirken. Die Fünfjahrpläne aller europäischen RGW-Länder enthalten Zielstellungen, das Nationaleinkommen mit einem verminderten Zuwachs des Rohstoffaufkommens zu erzeugen.

Die bisherigen Erfahrungen bei der Realisierung der laufenden Fünfjahrpläne lassen den Schluß zu, daß die europäischen RGW-Länder viele Reserven haben, um die stabile Entwicklung des Nationaleinkommens fortzusetzen und dabei Tendenzen steigender Aufwendungen erfolgreich entgegenzuwirken.

3. Entwicklungstendenzen der Industrie

3.1. Effektives industrielles Wachstum — notwendige Bedingung weiteren wirtschaftlichen Leistungsanstiegs

In den Beschlüssen der kommunistischen und Arbeiterparteien der Mitgliedsländer des RGW zur weiteren Profilierung ihrer nationalen Volkswirtschaftskomplexe[1] in den 70er und 80er Jahren nimmt das Wachstum des industriellen Potentials sowie die Ausprägung differenzierter industrieller Strukturen einen wichtigen Platz ein. Effektives Wachstum und strukturelle Veränderung der Industrieproduktion sind nach wie vor eine der wesentlichen Voraussetzungen, um die mit der Realisierung der Hauptaufgabe verbundenen Ziele zu erfüllen.

In der Gegenwart kommt es darauf an, die These Lenins: „Die Hebung der Arbeitsproduktivität erfordert vor allem die Sicherung der materiellen Grundlagen der Großindustrie: die Entwicklung der Produktion von Brennstoffen und Eisen, des Maschinenbaus und der chemischen Industrie"[2] entsprechend den Maßstäben der entwickelten sozialistischen Gesellschaft zu verwirklichen. Die Erhöhung der gesellschaftlichen Arbeitsproduktivität, als Schlüsselproblem aller wirtschaftlichen und sozialen Aufgaben, ist auch das zentrale Anliegen des Ausbaus der Industriekomplexe. Es geht folglich nicht allein darum, durch eine wachsende Industrieproduktion den Bedarf an hochwertigen Produktionsmitteln und Konsumgütern umfassender zu decken und das Exportvolumen zu erhöhen. Das Wachstum der Industrieproduktion muß gleichzeitig die Bedingungen für die intensiv erweiterte Reproduktion in allen Bereichen der Volkswirtschaft verbessern. Höhere Qualität und Effektivität in den Bereichen der Industrie verbilligt nicht

[1] In der ökonomischen Literatur wird der Begriff „Volkswirtschaftskomplex" noch nicht einheitlich gebraucht. Die Mehrzahl der Autoren versteht darunter — wir schließen uns dem an — ein relativ selbständiges, staatlich organisiertes System der eng verflochtenen, sich ergänzenden mit der sozialistischen internationalen Arbeitsteilung verbundenen Elemente des Reproduktionsprozesses. Die Spezifik gegenüber anderen Termini, wie Volkswirtschaft, Bereiche oder Zweige der Volkswirtschaft besteht in der Hervorhebung des funktionalen Zusammenwirkens des Produktionsapparates, der Arbeits- und Naturressourcen, der Territorialstruktur und des volkswirtschaftlichen Leitungsmechanismus, die den einheitlichen Reproduktionsprozeß gewährleisten. Er ergänzt damit auf volkswirtschaftlicher Ebene solch spezifische Kategorien wie: Agrar-industrielle Komplexe, Industriekomplexe, funktionale Zweigkomplexe und ähnliche.

[2] W. I. Lenin, Die nächsten Aufgaben der Sowjetmacht, in: Werke, Bd. 27, Berlin 1972, S. 248.

nur das industrielle Wachstum selbst, sondern wird über die Ausstattung anderer Bereiche mit Produktionsmitteln, mit Rohstoffen, Werkstoffen und Materialien immer mehr zum ausschlaggebenden Faktor des gesamtvolkswirtschaftlichen Produktivitätsfortschritts.

Im Programm der SED[3] wird betont, daß die Gestaltung der entwickelten sozialistischen Gesellschaft mit hohen Anforderungen an die Industrie verbunden ist, da sie „entscheidend zum kontinuierlichen und proportionalen Wachstum der Volkswirtschaft beiträgt" und „durch wachsende Rentabilität den Hauptteil der Mittel für die erweiterte Reproduktion und für die Befriedigung gesamtgesellschaftlicher Bedürfnisse erwirtschaftet". „Die Lösung dieser Aufgabe", heißt es weiter, „setzt ein dynamisches Wachstum, eine Erhöhung der Leistungsfähigkeit und der Exportkraft der Industrie voraus."[4] In den vom XXV. Parteitag der KPdSU beschlossenen Hauptrichtungen der wirtschaftlichen Entwicklung der Volkswirtschaft der UdSSR bis 1980 wird festgelegt: „Hauptaufgabe der Industrie ist es, den Bedarf der Volkswirtschaft und der Bevölkerung an hochwertigen Erzeugnissen besser zu decken sowie die technische Neuausrüstung und die Intensivierung der Produktion in allen Zweigen zu gewährleisten."[5]

Wenn mit hohem Tempo Qualität und wissenschaftlich-technisches Niveau der Produktion zu verbessern sind, die Effektivität schneller als bisher steigen muß und notwendige strukturelle Veränderungen durchgesetzt werden müssen, handelt es sich zwar letztlich um objektiv miteinander verbundene und sich wechselseitig bedingende Aufgaben, keinesfalls jedoch zu jedem Zeitpunkt um eine automatische und widerspruchsfreie Übereinstimmung zwischen ihnen. Im selben Zeitraum zu realisierende Verbesserungen der Arbeitsbedingungen, Veränderungen im Charakter der Arbeit usw. schlagen sich in höherer Aktivität, Leistungsbereitschaft und Leistungsfähigkeit der Werktätigen nieder, unterstreichen jedoch auch den Umfang und die Vielfältigkeit der Anforderungen an die industrielle Entwicklung.

Die eigentliche Aufgabe liegt darin, höhere Qualität und wachsendes wissenschaftlich-technisches Niveau der Produktionsmittel auch in vollem Umfange als Faktor der Leistungsentwicklung zu erschließen.

Die gleichartige Orientierung der europäischen RGW-Länder, eine Erhöhung des Lebensniveaus auf der Grundlage der intensiven Reproduktion zu sichern, schließt Unterschiede in den konkreten Wachstumsbedingungen nicht aus. Auch gegenwärtig bestehen für die Industrie der verschiedenen Länder sehr differenzierte Möglichkeiten zur Einbeziehung zusätzlicher Arbeitskräfte, zur weiteren Ausstattung mit Fonds, zu strukturellen Veränderungen u. a. Ausmaß, Wege und

[3] Vgl. Programm der Sozialistischen Einheitspartei Deutschlands, Berlin 1976, S. 28.
[4] Ebenda.
[5] Die Hauptrichtungen der Entwicklung der Volkswirtschaft der UdSSR von 1976 bis 1980, in: XXV. Parteitag der KPdSU. Dokumente, Berlin 1976, S. 31.

Methoden der Intensivierung und das Gewicht einzelner Intensivierungsfaktoren für das industrielle Wachstum unterscheiden sich. Folglich müssen auch unterschiedliche Wachstumsraten der Industrieproduktion entsprechend differenziert bewertet werden.

Alle europäischen RGW-Mitgliedsländer verfügen heute über Industriekomplexe, die entsprechend den sozialpolitischen Zielstellungen unter Ausnutzung der sozialistischen ökonomischen Integration in ausgewogenen Proportionen weiterzuentwickeln sind. Ihnen ist die Aufgabe gestellt, die Voraussetzungen für die technische Neuausrüstung in allen Zweigen der Volkswirtschaft und deren umfassende Rationalisierung zu schaffen. Gleichzeitig sind von ihnen große Anstrengungen für die langfristige Sicherung der stoffwirtschaftlichen Basis des Reproduktionsprozesses zu leisten. Das zu verwirklichen erfordert, die Möglichkeiten des wissenschaftlich-technischen Fortschritts umfassend umzusetzen.

Die Industrie nimmt auch hier insofern eine besondere Stellung ein, als sie — besonders durch die Vervollkommnung der Arbeitsmittel — direkt dazu beiträgt, die Wissenschaft im Reproduktionsprozeß als unmittelbare Produktivkraft zur Wirkung zu bringen. Die damit verbundene qualitative Veränderung der Produktivkräfte ist die ökonomisch-technische Grundlage für zwei mit dem Ausbau der entwickelten sozialistischen Gesellschaft aufs engste zusammenhängende Prozesse: „. . . die enorme Erhöhung der Effektivität der Produktion und die grundlegende Veränderung des Charakters und Inhaltes der Arbeit."[6] Voraussetzung dafür ist das effektive Wachstum des real verteilbaren industriellen Produkts. Zugleich jedoch lassen sich die in neuen Arbeitsmitteln und Arbeitsgegenständen enthaltenen Potenzen der Effektivitätsentwicklung ökonomisch nur dann voll umsetzen und wachstumswirksam machen, wenn es gelingt:

— modernste Technik und Technologie mit konsequenter Konzentration der Produktion zu verbinden;

— eine differenzierte Strukturentwicklung in den RGW-Ländern durchzusetzen, um unter Ausnutzung der internationalen sozialistischen Arbeitsteilung, bei insgesamt zunehmender Diversifikation der Produktion, Spitzenerzeugnisse mit effektiven Kapazitäten zu produzieren;

— eine allmähliche Veränderung der industriellen Strukturen unter dem Gesichtspunkt der Ressourcen- und Rohstoffproblematik zu erreichen.

Dabei wäre es unrealistisch, ausschließlich Linien der internationalen Spezialisierung und Kooperation anzustreben, die einseitig von der Materialintensität ausgehen. Gleichermaßen wichtig ist das Problem, mittels der internationalen sozialistischen Zusammenarbeit den wissenschaftlich-technischen Fortschritt stärker materialsparend wirksam zu machen, Substitute einzusetzen und bei material-

[6] A. Arakeljan, Der wissenschaftlich-technische Fortschritt: Grundlage für die Steigerung der Arbeitsproduktivität, in: Presse der Sowjetunion, 1/1978, S. 12.

intensiven Erzeugnissen dank verbesserter technischer Parameter eine hohe Effektivität beim Anwender zu erzielen.

Im Zusammenhang mit der Analyse einiger Wachstumsprobleme der Industrieproduktion der 70er Jahre in den europäischen RGW-Ländern sollen ausgewählte Fragen struktureller Veränderungen charakterisiert werden.

3.2. Einige Tendenzen und Charakteristika gegenwärtiger industrieller Entwicklungsprozesse

Zur Entwicklung der Arbeitsproduktivität in der Industrie

Im Planzeitraum 1971/1975 wurden in der Mehrzahl der RGW-Mitgliedsländer die Zielstellungen für die Industrieproduktion nicht nur erreicht, sondern überboten. Dabei erzielten beispielsweise die Ungarische VR, die VR Polen und die SR Rumänien ein Wachstumstempo, das über dem der zweiten Hälfte der 60er Jahre lag. Die Direktivziele bis 1980 knüpften ebenfalls an diese hohen Wachstumsraten an (vgl. Tabelle 31):

Tabelle 31

Jahresdurchschnittliches Wachstum der industriellen Bruttoproduktion

Land	1961—1965	1966—1970	1971—1975	1976—1978	1976—1980 Plan
VRB	11,7	10,9	9,1	6,8	9,2
ČSSR	5,2	6,7	6,7	6,2	5,7—6,0
DDR	5,7	6,5	6,5	5,1	6,0[1]
VRP	8,4	8,3	10,4	7,0	8,2—8,4
SRR	13,8	11,8	12,9	11,1	10,2—11,2
UdSSR	8,6	8,4	7,4	5,1	6,3
UVR	7,6	6,2	6,4	5,5	5,9—6,2

[1] Industrielle Warenproduktion.

Quelle

W. Keller/E. Kigyóssy-Schmidt, Hauptkennziffern der wirtschaftlichen Entwicklung der europäischen RGW-Länder 1960 bis 1975, Berlin 1973, S. 64, 65, 87, 88, 93 (Forschungsberichte des Zentralinstituts für Wirtschaftswissenschaften der Akademie der Wissenschaften der DDR, Nr. 1); Statističeskij eżegodnik stran-členov Soveta Ėkonomičeskoj Vzaimopomošči, Moskva 1979, S. 67; Wirtschaftswissenschaft, 10/1976, S. 1521, 1523; 11/1976, S. 1718, 1719; 12/1976, S. 1835, 1837; 2/1977, S. 163, 250, 252; 4/1977, S. 553, 555; 5/1977, S. 730, 733; Voprosy ėkonomiki, 4/1967, S. 11.

Effektives Wachstum der Industrie schließt in erster Linie eine steigende industrielle Arbeitsproduktivität ein. In einigen europäischen RGW-Mitgliedsländern sahen die Planaufgaben in den 70er Jahren eine höhere Produktivitätssteigerung vor als im Durchschnitt der beiden vorangegangenen Fünfjahrpläne. Angesichts abnehmender verfügbarer extensiver Wachstumsfaktoren war das zugleich eine Bedingung für die Aufrechterhaltung oder Erhöhung der Produktionsentwicklung. Im Ergebnis eigener Anstrengungen und der Nutzung der Vorzüge der internationalen sozialistischen Arbeitsteilung realisierten alle europäischen RGW-Länder in den vergangenen Jahren dann auch ein hohes Wachstum der industriellen Arbeitsproduktivität (vgl. Tabelle 32):

Tabelle 32

Jahresdurchschnittliches Wachstum der Arbeitsproduktivität des industriellen Personals in der staatlichen und genossenschaftlichen Industrie (in %)

Land	1961–1965	1966–1970	1971–1975	1976–1978
VRB	6,6	6,8	6,8	6,3
ČSSR	3,4	5,4	6,0	4,8
DDR	5,6	5,7	5,4	4,6
VRP	5,1	5,1	7,6	6,3
SRR	7,4	7,4	6,3	8,1
UdSSR	4,9	5,7	6,0	3,5
UVR	4,9	3,5	6,2	6,1

Quelle

Berechnet nach: Statističeskij ežegodnik stran-členov Soveta Ėkonomičeskoj Vzaimopomošči, Moskva 1979, S. 161.

Diese Durchschnittswerte sprechen für ein sehr kontinuierliches Produktivitätswachstum in der VR Bulgarien, der DDR und der SR Rumänien im Gesamtzeitraum dieser 18 Jahre. Das unterschiedliche Wachstumstempo von Land zu Land weist zugleich auf den Angleichungsprozeß im Niveau der Arbeitsproduktivität zwischen ihnen hin. In den übrigen Ländern läßt sich eine deutliche Beschleunigung des industriellen Produktivitätszuwachses von 1971 bis 1975 gegenüber den 60er Jahren feststellen. Die Ursachen sehen wir vor allem im konsequenten Kurs auf die Intensivierung des Reproduktionsprozesses, nachdem mit der weiteren Formierung der industriellen Grundstrukturen in den einzelnen Ländern dafür entscheidende Voraussetzungen geschaffen, bestehende Disproportionen in den industriellen Zweigstrukturen überwunden und, mit der Durchführung der Wirtschaftsreformen, ein den entstandenen Bedingungen angepaßtes System der Leitung und Planung der Volkswirtschaft entwickelt worden sind.

Wesentlich differenzierter entwickelte sich *die Arbeitsproduktivität in ausgewählten Industriebereichen* (vgl. Tabelle A 17). Das bezieht sich sowohl auf das Produktivitätswachstum zwischen den einzelnen Bereichen als auch auf das Verhältnis zur Produktivitätsentwicklung der Gesamtindustrie in den verschiedenen Fünfjahrplanperioden.

Es dominiert das Entwicklungstempo im Maschinenbau und in der metallverarbeitenden Industrie sowie in der chemischen Industrie. Mit unterschiedlichen Tendenzen von einer Fünfjahrplanperiode zur anderen und mit größeren Schwankungen folgen die Baumaterialienindustrie und die Produktion von Elektro- und Wärmeenergie.

Eine zweite generelle Tendenz zeigt, daß die in überwiegendem Maße Konsumgüter produzierenden Bereiche der Textil- und Lebensmittelindustrie hinsichtlich der Produktivitätsentwicklung z. T. hinter dem Durchschnitt der Industrie zurückbleiben. Für uns ist die genannte Entwicklung nicht nur vom Standpunkt der Konsumgüterproduktion von Bedeutung, sondern auch deshalb, weil beide Bereiche in allen RGW-Ländern überhaupt zu den Industriebereichen mit dem höchsten Beschäftigtenanteil gehören. Die vorliegende Analyse gestattet keine endgültige Aussage über die Ursachen des unter dem Durchschnitt der Industrie liegenden Produktivitätswachstums in diesen Zweigen. Ein Vergleich mit den Investitionsanteilen bestätigt aber, daß die notwendige vorrangige Entwicklung der Schwerindustrie über lange Zeiträume einen wesentlichen Teil der Investitionsmittel in Anspruch genommen hat (vgl. Tabelle A 18). Die beschleunigte Neuausstattung der Lebensmittel- und Textilindustrie ist deshalb auch ein wichtiges Erfordernis zur Weiterführung der Hauptaufgabe.

So lag beispielsweise in der chemischen Industrie im untersuchten Zeitraum in allen Ländern der Anteil an den Investitionen der Industrie insgesamt wesentlich, zeitweise um ein Mehrfaches, höher als der Anteil an der Bruttoproduktion der Industrie und an den Beschäftigten. Das umgekehrte Verhältnis gilt für die Textilindustrie. Die daraus resultierende unterschiedliche Fondsausstattung steht neben anderen technisch-technologischen Faktoren im engen Zusammenhang mit dem Entwicklungstempo der Arbeitsproduktivität. Das schließt nicht aus, daß die Spezifik der Zweige eine unterschiedliche Fondsausstattung erfordert.

Ein charakteristisches Merkmal der gegenwärtigen wirtschaftlichen Entwicklung in den RGW-Ländern besteht darin, daß ein hoher Anteil des Wachstums der Industrieproduktion aus der Steigerung der Arbeitsproduktivität resultiert (vgl. Tabelle 33).

Verschiedentlich werden diese Kennziffern *uneingeschränkt* als Maßstab für das Tempo der Intensivierung betrachtet. Bezogen auf die gleiche Tabelle, schreiben Gercovič und Michajlov: „Diese Angaben zeugen von einem entschlossenen Übergang der Volkswirtschaft der RGW-Länder zur Intensivierung.“[7] Hier scheint doch eine Einschränkung notwendig: *Erstens* wird nur eine Effektivitätskomponente in Rechnung gestellt. Sie wäre zu ergänzen durch Daten über die Entwicklung der Grundfondsquote und der Materialintensität. *Zweitens* sagt diese Kennziffer auch unter sonst gleichen Bedingungen wenig über den

[7] G. Gerzowitsch/B. Michailow, Über die Effektivität der gesellschaftlichen Produktion in den europäischen RGW-Ländern, in Sowjetwissenschaft. Gesellschaftswissenschaftliche Beiträge, 3/1974, S. 241

Tabelle 33

Anteil der Steigerung der Arbeitsproduktivität des industriellen Personals am Wachstum der Industrieproduktion in der sozialistischen Industrie (Zuwachs insgesamt = 100)

Land	1961–1965	1966–1970	1971–1975	1976–1978
VRB	71	71	79	91
ČSSR	74	87	88	91
DDR	100	100	86	81
VRP	69	69	81	91
SRR	61	65	51	71
UdSSR	61	74	83	64
UVR	69	73	78	91

Quelle

Berechnet nach Statističeskij ežegodnik stran-členov Soveta Ėkonomičeskoj Vzaimopomošči, Moskva 1979, S. 67, 150, Bericht des Zentralkomitees der Sozialistischen Einheitspartei Deutschlands an den IX. Parteitag, Berlin 1976, S. 29

Anmerkung

Vom Trend her gleiche Tendenzen bei in einigen Fällen abweichenden Werten zeigen u. a. Berechnungen von L. S. Lučkina, Soveršenstvovanie struktury promyšlennosti zarubežnych stran-členov SĖV v uslovijach naučno-techničeskovo progressa, Moskva 1972, S. 13, N. P. Varzin, Integracija i rost proizvoditel'nosti truda v stranach SĖV, Moskva 1976, S. 62; G. Gerzowitsch/B. Michailow, Über die Effektivität der gesellschaftlichen Produktion in den europäischen RGW-Ländern, in: Sowjetwissenschaft. Gesellschaftswissenschaftliche Beiträge, 3/1974, S. 241

Grad der Intensivierung aus, wenn nicht parallel dazu vergleichende Aussagen über das Wachstumstempo der Industrieproduktion gemacht werden. So ist beispielsweise nicht ohne weiteres feststellbar, ob ein angenommen geringes Produktionswachstum in der Industrie ohne eine Zunahme der Beschäftigten (vollständig aus gestiegener Arbeitsproduktivität) oder ein höheres Wachstum, das zum Teil der Beschäftigtenentwicklung entspricht, einen höheren Intensivierungsgrad ausdrückt. Vergleichbare Aussagen könnte erst eine Kennziffer der „gesellschaftlichen Arbeitsproduktivität" erbringen, die sowohl die sonstigen Aufwandsbestandteile einbezieht als auch den absoluten Beitrag zum Produktionswachstum zeigt.

Schon im Kapitel 2 wurde auf die unterschiedlichen Tendenzen der Aufwandsentwicklung und ihrer teilweisen Gegenläufigkeit verwiesen. Auch in der Industrie stellen die Steigerung der Arbeitsproduktivität, die Senkung der Materialintensität der Produktion und unumgängliche strukturelle Veränderungen große Anforderungen an Investitionen, die sich in einem rasch wachsenden Grundfondsbestand niederschlagen. Aus diesem Grunde weisen wir hier auf einige Tendenzen der *Grundfondsquote in der Industrie* hin.

In mehreren europäischen RGW-Ländern hat die höhere Leistungskraft und

Tabelle 34
Grundfondsquote der Industrie insgesamt in einigen europäischen Mitgliedsländern des RGW (auf der Grundlage nationaler Währungseinheiten)

Jahr		ČSSR	DDR	VRP	UdSSR
1960	a	226,7	83,5	484,5	157,4
	b	313,2	94,7	478,0	80,0
	c	0,72	0,88	1,01	1,97
1970	a	407,2	151,9	1057,0	374,3
	b	520,4	167,6	968,0	255,0
	c	0,78	0,91	1,09	1,47
1975	a	559,9	206,5	1744,6	511,2
	b	683,0	229,3	1485,0	385,0
	c	0,82	0,90	1,17	1,33
1977	a	620,9	230,3	2025	553,7
	b	738,6	260,1	1868	447,0
	c	0,84	0,89	1,08	1,24

a = Bruttoproduktion der Industrie in Mrd nationaler Währung.
b = Grundfondsbestand in Mrd. nationaler Währung.
c = a b.

Quellen
Berechnet nach dem Statistischen Jahrbuch der DDR 1978, Berlin 1978, S 81, 117, 1977, S. 17, 82, 119, Rocznik statystyczny, Warszawa 1978, S. 106, 115, 1971, S. 175, 1970, S 80, Narodnoe chozjajstvo SSSR, Moskva 1977, S. 40, 120, 1960, S. 86, Statistická roženka ČSSR, Praha 1978, S. 213, 1976, S. 208ff, 231, 1971, S. 243, 1969, S 204/205, Statističeskij ežegodnik stran-členov Soveta Ėkonomičeskoj Vzaimopomošči, Moskva 1978, S. 57

intensivere Nutzung der Produktionsgrundfonds in den 70er Jahren zur allmählichen Stabilisierung der Grundfondsquote in der Industrie insgesamt geführt. Tabelle 34 läßt einige Schlußfolgerungen über die Tendenz der Grundfondsquote seit 1960 zu. So erhöhte sich die Grundfondsquote in der Industrie der DDR und ČSSR allmählich seit der zweiten Hälfte der 60er Jahre, seit Anfang der 70er Jahre auch in der VR Polen. Angesichts des zeitweise überdurchschnittlich hohen, aber im Untersuchungszeitraum sehr unterschiedlichen Wachstumstempos der Investitionen läßt sich ein stabiler Trend für die VR Polen noch nicht ableiten. In der Sowjetunion hielt die sinkende Tendenz an. Der Fondsaufwand je Einheit Bruttoproduktion liegt hier jedoch noch niedriger als in anderen Ländern. Der höchste Grundfondseinsatz je Einheit Bruttoproduktion in der Industrie war in der DDR und ČSSR erforderlich.

Recht differenziert verlief die Entwicklung der Grundfondsquote in den einzelnen Industriebereichen. Die Tabelle A 19 bringt ergänzend dazu einen Überblick über die Richtung der Veränderung von 1960 bis 1977. Besonders in der Textil- und Lebensmittelindustrie, aber auch bei der Produktion von Elektroenergie und Wärme sowie der chemischen Industrie einiger Länder blieb das Wachstum der Bruttoproduktion je Grundfondseinheit in den letzten Jahren hinter dem Durchschnitt der Industrie zurück. Es zeigt sich, daß das Verhältnis von Bruttoproduktion und Produktionsgrundfonds besonders ungünstig in der Energie- und Rohstoffwirtschaft, der Metallurgie, der Baumaterialienindustrie und der chemischen Industrie ist. In dem Maße, wie sich veränderte Preise auf den Außenmärkten auch in den Inlandspreisen niederschlagen, können sich in diesen Zweigen stärkere Veränderungen ergeben. Wesentlich höher ist dieser Koeffizient im Maschinenbau sowie in den Zweigen der Leicht- und Nahrungsgüterindustrie.

Die Aufgabenstellungen des Planjahrfünfts bis 1980 zeigen, daß eine weitere Senkung der Grundfondsintensität der Industrie in den europäischen RGW-Ländern in absehbarer Zeit große Anstrengungen erfordern wird, da bekanntermaßen fondsintensive Industriezweige, wie die Energie- und Brennstoffindustrie, weiter ausgebaut werden müssen.

Faktoren zur Steigerung der Arbeitsproduktivität

„Als Kategorie der Politischen Ökonomie und damit als Gegenstand der Reproduktionstheorie beinhaltet die Arbeitsproduktivität das Gesamtquantum der in den Gebrauchswerten steckenden Arbeit . . .“[8] Diese politökonomische Kategorie „gesellschaftliche Arbeitsproduktivität“ wird damit zum grundlegenden Kriterium des Intensivierungsprozesses. Veränderungen in der Struktur, der Konzentration und der Organisation der gesellschaftlichen Produktion sind — ausgelöst vom wissenschaftlich-technischen Fortschritt — wichtige Faktoren, die die Entwicklung der gesellschaftlichen Arbeitsproduktivität wesentlich beeinflussen. Sie sind eng verbunden mit der Ökonomie von lebendiger und vergegenständlichter Arbeit, mit der Entwicklung des Aufwands an Arbeitszeit, Grundfonds und materiellen Umlauffonds. In Untersuchungen zur Aufdeckung von Reserven der Arbeitsproduktivität in der materiellen Produktion unter den Bedingungen der 70er Jahre gehen sowjetische Ökonomen von zwei Hauptgruppen von Produktivitätsfaktoren aus[9]:

— sogenannten technischen Faktoren, zu denen die technische Neuausstattung sowie die Einführung neuer und vollkommenerer Produktionskapazitäten gehört und

— Faktoren, die mit der Vervollkommnung der Organisation der Produktion, der Konzentration und Spezialisierung zusammenhängen.

[8] Gesetzmäßigkeiten der intensiv erweiterten Reproduktion bei der weiteren Gestaltung der entwickelten sozialistischen Gesellschaft (Hrsg. W. Heinrichs/H. Maier), Teil 1, Berlin 1976, S. 191 (Schriften des Zentralinstituts für Wirtschaftswissenschaften der Akademie der Wissenschaften der DDR, Nr. 13).

[9] Vgl. Autorenkollektiv, Material'no-techničeskaja baza kommunizma, Bd. 1, Moskva 1977, S. 74ff

Die Autoren weisen darauf hin, daß erstere in der Regel hohe Investitionen erfordern, Konzentration und Spezialisierung dagegen häufig nur Investitionen geringeren Umfangs notwendig machen, um eine steigende Arbeitsproduktivität zu erzielen.

Abgeleitet aus einer vergleichenden Analyse der Fonds- und Energieausstattung der Arbeitskräfte in den USA und der Sowjetunion, warnen sie vor der Schlußfolgerung, die Hauptaufgabe zur Erreichung der Produktivität der USA bestehe in der höheren Fonds- und Energieausstattung. Bei aller Notwendigkeit auch dieser Seite vertreten sie die Auffassung, daß nicht hier die *Hauptquelle* höherer Arbeitsproduktivität liege. Beziehe man den Fonds- und Energieverbrauch auf eine Einheit Produktion (nicht je Beschäftigter), würden die Ursachen des Arbeitsproduktivitätsrückstandes deutlicher. Sie lägen vor allem im *organisatorisch-strukturellen Bereich*. Sie untermauern diese Schlußfolgerungen damit, daß die Kennziffer Fondsausstattung der Arbeit Mängel in der Organisationsstruktur verschleiere. Das Beispiel von Čokino bestätige dies. Bei diesem Experiment konnten 55000 Arbeitskräfte (jetzt sind in der Vereinigung 150000 beschäftigt) freigesetzt und dadurch 350 neue Produktionsstätten, Bereiche und Abteilungen mit qualifizierten Kadern komplettiert werden.

Es ist sicher nicht übertrieben festzustellen, daß diese Seite der Produktivitätssteigerung in diesem oder jenem Grade auch für andere RGW-Länder eine erhebliche Reserve darstellt. Vorbehalte gegen die Kennziffer Fonds- und Energieausstattung sollten keineswegs die Aufgaben verwischen, die bei der technischen Ausstattung der Arbeit noch zu lösen sind. Das betrifft in einigen Fällen den Umfang der Technik, aber auch ihre qualitativen Parameter. Die Beseitigung des hohen Anteils der Handarbeit in einigen Bereichen bleibt ein erstrangiges Problem. Deshalb ist die Produktionserweiterung bei Mechanisierungsmitteln eine notwendige Voraussetzung zur Gewährleistung der Steigerung der Arbeitsproduktivität.

Ökonomen der VR Bulgarien schätzen die Faktoren der Arbeitsproduktivitätssteigerung entsprechend den Bedingungen ihres Landes so ein, daß ca. 45% des Zuwachses durch den technischen Fortschritt, 25% durch Vervollkommnung der Organisation, der Rest (30%) durch höhere Qualifikation, Produktionskultur u. a. erreicht werden können. Auch sie verweisen darauf, daß die Mechanisierung der Handarbeit (50% in der Industrie) eine große Reserve darstellt.

In der Gegenwart wächst in allen RGW-Ländern nicht nur das Sortiment von Erzeugnissen. Die wissenschaftlich-technische Entwicklung schafft zunehmend auch Möglichkeiten für die *Unifizierung von Baugruppen und Teilen, die Bestandteil unterschiedlicher Maschinen und Ausrüstungen werden.* Diese Möglichkeiten müssen durch konsequente Standardisierung genutzt werden und stellen durch den erreichbaren höheren Konzentrationsgrad eine wesentliche mikrostrukturelle Effektivitätsreserve dar. Dafür sind mindestens zwei Gesichtspunkte maßgeblich:

Erstens handelt es sich hierbei um Produktionen, die schon wegen ihrer z. T. außerordentlich hohen Stückzahlen eine konzentrierte und spezialisierte Fertigung vorteilhaft machen. Diese „zwischenzweigliche" Produktion von Teilen und Baugruppen, die im Maschinenbau allgemein Anwendung findet, hat schon jetzt einen Anteil von 20% der gesamten Bruttoproduktion des Maschinenbaus der Sowjetunion (und in den meisten anderen RGW-Ländern sicher nicht weniger) und beansprucht etwa 25% der Beschäftigten.[10] Dabei beträgt der Anteil der spezialisierten Teile für eine zwischenzweigliche Verwendung gegenwärtig lediglich 1,5%.[11]

Zweitens können beispielsweise die Vorteile der internationalen Arbeitsteilung von Finalprodukten erweitert werden, wenn seitens der dazu erforderlichen Teile und Baugruppen bereits in den einzelnen RGW-Ländern das technisch-ökonomisch günstigste Konzentrationsniveau erreicht wird.

Auf dem XXV. Parteitag der KPdSU wurde unterstrichen, daß noch längst nicht alle Möglichkeiten zur Schaffung spezialisierter Betriebe für die Produktion unifizierter Teile und Baugruppen genutzt werden. Cheinman geht auf das gleiche Problem im Zusammenhang mit der Herausbildung großer territorialer Produktionskomplexe ein, die nach seiner Auffassung „nur bei einer umfassenden Entwicklung hochspezialisierter zwischenzweiglicher Produktionen und produktiver Dienstleistungen, einschließlich der Transportleistungen, erfolgreich geleitet werden"[12]. Auch hier bilden folglich Strukturveränderungen und Konzentration eine wichtige Effektivitätsreserve.

Strukturveränderungen als Effektivitätsfaktor

Veränderungen der Struktur der Industrie sind ein objektiver Prozeß. Sie resultieren aus den Einflüssen der wissenschaftlich-technischen Revolution, der weiteren Ausbildung sozialistischer Bedürfnisstrukturen und sind mit vielfältigen Formen und zunehmenden Maßstäben der Vergesellschaftung und sozialistischen Internationalisierung von Produktion und Arbeit verbunden. In Verbindung mit der internationalen Spezialisierung und Kooperation der Produktion können diese Strukturprozesse deshalb als immer entscheidenderes Element der Effektivitätssteigerung genutzt werden. In einer wachsenden Wirtschaft wirken mehrere strukturelle Prozesse auf die Entwicklung der gesellschaftlichen Arbeitsproduktivität[13] und volkswirtschaftlichen Effektivität:

[10] Vgl. V. Bjalkovskaja/E. Ragozin, Perspektivnoe planirovanie razvitija meżotraslevych proizvodstv, in: Voprosy ėkonomiki, 5/1977, S. 47.

[11] Vgl. Ju. Subockij, Koncentracija promyšlennogo proizvodstva na osnove kooperirovanija, in: Voprosy ėkonomiki, 5/1977, S. 60.

[12] S. A. Cheinman, Die Organisation als eine Reserve bei der Erhöhung der Effektivität der Produktion, in: Sowjetwissenschaft. Gesellschaftswissenschaftliche Beiträge, 8/1977, S. 796/797.

[13] Vgl. B. Buchanevič, Strukturnyj faktor i dinamika proizvoditel'nosti truda, in: Planovoe Chozjajstvo, 5/1975, S. 133/134.

— die Veränderungen in den Anteilen verschiedener Zweige mit unterschiedlichem Produktivitätsniveau;

— die Konzentration der Industrieproduktion einschließlich der ihr vorgelagerten Stufen und die Erreichung optimaler Produktionsmaßstäbe auf der Grundlage einer umfassenden nationalen und internationalen Spezialisierung und Kooperation;

— die vorrangige Entwicklung der für die Durchsetzung des wissenschaftlich-technischen Fortschritts bestimmenden Zweige oder Erzeugnisgruppen mit ihren Wirkungen auf Effektivitätsfortschritte in anderen Zweigen.

Gerade im Hinblick auf die künftige Effektivitätsentwicklung gilt deshalb, was Genosse Honecker im Zusammenhang mit der Vorbereitung des nächsten Fünfjahrplanes — des Zeitraumes, in dem heute eingeleitete strukturelle Maßnahmen im wesentlichen produktionswirksam werden — formulierte: „In diesem Sinne ist es auch erforderlich, die Perspektive einzelner Zweige, die für unsere Wirtschaft besonderes Gewicht haben, schon jetzt umfassend zu analysieren. Es heißt genau zu untersuchen, was wir an Positivem besitzen, und wie es weiterzuentwickeln ist.“[14]

Nach sowjetischen Berechnungen[15] wurde auf der Grundlage einer dynamischen Zweigverflechtungsbilanz ermittelt, daß Strukturveränderungen im Planzeitraum 1971/75 eine Einsparung von 2 bis 3 Mio Menschen in der materiellen Produktion bewirkten. Im gleichen Zeitraum erhöhte sich die volle volkswirtschaftliche Fondsintensität jedoch um ca. 9%, 1,4% davon allein durch den sinkenden Anteil der Leicht- und Lebensmittelindustrie mit ihrer relativ niedrigen Fondsintensität. Im Fünfjahrplan 1976/80 wird mit einer positiven Wirkung des Strukturfaktors bei Arbeitskräften und Fonds deswegen gerechnet, weil einer Abnahme des Anteils so fondsintensiver Zweige wie Schwarzmetallurgie und Landwirtschaft ein Wachstum des Maschinenbaus und der chemischen Industrie gegenübersteht.

Mit zunehmender Stabilität der industriellen Grundstrukturen in den europäischen RGW-Ländern verlagert sich der Schwerpunkt der Effektivitätsreserven mehr auf *innerzweigliche Veränderungen oder sogenannte Mikrostrukturen*. Dazu trägt bei, daß im Zuge der Industrialisierung in der Mehrzahl der RGW-Länder umfangreiche Produktionsfonds geschaffen wurden, deren Modernisierung und effektivere Nutzung noch bedeutende Möglichkeiten bieten. Daraus erklären sich die Bemühungen in allen RGW-Ländern, einerseits auch weiterhin bestimmte Zweige auszubauen, spezielle Erzeugnisgruppen oder Erzeugnisse neu zu entwickeln und andererseits Investitionsmittel in verstärktem Umfange zur Kon-

[14] Aus dem Bericht des Politbüros an die 5. Tagung des ZK der SED, Berichterstatter: E. Honecker, Berlin 1977, S. 22.

[15] Vgl. A. Efimov, Intensifikacija ėkonomiki, analiz faktorov ėffektivnosti, in: Kommunist, 12/1975, S. 21ff.

zentration der Produktion, zur Erhöhung der Losgrößen durch Erweiterung bestehender Kapazitäten sowie deren Rekonstruktion einzusetzen.

Zugleich wird hier eins deutlich: Die Möglichkeit für Strukturveränderungen und das Ausmaß ihrer Wirkung auf die Effektivität der Industrie hängen wesentlich davon ab, wie es gelingt, volkswirtschaftliche und internationale Vergesellschaftungsprozesse miteinander zu verbinden und die strukturelle Entwicklung zwischen den Partnerländern besser zu koordinieren. Strukturveränderungen führen folglich keineswegs automatisch zu Effektivitätssteigerung und industriellem Wachstum. Umgekehrt stellt Ančiškin sogar fest, daß ein zeitweilig schnelleres Wachstum der Produktion gerade daraus resultieren kann, „daß Struktur und Qualität nicht weiterentwickelt werden . . .“[16]. Struktur-, Sortiments- und Qualitätsveränderungen können kurzfristig das Produktionswachstum der Industrie durchaus beeinträchtigen. Insofern ist auch Ančiškin zuzustimmen, wenn er formuliert, „daß bei sonst gleichen Bedingungen beschleunigte Strukturverschiebungen die Wachstumsraten der Produktion verringern können. Insgesamt erhöht sich jedoch das Niveau der Befriedigung der gesellschaftlichen Bedürfnisse, was letzten Endes als Kriterium dafür gelten muß, ob es volkswirtschaftlich effektiv ist, Produktionsstruktur und Erzeugnissortiment in immer rascherer Folge umzustellen“.[17] Die Ursachen für ein vorübergehend geringeres Produktionswachstum bei strukturellen Veränderungen können objektiver Natur sein. Notwendige teilweise Stillegungen oder unvollständige Ausnutzung von Kapazitäten bei technologischen oder Produktionsumstellungen, Einlaufzeiten für neue Produktionen, Aufwendungen für die Qualifikation von Arbeitskräften sind daran beteiligt. Unzureichend bilanzierte Investitionen mit verzögerter Inbetriebnahme von Aggregaten, Anlagen und Ausrüstungen dagegen sind echte Wachstums- und Effektivitätsverluste. Wenn wir die These vom höheren Niveau der Befriedigung gesellschaftlicher Bedürfnisse im Gefolge von Strukturveränderungen unterstützen, bezieht sich das darauf, daß die planmäßige Einführung neuer Konsumgüter in die Produktion veränderten Verbrauchsgewohnheiten entspricht, daß weiterentwickelte oder neue Produktionsmittel und Verfahren die Hauptquelle künftigen effektiven Wirtschaftswachstums darstellen und daß letztlich alle Prozesse der Spezialisierung, Kooperation und Konzentration eine höhere gesellschaftliche Arbeitsproduktivität zum Ziel haben. Modern ist eine industrielle Struktur folglich dann, wenn sie es gestattet, die Hauptlinien des wissenschaftlich-technischen Fortschritts zur besseren Befriedigung der gesellschaftlichen Bedürfnisse zu nutzen und ein effektives Wirtschaftswachstum zu gewährleisten. Letztlich sind damit rasche Veränderungen in der Struktur der Industrie auch ein wesentliches Merkmal der intensiv erweiterten Reproduktion.

[16] A. Antschischkin, Die erweiterte Reproduktion unter den Bedingungen des entwickelten Sozialismus, in Sowjetwissenschaft. Gesellschaftswissenschaftliche Beiträge, 3/1977, S. 231.

[17] Ebenda.

Der Wachstums- und Effektivitätsgewinn von Strukturveränderungen hängt wesentlich von der Sicherung dynamischer Proportionen in der Volkswirtschaft ab. Die schnelle Veränderung bestimmter Proportionen innerhalb und zwischen Industriezweigen oder Erzeugnisgruppen, zwischen Lieferern und Verbrauchern usw. setzt zugleich stabile Proportionen in den bestehenden Strukturen voraus. Abalkin[18] arbeitet heraus, daß die Ausarbeitung von Perspektivbilanzen und die Schaffung von Planreserven wichtige Mittel sind, diesen objektiven Widerspruch zu lösen. „Bei dem intensiven Typ der erweiterten Reproduktion übernehmen die Reserven qualitativ neue Funktionen: Sie sichern nicht nur den kontinuierlichen Ablauf der Produktion in unerwarteten Situationen, sondern auch die operative Reorganisation der Produktion entsprechend den neuesten wissenschaftlich-technischen Errungenschaften und den sich rasch ändernden gesellschaftlichen Bedürfnissen . . .“[19] Angesichts oft angespannter Arbeitskräfte-, Material-, Ausrüstungs- oder Devisenbilanzen handelt es sich hierbei um eine außerordentlich komplizierte und verantwortungsvolle Aufgabe. Ihre schrittweise Lösung kann wesentlich zum konzentrierten Einsatz der bei strukturellen Erfordernissen notwendigen Ressourcen beitragen und helfen, Strukturmaßnahmen auf effektivste Art und Weise durchzusetzen.

Zu den wichtigsten, gegenwärtig in der Struktur der Industrieproduktion liegenden Wachstums- und Effektivitätsreserven gehört die Erhöhung der Produktionskonzentration.

Konzentration als Wachstumsfaktor der Industrieproduktion

Konsequente Nutzung des wissenschaftlich-technischen Fortschritts bedeutet zunächst, in allen Phasen des Reproduktionsprozesses technisch-ökonomisch optimale Maßstäbe des Ressourceneinsatzes und ihrer Verwertung zu schaffen. Die Möglichkeiten, die sich dafür aus der Standardisierung und Spezialisierung in den Volkswirtschaften der RGW-Länder selbst ergeben, sind groß. Zugleich überschreitet der notwendige Aufwand und der effektivste Einsatz neu geschaffener Produktionsfonds zumindest zeitweise bei verschiedenen Produktionen die Möglichkeiten eines Landes. Ungenügende Konzentration verteuert die Produktion und hemmt die Erneuerung der Sortimente. Aus diesem Grund zielen die Maßnahmen der internationalen Spezialisierung und Kooperation darauf ab, einen höheren Konzentrationsgrad zu erreichen. Ein ökonomisch günstiger Konzentrationsgrad ist oft auch Voraussetzung, um bei den entsprechenden Produktionen strategische Positionen auf den Außenmärkten zu erreichen und die für ein stabiles Wachstum notwendigen Importe zu sichern.

Globale Aussagen über einen optimalen Konzentrationsgrad der Produktion (im Sinne wirtschaftlicher Seriengrößen) sind in der Regel nur mit Ein-

[18] Vgl. L. Abalkin, Der intensive Typ der Reproduktion und Probleme der Planbilanziertheit, in: Sowjetwissenschaft. Gesellschaftswissenschaftliche Beiträge, 4/1979, S. 362.

[19] Ebenda.

schränkungen zu treffen, da sie nicht nur vom technologischen Prozeß, sondern auch von Standortbedingungen, vom Reifegrad der Produktionsverhältnisse, der Größe eines Wirtschaftspotentials und anderen Faktoren abhängen. Gestützt auf die internationale sozialistische Arbeitsteilung, wurde in der Industrie der europäischen RGW-Länder eine Reihe spezialisierter Produktionen aufgebaut, die einen hohen Konzentrationsgrad erreichten. So gehört das Ikarus-Werk mit einer Produktion von etwa 10700 und einem Export von mehr als 9000 Stück im Jahr 1975 zu den größten Autobusproduzenten Europas. Vor allem auf der Grundlage langfristiger Abkommen mit der Sowjetunion konnte der DDR-Schiffbau bei bestimmten Schiffstypen, bei Schienenfahrzeugen u. a. Erzeugnissen beachtliche Seriengrößen erreichen. Ähnliche Tendenzen gibt es in Produktion und Export von Flurförder- und Hebezeugen in der VR Bulgarien oder bei Erzeugnisgruppen der Arzneimittelproduktion der Ungarischen VR. Gegenwärtig liefern die VR Polen und die UdSSR ca. 95% aller Bagger, die Ungarische VR und die UdSSR ca. 80% der Autobusse, die DDR mehr als 75% der Reisezugwagen, die von den Mitgliedsländern des RGW erzeugt werden.

Ungeachtet dieser Fortschritte kann man feststellen, daß die heute vorhandenen vielzweigigen Strukturen in den Volkswirtschaften der RGW-Länder oft noch durch zu umfangreiche Sortimente mit entsprechend geringen Stückzahlen charakterisiert sind.

Historisch entspricht das den konkreten Bedingungen der Produktivkraftentwicklung in den europäischen RGW-Ländern. Der außerordentlich schnelle Industrialisierungsprozeß trug wesentlich extensiven Charakter und war auf Grund der beschränkten Ressourcen zunächst vorwiegend auf die Deckung eigenen dringenden Bedarfs gerichtet. Erst mit der allmählichen Überwindung des Druckes von Defiziten auf vielen Gebieten und der Entwicklung der internationalen sozialistischen Arbeitsteilung konnten Kapazitäten in stärkerem Maße über den Eigenbedarf hinaus nach und nach auch für den Export erweitert werden.[20] Auch gegenwärtig erschweren angespannte Devisenbilanzen, ungenügende Konzentration der Investitionen und unterschiedliche Interessen an bestimmten Schritten der internationalen Spezialisierung und Kooperation die Konzentration auf manchen Gebieten. Mit der Realisierung des Komplexprogramms der sozialistischen ökonomischen Integration, mit der Ausarbeitung langfristiger Zielprogramme der Zusammenarbeit und den zweiseitigen Programmen der Spezialisierung und Kooperation bis 1990 mit der UdSSR werden schrittweise abgestimmte strukturelle Entwicklungen eingeleitet, die über mehrere Fünfjahrplanzeiträume reichen und Konzentrationsprozesse in den Partnerländern unterstützen.

Mit der wissenschaftlich-technischen Entwicklung sind die Maßstäbe optimaler

[20] Vgl. dazu auch: Autorenkollektiv, Strukturnye sdvigi v narodnom chozjajstve socialističeskich stran, Moskva 1976, S. 261.

Produktionen oft schnell gewachsen[21] und übersteigen häufig den Bedarf oder die Produktionsmöglichkeiten in Ländern mit geringerem Potential. Allerdings können z. B. durch umfangreiche Unifizierung und Verwendung standardisierter Bauteile sowie bei Spezialmaschinen auch geringere Volumina effektiv produziert werden.

Schon zu Beginn der 70er Jahre sahen sowjetische Ökonomen den günstigsten technologischen Konzentrationsgrad für die Produktion von Drehbänken bei einer jährlichen Stückzahl von 15000, bei Karusselldrehbänken von 2000 Stück, Baggern von 5000 Stück u. a.[22] Vergleichsweise wurden 1975 in der VR Bulgarien 5025, in der DDR 4194, in der SR Rumänien 4767 (1973) und in der ČSSR 7320 Drehmaschinen (Spitzen- und Revolverdrehmaschinen sowie Drehautomaten) produziert. Aussagen über die tatsächlichen Reserven einer weiteren Konzentration erfordern selbstverständlich detaillierte Angaben über den Spezialisierungsgrad, die Struktur der Sortimente, den Anteil der Baugruppenspezialisierung, Exportquoten, Bedarf u. a. Faktoren. Doch läßt sich selbst an den globalen Kennziffern abschätzen, daß wohl immer noch nur in wenigen Fällen die technisch-ökonomisch optimalen Konzentrationsgrade erreicht werden. Das Optimum für die Produktion von Kühlschränken und Waschmaschinen wurde mit jährlich 1 Mio, bei Pkw mit 300000 (gegenwärtig schon über 600000) und bei Lkw mit 95000 eines Typs angegeben.[23] Tatsächlich wurden 1975 beispielsweise an Pkw in der VR Bulgarien 15000, in der DDR 159000 (bei zwei Typen), in der VR Polen 164000, der SR Rumänien 68000 und der ČSSR 175000 produziert. Nur die Sowjetunion stellt im Pkw-Werk in Togliatti Stückzahlen her, bei denen ein technisch-ökonomisches Optimum realisierbar ist. Bei Lebensmittelkühlschränken waren es im gleichen Zeitraum bei z. T. mehreren Typen 182000 in der VR Bulgarien, 431000 in der Ungarischen VR, 527000 in der DDR, 737000 in der VR Polen, 332000 in der SR Rumänien, 366000 in der ČSSR und in der Sowjetunion mehr als 5,5 Mio Stück. Nicht selten verteilt sich das auf mehrere Typen und Produktionsstätten. Ähnlich zersplittert — mit Unterschieden von Land zu Land — ist die Produktion im Traktorenbau, und nur bei einigen Produktionen werden im Maschinenbau Seriengrößen erreicht, die annähernd an die genannten technisch-ökonomischen Optima heranreichen. Auch im Werkzeug- und Textilmaschinenbau besteht eine Reihe ökonomisch unbegründeter

[21] In der ökonomischen Literatur gibt es dafür Angaben auf den verschiedensten Gebieten. Auffällig sind die relativ großen Unterschiede zwischen einzelnen Autoren und die schnellen Veränderungen in kurzen Zeiträumen. — Vgl. u. a. L. Rouscik/K. Oberländer, Langfristige Erzeugnis-, Sortiments- und Produktionsentwicklung, Berlin 1978, G. I. Samborskij, Specializacija proizvodstva v uslovijach naučno-techničeskoj revoljucii, Moskva 1973 u. a.

[22] E. M. Karlik/A. P. Gradov, Ėkonomičeskaja ėffektivnost' koncentracii i specializacii proizvodstva v mašinostroenii, Leningrad 1970, S. 215

[23] Vgl. D. Graichen/L. Rouscik, Zur Frage der sozialistischen Wirtschaftsorganisation, Berlin 1971, S. 171

Parallelproduktionen, die große Reserven für Konzentration und Effektivitätssteigerung durch Vertiefung der internationalen Arbeitsteilung bieten.[24] Zugleich muß man beachten, daß die Entwicklung derartiger Produktionen in den ehemals wirtschaftlich schwächeren RGW-Ländern wesentlich zur Erhöhung des technisch-ökonomischen Gesamtniveaus beigetragen hat, auch wenn optimale Serien und höchstes Effektivitätsniveau noch nicht immer erreicht werden.

Fortschritte im Konzentrationsprozeß der Produktion widerspiegeln sich im hohen Wachstumstempo des Außenhandels mit spezialisierten Erzeugnissen, den Anteilen der spezialisierten Produktion am Außenhandelsumsatz und an der Zunahme zwei- und mehrseitiger Verträge der internationalen Spezialisierung und Kooperation der Produktion (vgl. Kapitel 4).

Die Konzentration der Produktion im Rahmen der sozialistischen internationalen Arbeitsteilung wird somit immer mehr zum Faktor des weiteren Ausbaus effektiver Industriezweigstrukturen in den Volkswirtschaften der europäischen RGW-Länder. Die manchmal geäußerte Befürchtung, daß ein hoher Konzentrationsgrad einer genügenden Flexibilität der Volkswirtschaften entgegenstehe, Strukturen festschreibe und dahingehend wirke, daß vom wissenschaftlich-technischen Fortschritt und den Veränderungen im Bedarf ausgehende Erfordernisse für Veränderungen der Produktionsstrukturen nur schwierig durchgesetzt werden könnten, ist ein Trugschluß. Hohe Konzentration der Produktion, die sich nicht nur auf die Herstellung des Finalprodukts erstreckt, sondern auch die entsprechenden Vergesellschaftungsprozesse in verbundenen Reproduktionsphasen erfaßt, schafft die Möglichkeiten für eine höhere Effektivität und damit auch für die Erwirtschaftung von Reserven, die zur Veränderung volkswirtschaftlicher Strukturen erforderlich werden. „Planmäßige proportionale Entwicklung und Flexibilität der Volkswirtschaft wirken grundsätzlich der Konzentration und der internationalen Spezialisierung nicht entgegen, sondern haben sie vielmehr weitgehend zur Voraussetzung."[25]

Die Beseitigung uneffektiver Zersplitterungen im Produktionssortiment innerhalb einer jeden Volkswirtschaft, die Einschränkung von Parallelitäten und die Zusammenfassung bestehender Produktionskapazitäten ist ihrerseits Ausgangspunkt zur Lösung internationaler Aufgaben auf diesem Gebiet. Für die DDR kommt es darauf an, derart noch bessere Voraussetzungen im volkswirtschaftlichen Reproduktionsprozeß zu schaffen, um die internationale Spezialisierung besonders bei solchen Finalerzeugnissen zu vertiefen, wo der Bedarf gemeinsam besser zu decken ist und Möglichkeiten zur Reduzierung von Importen aus nichtsozialistischen Ländern sowie für die Steigerung eigener Exporte bestehen.

[24] Vgl. H Tschanter, Weitere Schritte zur Vertiefung der sozialistischen ökonomischen Integration, in Einheit, 8/1975, S. 849

[25] K Morgenstern, Probleme der Konzentration und der Entwicklung des internationalen Spezialisierungsgrades in sozialistischen Volkswirtschaften, in Wirtschaftswissenschaft, 3/1972, S 343.

Umstellungen in der Produktionsstruktur und Konzentrationsprozesse müssen devisenrentable Exporte erhöhen und so den Import notwendiger Rohstoffe und modernster Anlagen und Ausrüstungen sichern. Konzentrationsprozesse sind dementsprechend eine Form der innerzweiglichen oder mikrostrukturellen Rationalisierung, die einen wesentlichen Beitrag zur Erhöhung der Exportrentabilität und Sicherung unumgänglicher Importe leisten kann. Effektive Konzentrationsprozesse bedeuten also nicht einseitige strukturelle Entwicklungen einer Volkswirtschaft. Sie gestatten im Gegenteil allen Partnerländern, durch eine optimale Ausnutzung der inneren Ressourcen und stabile Kooperationsbeziehungen auf bestimmten Gebieten den wissenschaftlich-technischen Fortschritt mitzubestimmen.

Konzentration erfordert adäquate Organisationsformen

Die gesetzmäßigen Prozesse der zunehmenden Vergesellschaftung, der Konzentration und Kombination der Arbeit waren in den vergangenen Jahren die objektive Grundlage für die Bildung großer Kombinate und Vereinigungen in verschiedenen europäischen RGW-Ländern. Es entstanden Betriebsgrößen, die vergleichbare Produktionseinheiten in entwickelten kapitalistischen Ländern teilweise beträchtlich übertreffen. Hiermit wurde eine außerordentlich komplizierte Aufgabe begonnen, deren Lösung die immer stärkere Intensivierung des Reproduktionsprozesses im Rahmen einer modernen industriellen Struktur ermöglicht. Bezogen auf diese Aufgabe stellte G. Mittag fest: „Die Form macht noch nicht den Inhalt aus. Die Möglichkeiten, die im Kombinat als höhere Stufe des Konzentrationsprozesses liegen, müssen in die Wirklichkeit umgesetzt werden, also gilt es, im Leninschen Sinne ständig dahingehend zu wirken, den Produktionsprozeß tatsächlich zu vergesellschaften."[26]

In den „Grundrichtungen der Entwicklung der Volkswirtschaft der UdSSR für 1976 bis 1980" war vorgesehen, wie in anderen Ländern des RGW auch, die Konzentration der Produktion sowie das Niveau ihrer Spezialisierung und Kooperation weiter zu erhöhen. Bereits von 1968 bis 1975 war in der UdSSR der Anteil der Industriebetriebe mit einem Produktionsvolumen über 10 Mio Rubel von 70,8% auf 81,6%, nach der Zahl des industriellen Personals von 55,9% auf 70,1% und nach dem Wert der Produktionsgrundfonds von 68,3% auf 81,3% gestiegen.[27] Verbunden war dies mit Prozessen der Zentralisation, d. h. der Schaffung weiterer Produktions- und Wissenschafts-Produktionsvereinigungen. 1977 bestanden davon mehr als 3600 mit etwa 16000 eingegliederten Werken und Fabriken.[28]

[26] G. Mittag, Zielstrebige Verwirklichung der Hauptaufgabe, in: Einheit, 10/1978, S. 995.

[27] Vgl. Ju. Subockij, Koncentracija proizvodstva i malye predprijatija, in: Voprosy èkonomiki, 5/1978, S. 66.

[28] Vgl. ebenda.

Auf der nationalen Konferenz der Bulgarischen Kommunistischen Partei im April 1978 konnte der Erste Sekretär des ZK T. Žirkov beispielsweise feststellen, daß sich in der VR Bulgarien im Zusammenhang mit Veränderungen der Funktionen und Struktur der Wirtschaftsorganisationen die Kombinate als eine besonders günstige Organisationsform zur unmittelbaren Leitung der Produktion erweisen.[29] Die Bildung neuer Kombinate im Bereich des Allgemeinen Maschinenbaus, Landmaschinen- und Fahrzeugbaus u. a. Bereichen im laufenden Planjahrfünft in der DDR reiht sich in diese Prozesse ein.

Dieser Entwicklung der Leitungs- und Organisationsformen widerspricht gegenwärtig teilweise das noch produzierte universelle Sortiment. So stellt Subockij[30] im Zusammenhang mit Problemen der Konzentration folgenden Vergleich an: In der Industrie der Sowjetunion waren 1973 77,2% der Beschäftigten in Werken mit über 500 Menschen beschäftigt und erzeugten 75,9% der Bruttoproduktion. In der verarbeitenden Industrie der USA entfielen auf Betriebe dieser Größenordnung 45,6% der Beschäftigten und etwa die Hälfte der Produktion dieser Industriezweige. In der DDR waren Mitte der 70er Jahre etwa 76% der Arbeiter und Angestellten in Betrieben mit mehr als 500 Beschäftigten konzentriert und erzeugten einen gleich hohen Anteil an der industriellen Bruttoproduktion. Dieser Konzentrationsprozeß ist inzwischen weiter fortgeschritten.

Es wäre falsch, hier unmittelbare Vergleiche abzuleiten, da die sozialistischen Produktionsverhältnisse völlig andere Bedingungen der Organisation und Konzentration der Industrie gewähren. Bestehende Produktivitätsunterschiede weisen jedoch darauf hin, daß die Möglichkeiten der industriellen Organisation in einigen RGW-Ländern noch nicht ausreichend für die notwendige reale Vergesellschaftung der Produktion genutzt sind. *Der Vorteil in den Betriebsgrößen in der DDR und anderen RGW-Ländern muß deshalb noch energischer mit der Konzentration der Produktion im volkswirtschaftlichen und internationalen Rahmen verbunden und für die Steigerung der Arbeitsproduktivität wirksam gemacht werden.*

Zu den wichtigsten Problemen dabei zählt Subockij die im Verhältnis zur Konzentration der Betriebe nur ungenügende Spezialisierung der Produktion, die die Vorzüge einer Großproduktion beschränkt und die Erhöhung des wissenschaftlich-technischen Niveaus beeinträchtigt.[31] Nach anderen sowjetischen Berechnungen resultieren 30 bis 40% des Produktivitätsunterschiedes zwischen der Sowjetunion und entwickelten kapitalistischen Ländern aus dem geringen Spezialisierungsgrad.[32] In diesem Zusammenhang wird zugleich auf ungarische Schät-

29 Vgl. A. Richter, Bulgarien verstärkt Kurs auf hohe Effektivität und Qualität, in: Einheit, 6/1978, S. 655.

30 Vgl. Ju. Subockij, Koncentracija promyšlennogo proizvodstva na osnove kooperirovanija, in: Voprosy ėkonomiki, 5/1977, S. 71.

31 Vgl. ebenda, S. 59.

32 Zitiert von G. A. Kulagin, Vlast' i otvetstvennost' dolžny sootvetstrovat' drug drugu, in: Ėkonomika i organizacija promyšlennogo proizvogstva (Novosibirsk), 6/1975, S. 145.

zungen verwiesen, entsprechend denen der Produktivitätsrückstand des Maschinenbaus der Ungarischen VR gegenüber der BRD zu 50% einem zu niedrigen Anteil kooperativer Baugruppen und Teile entspringt.[33] Präzisiert werden muß deshalb die häufig allgemein formulierte These, daß sich die Konzentration der Produktion in der „Liquidierung oder Vereinigung kleiner Betriebe und im Aufbau von Großbetrieben sowie in der Zusammenlegung gleichartiger Aggregate, Maschinen und Apparate"[34] widerspiegele. Die angeführten Vorteile solcher Großbetriebe, wie sinkender Wert je Kapazitätseinheit, verbesserte Produktionsorganisation, einheitlich organisierte technologische Prozesse, größere Laboratorien und Konstruktionsabteilungen u. a. werden vor allem dann wirksam, wenn zugleich die Voraussetzungen für eine entsprechende *Konzentration in der Erzeugnisstruktur* geschaffen worden sind.

Die große Eigenverantwortung für den Reproduktionsprozeß stellt den Kombinaten die Aufgabe, alle inneren und äußeren Reserven der Konzentration durch Kooperation zu nutzen. Belousov[35] führt Ergebnisse einer Analyse aus dem 9. Fünfjahrplan der UdSSR an, nach der eine einfache Zusammlegung von drei bis fünf Betrieben die Arbeitsproduktivität gewöhnlich um 15 bis 30% erhöht, eine entsprechende Konzentration, verbunden mit vertiefter Spezialisierung, jedoch um das Zwei- bis Dreifache. Er weist auf den Umstand hin, daß sich trotz sichtbarer Vorzüge der Spezialisierung Vereinigungen und Betriebe wegen Schwierigkeiten mit der Versorgung von Zulieferungen eigene Produktionen von Komplettierungserzeugnissen, Instrumenten und technologischen Ausrüstungen schaffen. Mängel in der Kooperation führen so zu Despezialisierung und ungenügendem Produktivitätswachstum. Es kommt also auch hier darauf an, mit Hilfe zuverlässiger Kooperationsbeziehungen Kombinate, Vereinigungen und spezialisierte Betriebe auf ihre Hauptproduktion zu konzentrieren und damit Effektivitätsgewinne zu erzielen. Zugleich ist es notwendig, theoretische Untersuchungen und vergleichende Analysen zur Problematik einer optimalen Betriebsgrößenstruktur unter den Bedingungen des Ausbaus der entwickelten sozialistischen Gesellschaft durchzuführen. Sie könnten darüber Aufschluß geben, inwieweit es effektiv ist, bestimmte Produktionen auch in hochspezialisierten Klein- oder Mittelbetrieben zu fertigen und die Produktionsprogramme von Kombinaten zu entlasten.

Der IX. Parteitag der SED orientierte darauf, „mit gezielten Rationalisierungsmaßnahmen, insbesondere durch den Eigenbau von Rationalisierungsmitteln, die Voraussetzungen zu schaffen, daß verstärkt Arbeitskräfte freigesetzt

[33] Vgl. G. Horacek, Világgazdasági változások — szerszámgépipari fejksztés, in: Közgazdasági szemle (Budapest), 12/1975, S. 1450.

[34] M. N. Os'mova, Formirovanie struktur v promyšlennom proizvodstve v uslovijach socialističeskoj integracii, Moskva 1975, S. 89.

[35] Vgl. R. Belousov, Obobščestvlenie, spezializacija, planomernost', in: Kommunist, 1/1978, S. 75ff.

werden und zur besseren Auslastung vor allem der hochproduktiven Anlagen und Ausrüstungen zur Verfügung stehen".[36] Es geht darum, aus den täglichen Erfahrungen mit der Produktion und Technologie betriebs- und zweigspezifische Mittel zu entwickeln, die zu einer höheren Effektivität beitragen. Auch dabei verfügen Kombinate über günstige Voraussetzungen, wenn sie einen hohen Spezialisierungsgrad erreicht haben. Er gibt ihnen größere Möglichkeiten, auch im Rationalisierungsmittelbau die Kräfte konzentriert einzusetzen. Auf der 8. Tagung des ZK der SED wurden Erfolge und Mängel bei der Entwicklung des Eigenbaus von Rationalisierungsmitteln aufgezeigt.[37] Zu Recht wurde die politische Verantwortung um die Rationalisierung hervorgehoben, weil es hierbei letztlich um Gewinn oder Verlust an volkswirtschaftlicher Effektivität geht. Die Unterschätzung des Rationalisierungsmittelbaus und der Versuch, alles selbst zu machen, sind gleichermaßen von Schaden. So wird in der sowjetischen ökonomischen Literatur die Tatsache besonders kritisch bewertet, daß in vielen nicht zum Maschinenbau gehörenden Zweigen ein „vielfältiger und wenig effektiver Park von Ausrüstungen der Metallverarbeitung"[38] besteht. Dieser aus den Entwicklungsbedingungen der Industrie in den sozialistischen Ländern hieraus zum Teil entstandene Zustand, daß Betriebe ungeachtet ihres zweigtypischen Profils und der Betriebsgröße ihren eigenen Ausrüstungsbau entwickelt haben, führt dazu, daß es auf diesem Gebiet zu einer wenig effektiven Einzelfertigung kommt, deren Erfahrungen oft nicht oder nur auf Umwegen anderen volkswirtschaftlichen Bereichen zugute kommen. Am Beispiel einiger Kennziffern für die Sowjetunion weist Cheinman[39] nach, daß die heute noch weit verbreitete Praxis, Spezialausrüstungen, Verschleiß- und Ersatzteile im ungeeigneten Betrieb vorwiegend selbst zu produzieren, einen gewaltigen Maschinenpark und auch Arbeitskräfte mit ungenügender Effektivität bindet. Es liegt besonders in der politischen Verantwortung der Kombinate, derartige Reserven zu erschließen, da sie auf Grund ihres großen Potentials in die Lage versetzt werden, neben dem Bedarf an zweigtypischen unifizierten Teilen und Baugruppen auch zahlreiche nichtstandardisierte Spezialausrüstungen effektiv zu produzieren, die Standardisierung und Unifizierung bei solchen Produktionen auszubauen und Möglichkeiten der internationalen sozialistischen Arbeitsteilung zu nutzen. Darüber hinaus ist es notwendig, spezielle Betriebe für den Bau von Spezialausrüstungen,

[36] Direktive des IX. Parteitages der Sozialistischen Einheitspartei Deutschlands zum Fünfjahrplan für die Entwicklung der Volkswirtschaft der DDR in den Jahren 1976 bis 1980, Berlin 1976, S. 33.

[37] Vgl. G. Mittag, Beschlüsse des IX. Parteitages werden konsequent verwirklicht, in: Aus dem Bericht des Politbüros an die 8. Tagung des ZK der SED, Berlin 1978, S. 114ff.

[38] Autorenkollektiv, Material'no-techničeskaja baza kommunizma, Bd. 1, a. a. O., S. 101.

[39] Vgl. S. A. Cheinman, Die Organisation als eine Reserve bei der Erhöhung der Effektivität der Produktion, in: Sowjetwissenschaft. Gesellschaftswissenschaftliche Beiträge, 8/1977, S. 796/797.

die in anderen Betrieben oder volkswirtschaftlichen Einrichtungen benötigt werden, zu entwickeln oder zu rationalisieren. Wo sich ähnliche Produktionen in verschiedenen Ländern dafür anbieten, können auch sie in die internationale Arbeitsteilung einbezogen werden. Der gegenwärtig praktizierte Austausch von Spezialistenbrigaden zum Bau oder zur Rationalisierung bestehender Spezialeinrichtungen ist eine besondere Form davon.

3.3. Zur Annäherung und Differenzierung industrieller Zweigstrukturen zwischen den europäischen Mitgliedsländern des RGW

Die Herausbildung moderner Volkswirtschaftskomplexe impliziert, wie die historische Erfahrung zeigt, eine vielseitige Entwicklung der Industrie und die Annäherung bestimmter zweiglicher Proportionen in der Industrie der RGW-Länder. Eine komplexe Entwicklung der Industrie ist demgemäß unmittelbarer Ausdruck der sozialistischen Produktivkraftentwicklung. Sie widerspiegelt sich in der Entstehung *moderner industrieller Vielzweigstrukturen* sowie im wachsenden Einfluß der für den wissenschaftlich-technischen Fortschritt besonders bedeutsamen Industriezweige und Erzeugnisgruppen auf die gesamte volkswirtschaftliche Entwicklung.

Das wirft zwei Fragen auf: *Ersten*, lassen sich objektive Entwicklungstendenzen der industriellen Zweigstrukturen verallgemeinern, die sich in den einzelnen Ländern vollziehen und *zweitens*, welche Wechselwirkungen bestehen zwischen diesen Strukturprozessen und der Spezialisierung der industriellen Komplexe im Rahmen der sozialistischen ökonomischen Integration?

Hierbei muß man von folgenden wesentlichen Aspekten ausgehen: *Der erste* bezieht sich auf das Wachstumstempo und die damit verbundene Veränderung der Strukturanteile einzelner Zweige und Bereiche an der Produktion, dem Nettoprodukt, den Arbeitskräften und Grundfonds. Er charakterisiert in gewisser Hinsicht die quantitative Seite der strukturellen Entwicklung. Es ist zugleich die am häufigsten und manchmal die ausschließlich untersuchte Seite volkswirtschaftlicher Strukturveränderungen. Andererseits sind diese Veränderungen in den Zweiganteilen zugleich Ausdruck veränderter Potentiale und modernisierter Strukturen und zeigen auch qualitative Tendenzen der allgemeinen volkswirtschaftlichen Entwicklung.

Der zweite Aspekt bezieht sich auf die Effektivität und damit die unmittelbar qualitative Seite der neu geschaffenen Strukturelemente sowie ihr Zusammenwirken in der Volkswirtschaft. Diese werden von einer Vielzahl von Einflußgrößen geprägt. Zu ihnen gehört u. a. das wissenschaftlich-technische Niveau dieser Strukturelemente, ihre Proportionalität innerhalb der Volkswirtschaften, das erreichte Konzentrationsniveau und die damit verbundene Effektivität ihrer Nutzung. Mit einer Analyse *beider Seiten* sind folglich Aussagen zu relativieren, die allein aus Strukturanteilen auf die Modernität und Effektivität volkswirtschaftlicher Strukturen schließen.

Veränderte Strukturanteile in Richtung sogenannter moderner industrieller Strukturen bewirken ebensowenig wie bei der Vergrößerung der Produktionsmaßstäbe automatisch eine höhere Effektivität. Die in ihnen liegenden Potenzen des Wirtschaftswachstums und der Effektivität entstehen gerade aus den vorher genannten qualitativen Merkmalen veränderter Strukturen.

Zuweilen findet man in der Literatur in diesem Zusammenhang etwas vereinfachende Darstellungen von der Möglichkeit, industrielle Strukturen unter dem Aspekt des wissenschaftlich-technischen Fortschritts und der Entwicklung der Effektivität rasch zu verändern. Sie haben offenbar *zwei Ursachen*: Einerseits wird zu wenig berücksichtigt, daß Strukturveränderungen in einem industriellen Bereich immer in den gesamten Reproduktionsprozeß eingreifen, stets also die Proportionalität zwischen den Industriezweigen oder zwischen der Industrie u. a. volkswirtschaftlichen Bereichen zu sichern ist. Dazu gehört auch, andere Industriezweige oder Volkswirtschaftsbereiche (einschließlich des Exports) auf die neuen Produktionen vorzubereiten. Andererseits werden die künftig möglichen Richtungen der internationalen sozialistischen Arbeitsteilung oft ungenügend in die Überlegung einbezogen. Für strukturpolitische Entscheidungen sind jedoch gerade das wesentliche Ausgangspunkte, die den möglichen volkswirtschaftlichen Effektivitätsgewinn beeinflussen.

Strukturveränderungen in der Industrie sind Mittel zum Zweck. Sie haben dazu beigetragen, daß sich die volkswirtschaftliche Effektivität und das wirtschaftliche Entwicklungsniveau in allen europäischen RGW-Ländern in den vergangenen Jahrzehnten ständig erhöht hat. Verändert haben sich in diesem Prozeß die Bedingungen und das Gewicht der einzelnen Faktoren, von denen Strukturveränderungen maßgeblich hervorgerufen werden.

Einige quantitative Momente industrieller Strukturveränderungen

Seit Mitte der 70er Jahre werden in den europäischen RGW-Mitgliedsländern mehr als die Hälfte bzw. bis zu drei Viertel des Nationaleinkommens von Industrie und Bauwesen erzeugt. Wesentlichen Anteil daran haben *die Industriebereiche, die für die Durchsetzung des wissenschaftlich-technischen Fortschritts und die Ausstattung des gesamten produzierenden Bereichs mit modernen Arbeitsmitteln und Arbeitsgegenständen eine große Rolle spielen.* Im Ergebnis eines langfristig über dem Durchschnitt der Industrie liegenden Wachstumstempos erbringen die metallverarbeitende sowie chemische und Gummi-, Asbest-Industrie z. Z. etwa 35 bis 50 % der gesamten Industrieproduktion (vgl. die Tabellen A 20 und A 21). In allen europäischen RGW-Ländern wird gegenwärtig mehr als ein Viertel, in der Mehrzahl aber sogar ca. ein Drittel der industriellen Bruttoproduktion im *Maschinenbau* und in der *metallverarbeitenden Industrie* hergestellt, während es noch 1960 beispielsweise in der VR Bulgarien 12,4 % und in der VR Polen 15,9 % waren. Der gewachsene Produktionsanteil dieser Zweige spielt deshalb eine besondere Rolle, weil er die technische Neuausrüstung aller Zweige der Volkswirtschaft zu sichern hat.

Auf dem XV. Parteitag der KPČ formulierte G. Husak: „Es ist Pflicht des Maschinenbaus, Aufbau, Erneuerung und Modernisierung der produktionstechnischen Basis unserer Volkswirtschaft auf qualitativ höherer Ebene zu gewährleisten und zur schnellen Steigerung der gesellschaftlichen Arbeitsproduktivität sowie zur Befriedigung des Bedarfs der Bevölkerung an technischen Konsumgütern bedeutsam beizutragen."[40] Im Beschluß des XXV. Parteitages der KPdSU wurde darauf orientiert, im Planjahrfünft 1976 bis 1980 die Produktion im Maschinenbau und in der metallverarbeitenden Industrie um 50 bis 60% zu steigern, die Qualität der Maschinen und Ausrüstungen zu erhöhen und die Entwicklung geschlossener Maschinen- und Gerätesysteme, die die komplexe Mechanisierung und Automatisierung des gesamten technologischen Prozesses ermöglichen, fortzusetzen.[41] In der Direktive des IX. Parteitages der SED wurde dem Maschinenbau die Aufgabe gestellt, „die Leistungsfähigkeit der Betriebe bei der Produktion der erforderlichen Erzeugnisse für die Akkumulation und Konsumtion sowie zur Lösung der Außenwirtschaftsaufgaben entscheidend zu erhöhen".[42] In diesem Zusammenhang sollte die Warenproduktion im Werkzeug- und Verarbeitungsmaschinenbau überdurchschnittlich gesteigert werden.

Ähnliche Aufgabenstellungen enthielten auch die Plandokumente der anderen RGW-Länder. So wurde in der SR Rumänien nicht nur das Ziel gestellt, bis 1985 den Beitrag der Industrie zum Nationaleinkommen auf einen Anteil von 70% zu steigern. Gleichzeitig sollen Maschinenbau und chemische Industrie dazu mit 50% gegenüber 44% im Jahre 1975 beitragen. Bereits 1980 werden entsprechend diesen Angaben Elektrotechnik/Elektronik durch weitere Strukturveränderungen im laufenden Planjahrfünft mehr als 20% der Maschinenbauproduktion ausmachen. Ein hohes Tempo galt auch der Erneuerung des Erzeugnissortiments. 1985 sollen beispielsweise 70% des Produktionsvolumens im Maschinenbau aus Erzeugnissen bestehen, die im dann auslaufenden Planjahrfünft in die Produktion aufgenommen wurden.[43] Das heißt: Eine vorrangige Entwicklung der Zweige des Maschinenbaus und der metallverarbeitenden Industrie bleibt auch weiterhin charakteristisch, und ihr Anteil an der industriellen Bruttoproduktion steigt langsam weiter. Noch schneller wuchs die Produktion ausge-

[40] G. Husak, Der XV. Parteitag der Kommunistischen Partei der Tschechoslowakei, Prag 1976, S. 35.

[41] Vgl. Die Hauptrichtungen der Entwicklung der Volkswirtschaft der UdSSR von 1976 bis 1980, in: Der XXV. Parteitag der KPdSU. Dokumente, a. a. O., S. 40.

[42] Direktive des IX. Parteitages der Sozialistischen Einheitspartei Deutschlands zum Fünfjahrplan für die Entwicklung der Volkswirtschaft der DDR 1976 bis 1980, Berlin 1976, S. 55.

[43] Vgl. Perspektiven der Überwindung des Stadiums eines Entwicklungslandes durch Rumänien, in: Rumänischer Außenhandel (Bukarest), 2/1978, S. 1—3.

wählter Erzeugnisgruppen, die für die komplexe Neuausrüstung wichtiger Zweige der Volkswirtschaften und die Lösung der Hauptaufgabe von besonderer Bedeutung sind.

Dazu trugen auch Fortschritte der internationalen Spezialisierung und Kooperation bei. Beispielsweise stieg der Export spezialisierter Maschinenbauerzeugnisse zwischen den Mitgliedsländern des RGW von 1,3 Mrd. Rubel im Jahre 1971 auf 5 Mrd. Rubel 1976.[44] Das auf der XXXII. RGW-Tagung verabschiedete Zielprogramm der Zusammenarbeit im Maschinenbau orientiert auf „ein hohes Entwicklungstempo der Produktion moderner Ausrüstungen, Maschinen und Geräte . . . zur Verbesserung der Ausstattung der Roh- und Brennstoffzweige, der Land- und Nahrungsgüterwirtschaft und des Maschinenbaus selbst mit neuester Technik sowie auf die Einführung moderner technologischer Prozesse . . .“[45] Im Vordergrund stehen dabei auch solche, von den veränderten Reproduktionsbedingungen diktierte Aufgaben, wie die steigende Produktion von Kernkraftwerksausrüstungen, von Ausrüstungen für die Förderung und Spaltung von Erdöl, die Förderung und Aufbereitung fester Brennstoffe usw.

Spezialisierung und Kooperation auf diesen Gebieten des Maschinenbaus sind wichtige Voraussetzungen für die Beseitigung von Defiziten an entsprechenden Anlagen und Ausrüstungen und die Schaffung oder Erweiterung von Exportkapazitäten.

Wesentlich erhöht hat sich in den vergangenen Jahren der Anteil der *chemischen Industrie* an der Industrieproduktion, wobei die DDR mit einem vergleichsweise bereits traditionell hohen Anteil eine geringere Steigerung erreichte. Mit der Bereitstellung von Rohstoffen, modernen Werkstoffen und Materialien, der Substitution traditioneller Materialien, der Herstellung wichtiger Ausgangsstoffe für die Konsumgüterproduktion, aber beispielsweise auch durch die Entwicklung völlig neuer Bearbeitungstechnologien trägt die chemische Industrie zur Anwendung des wissenschaftlich-technischen Fortschritts und zur Lösung vielfältiger sozialökonomischer Aufgaben bei. „Eines der wichtigsten Merkmale der materielltechnischen Basis des Kommunismus ist die Chemisierung der Volkswirtschaft, die Ausdehnung der Chemietechnologie auf alle Zweige.“[46] Tolkačev betont, daß die Synthese und Anwendung von Stoffen mit Eigenschaften und Qualitäten, die im voraus berechnet waren, zur umfassenderen Befriedigung der Bedürfnisse in Produktion und Konsumtion bei geringsten Kosten beiträgt.

Im Fünfjahrplan 1976 bis 1980 wuchs die Chemieproduktion in den meisten europäischen RGW-Ländern planmäßig etwas weniger schnell als der Maschinen-

[44] Vgl. L. Sorin, Die Entwicklung einer neuen Form der Zusammenarbeit zwischen den RGW-Ländern, in: Außenhandel, UdSSR (Moskau), 7/1978, S. 2ff.

[45] Kommuniqué der XXXII. Tagung des RGW, in: Neues Deutschland vom 30. Juni 1978, S. 6.

[46] A. S. Tolkačev, Material'no-techničeskaja baza kommunizma, in: Ėkonomičeskaja ėnciklopedija. Političeskaja ėkonomija, Moskva 1975, S. 413.

bau, aber mit bedeutend höherem Tempo als die Industrieproduktion insgesamt. Damit setzte sich auch hier noch die Tendenz zur Erhöhung ihres Produktionsanteiles fort, der sich in den vergangenen 15 Jahren fast verdoppelt hat.

Die veränderten Weltmarktbedingungen werden gleichzeitig zu einem Faktor, der beschleunigt strukturelle Veränderungen erfordert. Während noch vor wenigen Jahren der Übergang zur Erdöl- und Erdgaschemie zu den progressiven und effektivitätswirksamen Strukturveränderungen gehörte, werden nunmehr die größeren Ressourcen an festen Kohlenwasserstoffen längerfristig eine stärkere Umstellung auf die Kohlehydrierung und Kohlewertstoffchemie insgesamt bewirken. Ungeachtet dessen, daß derzeitig noch im Vordergrund die bessere Nutzung des Erdöls durch tieferes Cracken und seine Ablösung als Brennstoff steht, sind diese Prozesse sowohl vom Maschinenbau als auch von der chemischen Industrie technisch-technologisch und produktionsseitig schon gegenwärtig in Angriff zu nehmen, zumal sie einen außerordentlich hohen Investitionsbedarf mit komplexen Anlagen und Ausrüstungen erfordern. Eine wesentliche Entwicklungsrichtung der chemischen Industrie leitet sich in allen RGW-Ländern darüber hinaus aus der generell umfassenderen Nutzung eigener Rohstoffe ab. Gleichzeitig wurde der Anteil von Plasten, Chemiefasern und Erzeugnissen der organischen Synthese weiter gesteigert.

In den europäischen RGW-Ländern hat sich seit 1950 der Beitrag der *Textil- und Nahrungsgüterindustrie* zum Bruttoprodukt der Industrie tendenziell verringert. Da es sich hier um die anteilmäßig größten Zweige der Leichtindustrie handelt, läßt sich diese Schlußfolgerung auch für diesen ganzen Bereich verallgemeinern. Andererseits ist es eine bekannte Tatsache, daß besonders in den letzten Jahren im Zusammenhang mit der konsequenten Durchsetzung der Einheit von Wirtschafts- und Sozialpolitik die Anforderungen an die Produktion von Konsumgütern gestiegen sind und daß sich damit die Wachstumstempi der Abteilung A und B in der Industrie der europäischen RGW-Länder tendenziell angenähert haben. Die schnelle Entwicklung einzelner Zweige der Leicht- und Nahrungsgüterindustrie resultiert vor allem aus der notwendigen besseren Befriedigung des Bedarfs bei verschiedenen Erzeugnisgruppen (Möbel, modische Konfektion u. a.). Der Bedarf hat sich anteilmäßig zunehmend stärker zugunsten der industriellen Konsumgüter verschoben, deren Hauptproduzenten der Maschinenbau und die chemische Industrie sind.

So weist Omarovskij[47] nach, daß sich in der UdSSR der Anteil von Erzeugnissen der Schwerindustrie an der Produktion von Konsumgütern enorm erhöht hat. Er stieg von 19,0% 1965 auf 28,2% im Jahre 1975. Auf dem IX. Parteitag der SED wurde die Aufgabe gestellt, die *Bereitstellung* von Konsumgütern im Bereich der Ministerien für Elektrotechnik/Elektronik, für chemische Industrie

[47] Vgl. A. Omarowski, Wichtige Strukturwandlungen in der sowjetischen Industrieproduktion, in: Presse der Sowjetunion, 39/1977, S. 22.

und Allgemeinen Maschinen-, Landmaschinen- und Fahrzeugbau beachtlich schneller als im Ministerium für Leichtindustrie selbst zu erhöhen.

Aussagen über die Entwicklung der Anteile der Leicht- und Nahrungsgüterindustrie können leicht über noch offene Probleme in diesen Bereichen hinwegtäuschen. In der Mehrzahl der RGW-Länder kann der Bedarf an einer Reihe wichtiger Erzeugnisse dieser Zweige nicht voll gedeckt werden, oder es bestehen Mängel im Sortiment und Qualitätsniveau. Die Lage für die Versorgung der Bevölkerung mit Erzeugnissen der Leicht- und Konsumgüterindustrie ist noch außerordentlich unterschiedlich. Dabei spielen nicht nur der Produktionsumfang und das Importvolumen, sondern auch Kaufkraft, Verbrauchs- und Preisstruktur sowie die Exportanteile eine Rolle. Sehr verschieden sind deshalb auch die spezifischen Wachstumsziele. Verallgemeinerungsfähig ist die Aufgabe zur Rekonstruktion und Modernisierung vieler Betriebe dieser Zweige, um mehr hochwertige Erzeugnisse der Leicht- und Nahrungsgüterindustrie bei höherer Effektivität herzustellen und Versorgungslücken zu schließen. Darin eingeschlossen sind Maßnahmen, die im Rahmen des langfristigen Zielprogramms in der Land- und Nahrungsgüterwirtschaft aus gemeinsamer Kraft zu lösen sind und auch die Stärkung der materiell-technischen Basis und die Entwicklung moderner technologischer Prozesse in der Lebensmittelindustrie umfassen. Besonders auf dem Gebiet der Nahrungsmitteltechnik ist die internationale Spezialisierung und Kooperation deshalb weiter auszubauen, auch um hohe Importe an Nahrungsmitteltechnik aus dem nichtsozialistischen Wirtschaftsgebiet zu reduzieren.

Wie in den *Produktionsanteilen* spiegeln sich industrielle Strukturveränderungen auch im *Anteil der Beschäftigten* wider. Eindeutig ist auch hier einerseits das wachsende Gewicht des Maschinenbaus, der metallverarbeitenden sowie der chemischen Industrie an den Gesamtbeschäftigten. Lediglich in der chemischen Industrie der DDR ging dieser Anteil leicht zurück. Ebenso eindeutig aber ist andererseits der in allen RGW-Ländern abnehmende Beschäftigtenanteil im Bereich der Brennstoff- und der Textilindustrie (vgl. Tabelle A 22).

Je nachdem, ob Aussagen über Strukturanteile der verschiedenen Bereiche anhand von Produktions- oder Beschäftigtenkennziffern getroffen werden, unterscheiden sich die Ergebnisse in gewissem Umfange. Beispielsweise haben im Jahre 1977 in der DDR die Energie- und Brennstoffindustrie einen Anteil von 6,4% an den Beschäftigten und 8,4% an der industriellen Bruttoproduktion, im Maschinenbau und in der metallverarbeitenden Industrie analog 42,5 bzw. 33,2% und in der chemischen Industrie 10,7 bzw. 14,0%.[48] Ungeachtet dessen gibt es auch hier *keine gegensätzlichen Entwicklungen*. Betrachtet man den gesamten Zeitraum, besteht auch zwischen den RGW-Ländern eine große Übereinstimmung in den divergierenden Produktions- und Arbeitskräfteanteilen einiger Zweige.

Für alle RGW-Länder ist folgendes typisch: In der *chemischen Industrie* liegt der Produktionsanteil durchweg über dem der Arbeitskräfte. Gleiches

[48] Vgl. Statistisches Jahrbuch der DDR 1978, Berlin 1978, S. 107.

gilt ausnahmslos in der Nahrungsgüterindustrie. Umgekehrt ist es in erster Linie in der Textilindustrie. In den Jahren 1960 bis 1975 haben sich hierbei in den einzelnen Zweigen Verschiebungen ergeben, die offensichtlich einer Veränderung ihrer relativen Produktivität geschuldet sind.

Insgesamt vollzog sich auch in den 70er Jahren eine zunehmende Tendenz der strukturellen Annäherung zwischen den Industriezweigen und darüber hinaus — wenn auch stärker differenziert — auch in den Exportanteilen. Zusammenfassend läßt sich dazu feststellen:

— Bei aller Vielfalt strukturpolitischer Aufgaben in den europäischen RGW-Ländern setzten sich in den vergangenen Jahren bestimmte allgemeine *progressive Tendenzen der Zweigstruktur* der Industrie durch. Sie bestehen u. a. darin, daß sich die *Anteile* wichtiger Zweige (des Maschinenbaus und der metallverarbeitenden Industrie sowie der chemischen Industrie) an der Industrieproduktion zwischen den europäischen RGW-Ländern weiter erhöhten und *annäherten* und die Extremwerte enger zusammengerückt sind. Auf der Basis von Beschäftigtenkennziffern berechnete Zebrok[49] Koeffizienten der Strukturveränderung und Koeffizienten der Kongruenz zwischen der Struktur einzelner Länder und der Struktur der Industrie im gesamten RGW-Bereich. Es wird nachgewiesen, daß die Streuung der Strukturanteile zwischen den Ländern geringer wird. Der Autor kommt zu der Aussage, daß die Intensität der Strukturveränderungen hinsichtlich der Beschäftigten von 1950 bis 1974 am größten war in der VR Bulgarien, der SR Rumänien und der VR Polen, die „absolute" Strukturveränderung dagegen in der VR Polen, der VR Bulgarien und der UdSSR. Die geringste Kongruenz mit der Gesamtstruktur im RGW-Bereich weist nach dieser Berechnung die Industrie der ČSSR auf. Wir stimmen Zebrok zu, daß dieser Annäherungsprozeß besonders auf folgende Faktoren zurückgeführt werden kann:

— gemeinsame gesellschaftliche und politische Merkmale und Zielstellungen der Mitgliedsländer des RGW;

— die internationale Tendenz des wissenschaftlich-technischen Fortschritts;

— die Herausbildung bestimmter ähnlicher Entwicklungstendenzen in der Verbrauchsstruktur;

— die innere Logik der industriellen Entwicklung. (In ihr widerspiegeln sich sowohl Gesetzmäßigkeiten der Entwicklung der Technik als auch die Dialektik von Produktion und Bedürfnissen. Insofern ist die Entwicklung der Industrie technisch und sozialökonomisch determiniert.[50]);

— mit dieser Annäherung der Industriezweigstrukturen einher geht eine *zunehmende Gleichartigkeit* in der Ausprägung der Außenhandelsstrukturen.

— Bei gewissen Unterschieden von Land zu Land und auch zwischen den Fünfjahrplanzeiträumen kann man feststellen, daß das *Tempo der Veränderungen*

[49] Vgl. J. Zebrok, Zmiany struktury galeziowej przemyslu w krajach RWPG, in: Gospodarska planowa (Warszawa), 9/1976, S. 458—463.

[50] Vgl. A. A. Kusin, Karl Marx und Probleme der Technik, Leipzig 1970, S. 78—87.

industrieller Strukturen zwischen den Zweigen tendenziell abnimmt (vgl. Tabelle 35). Gleichzeitig nimmt das Tempo der Veränderungen von Strukturen *innerhalb der Industriezweige* zu. Alle europäischen RGW-Länder entwickeln unter Berücksichtigung der internationalen Spezialisierung und Kooperation bestimmte Erzeugnisgruppen (manchmal Zweige) vorrangig. Bei der Analyse dieser Strukturveränderungen müssen wir spezifische volkswirtschaftliche Bedingungen berücksichtigen und haben auch zu beachten, daß veränderte Anteile dieser Zweige *die in diesem Zeitraum erfolgte umfangreiche Erneuerung und Erweiterung von Produktionssortimenten* nicht immer zum Ausdruck bringen.

Wie die Hauptrichtungen der industriellen Entwicklung zeigen, setzt sich der Annäherungsprozeß — ausgedrückt in den bekannten Anteilskennziffern — auch im laufenden Fünfjahrplan fort. Es wäre jedoch falsch, bereits generell von *angeglichenen* Strukturen zu sprechen, auch wenn wir diese Aussage auf relativ aggregierte industrielle Komplexe beziehen.

Erstens sind die *Unterschiede* in den zweiglichen Arbeitskräfte- und Produktionsanteilen noch *beträchtlich*, und selbst bei ähnlichen Anteilen bestehen *Produktivitätsunterschiede*. Es zeigt sich, daß Produktivitätsunterschiede langsamer abnehmen als die Annäherung von Strukturanteilen ausweist. Zwischen ökonomischem Entwicklungsniveau und Zweigstruktur besteht folglich ein enger, aber kein eindeutiger Zusammenhang. Einem bestimmten Entwicklungsniveau entsprechen Grundeigenschaften der Strukturen, nicht aber unbedingt eine gleiche Struktur.[51] Die Ursachen sind Unterschiede im technischen Niveau der Ausrüstungen, in der Produktionsorganisation, der Arbeitsintensität, im Konzentrationsgrad der Produktion, der Paßfähigkeit der Mikrostrukturen, Unterschiede in den Erzeugnissortimenten, in den Produktionserfahrungen u. a. Bedeutende Unterschiede in der Bruttoproduktion ausgewählter Industriezweige und Erzeugnisgruppen pro Kopf der Bevölkerung bei ähnlichen Strukturanteilen sind die Folge derartiger differenzierter Bedingungen (vgl. Tabelle 36).

Zweitens beinhalten Annäherungstendenzen ständig auch weitere *Differenzierungsprozesse* in den Mikrostrukturen, die vom wissenschaftlich-technischen und ökonomischen Niveau, dem Wirtschaftspotential, von den Ressourcen, von Produktionstraditionen, den Richtungen der internationalen Spezialisierung und Kooperation u. a. Faktoren ausgehen. Die differenzierte Entwicklung der Industriestrukturen ist deshalb unumgängliche Voraussetzung für ein hohes wissenschaftlich-technisches und ökonomisches Entwicklungsniveau.

Das wissenschaftlich begründete Verhältnis von Annäherung und Differenzierung der Zweigstrukturen unter dem Einfluß des wissenschaftlich-technischen Fortschritts, der Veränderung der Bedürfnisse und der sozialistischen ökonomischen Integration wird immer mehr zu einem Dreh- und Angelpunkt der Effektivitätsentwicklung in der Industrie der europäischen RGW-Länder.

[51] Vgl. auch J. Dančo, Niektoré špecifické črty ekonomickeho pohuby v integračnom zuskupeni krajin RVHP, Výskumne studi a informace (Bratislava), 66/1975, S. 3.

Tabelle 35

Veränderungen der Anteile ausgewählter Zweige der sozialistischen Industrie an der industriellen Bruttoproduktion der europäischen Mitgliedsländer des RGW (in Punkten)

Industriezweig	Jahre	VRB	ČSSR	DDR	VRP	SRR	UdSSR	UVR
Elektro- und Wärmeenergie	1965/60	0,3	0,2	±0,0	0,3	0,1	0,1	0,3
	1970/65	0,3	0,1	±0,0	0,1	0,6	0,6	0,6
	1975/70	—0,3	—0,1	±0,0	—0,2	—0,5	0,1	0,2
	1978/75	0,2	0,6	0,2	±0,0	—0,9	±0,0	0,3
Maschinenbau und metallverarbeitende Industrie	1965/60	4,1	1,7	3,3	5,1	—3,0	2,3	2,3
	1970/65	3,7	3,3	2,7	4,6	—3,4	—0,8	1,5
	1975/70	4,3	2,4	0,7	4,8	7,4	1,1	1,6
	1978/75	3,8	—3,0	1,5	2,8	0,7	1,7	0,3
Chemische und Gummi-, Asbest-Industrie	1965/60	0,9	1,3	0,9	1,5	0,5	1,2	2,4
	1970/65	2,8	1,0	0,4	1,9	±0,0	—0,2	2,3
	1975/70	±0,0	1,1	0,8	0,6	1,3	0,8	1,7
	1978/75	0,6	0,4	—0,1	—0,2	—2,2	0,2	1,6
Baumaterialienindustrie	1965/60	0,8	—0,3	0,1	±0,0	0,1	±0,0	—0,4
	1970/65	—0,1	±0,0	±0,0	—0,1	—0,1	0,3	—0,2
	1975/70	0,2	±0,0	±0,0	—0,3	—0,4	±0,0	—0,2
	1978/75	0,1	—0,2	±0,0	—0,2	0,4	—0,2	±0,0
Bekleidungsindustrie	1965/60	—0,8	—0,1	—0,5	0,3	—0,9	—1,5	—0,7
	1970/65	0,5	—0,1	—0,2	0,1	—0,7	0,4	—0,2
	1975/70	—1,2	—0,2	—0,1	0,2	0,8	—0,5	—0,2
	1978/75	—0,5	±0,0	—0,2	—0,2	—1,5	±0,0	—0,3
Lebensmittelindustrie	1965/60	—1,9	—2,0	—2,6	—4,3	3,1	—1,9	—1,0
	1970/65	—6,4	—2,2	—2,1	—4,6	2,5	—4,6	—1,5
	1975/70	—1,9	—1,4	—0,8	—1,3	—4,2	—0,8	—1,4
	1978/75	—1,8	—0,1	—0,8	—1,2	0,7	—1,3	—0,4

Quelle

Statističeskij ežegodnik stran-členov Soveta Ėkonomičeskoj Vzaimopomošči, Moskva 1979, S. 81 ff.

Tabelle 36

Kennziffern der durchschnittlichen Bruttoproduktion pro Kopf der Bevölkerung in wichtigen Industriezweigen der europäischen Mitgliedsländer des RGW (UdSSR = 100)

Land	Gesamte Industrie			Elektroenergetik			Maschinenbau und MVI			Chemische und Gummi-, Asbest-Industrie		
	1950	1970	1978	1950	1970	1978	1950	1970	1978	1950	1970	1978
VRB	43	82	96	19	55	60	13	40	52	16	76	90
ČSSR	143	110	109	136	92	91	100	82	70	113	123	124
DDR	136	154	162	193	113	116	113	105	86	258	200	195
VRP	70	73	88	41	42	47	27	54	63	57	89	94
SRR	31	57	86	19	52	61	10	25	38	11	67	101
UVR	78	71	71	75	55	64	53	40	33	43	84	97

Quellen

L. Semjonova, Urovni naučno-techničeskovo razvitija evropejskich stran SĖV, in: Voprosy ėkonomiki (Moskva), 6/1974, S. 72 und Ju. Beljaev/L. Semjonova, Socialističeskaja integracija i mirovoe chozjajstvo, Moskva 1972, S. 96, 100. Für 1977 von den Autoren auf dieser Basis weitergerechnet nach: Statističeskij ežegodnik stran-členov Soveta Ėkonomičeskoj Vzaimopomošči, Moskva 1979, S. 8/9, 67, 76—77.

Qualitative Merkmale einer effektiven strukturellen Entwicklung
Zu den qualitativen Faktoren, die die Herausbildung einer modernen, d. h. effektiven industriellen Struktur auszeichnen und damit die *eigentlichen* Schwerpunkte der gegenwärtigen Entwicklungsetappe setzen, gehören:

— die Erreichung des Weltstandes im wissenschaftlich-technischen Niveau vor allem in den Zweigen, die Ausgangspunkt für den technischen Fortschritt und die Rationalisierung der verschiedensten Elemente des Volkswirtschaftskomplexes sind;

— eine Annäherung im Konzentrationsgrad in Wissenschaft und Produktion, die das fortgeschrittenste Niveau der gesellschaftlichen Arbeitsproduktivität erreichen oder übertreffen läßt;

— eine ausreichende Komplexität und Ergänzungsfähigkeit zwischen den Industriezweigen sowie zwischen der Industrie u. a. Bereichen der Volkswirtschaft unter verstärkter internationaler Arbeitsteilung in den progressiven Zweigen.

Die Erfahrung zeigt gerade, daß Fragen der Komplexität der Volkswirtschaften und des wissenschaftlich-technischen Niveaus spezialisierter Erzeugnisse für die volkswirtschaftliche Effektivität der internationalen Spezialisierung und Kooperation eine außerordentliche Bedeutung gewinnen. Unter Beachtung dieser Bedingungen kommt es für die DDR darauf an, *die Spezialisierung von Finalerzeugnissen* stärker mit den Hauptrichtungen der volkswirtschaftlichen Strukturentwicklung zu verbinden und sie von den traditionellen Erzeugnissen immer stärker auch auf die den wissenschaftlich-technischen Fortschritt mitbestimmenden Zweige auszudehnen.

Bewertet man den Prozeß der strukturellen Annäherung der Industriekomplexe anhand solcher qualitativer Merkmale, zeigt sich eine Reihe von Entwicklungsproblemen:

— Die Entwicklung und der Ausbau sogenannter progressiver Zweige sowie die Komplettierung der Struktur durch früher fehlende Zweige haben noch nicht durchgängig zu einem entscheidenden Effektivitätszuwachs und höchstem wissenschaftlich-technischem Niveau der Produktion geführt.

— Das Fehlen oder die nicht ausreichende Qualität einer Reihe von Erzeugnissen oder Erzeugnisgruppen, die den wissenschaftlich-technischen Fortschritt wesentlich beeinflußt, wie beispielsweise auf einigen Gebieten der Mikroelektronik, wirkt sich hemmend auf die Rationalisierung volkswirtschaftlicher Bereiche aus.

— Der defizitäre Charakter einer Reihe von Produktionen — darunter besonders bei hochproduktiven Anlagen und Ausrüstungen — ruft Bestrebungen der Selbstversorgung hervor und trägt zur Zersplitterung von Investitionen bei. Der nicht ausreichend gedeckte Bedarf an modernen Produktionsinstrumenten zum Ausbau der materiell-technischen Basis vermindert die Möglichkeiten zur Einsparung von Arbeitskräften und zur Senkung der Material- und Energieintensität der Produktion.

— Aus ungenügender Konzentration der finanziellen und materiellen Mittel resultieren Schwierigkeiten bei der Fertigstellung der Investitionen und bei der Überführung neuer wissenschaftlich-technischer Ergebnisse in die Produktion.

— Der große Bedarf an neuer Technik und an bestimmten hochwertigen Konsumgütern hat in den letzten Jahren u. a. dazu geführt, daß der Außenhandel der RGW-Länder untereinander weniger schnell gewachsen ist als der mit kapitalistischen Industrieländern. Das trifft auch auf Importe moderner Ausrüstungen zu. Damit entstehende Probleme unausgeglichener Handelsbilanzen mit nichtsozialistischen Ländern erschweren teilweise die Herausbildung effektiver Produktionsstrukturen.

Die moderne Industriestruktur, die quantitativ in ähnlichen Anteilen der Industriezweige an der Industrieproduktion zum Ausdruck kommt, muß durch eine stärkere Rationalisierung in den Mikrostrukturen ergänzt werden. Daraus leitet sich die Aufgabe ab, auf der Grundlage der internationalen Spezialisierung und Kooperation der RGW-Länder die innerzweiglichen Strukturen so differenziert zu entwickeln, daß sie, ausgehend von der Ressourcenstruktur und dem industriellen Potential, allen beteiligten Integrationspartnern einen wesentlichen Effektivitätszuwachs sichern und eine rationelle Struktur der gesamten Volkswirtschaft ermöglichen. Das erfordert auch wissenschaftlich begründete, international koordinierte Konzeptionen der volkswirtschaftlichen Strukturentwicklung.

Mit der weiteren Entfaltung der internationalen Arbeitsteilung bekommen auch die zum Strukturprofil eines jeden entwickelten sozialistischen Landes gehörenden Zweige immer stärker ihre spezifische Ausprägung. Das betrifft sowohl Tempo und Umfang ihres Ausbaus als auch die Möglichkeiten zur qualitativen Entwicklung ihrer inneren Struktur. Gegenüber den Jahren der sozialistischen Industrialisierung, in denen zahlreiche Zweige auch unter ungünstigen Standortgesichtspunkten oft in voller Breite entwickelt werden mußten, bestehen heute effektivere Möglichkeiten ihrer stärkeren Profilierung im Rahmen der sozialistischen ökonomischen Integration.

Zur Ausprägung industrieller Grundstrukturen

Gleichartige und unterschiedliche strukturelle Entwicklungstendenzen in den Volkswirtschaften europäischer RGW-Länder werfen das theoretische Problem auf, ob und in welchem Umfang sie zu *industriellen Grundstrukturen* verallgemeinert und wie sie in *Strukturmodellen* erfaßt werden können.

Hierbei handelt es sich auch um das äußerst wichtige praktisch wirtschaftspolitische Problem, in welcher Gleichartigkeit und Differenzierung jede sozialistische Volkswirtschaft beim Ausbau der entwickelten sozialistischen Gesellschaft ihre Industriezweigstrukturen entwickeln muß. Darin eingeschlossen ist die Frage, auf welche Industriegruppen unter dem Gesichtspunkt der sozialökonomischen und wissenschaftlich-technischen Entwicklung auf keinen Fall verzichtet werden kann, und welche Funktionen die sozialistische ökonomische Integration hierbei übernimmt. Dazu bestehen noch unterschiedliche Auffassungen. Einzelne Ökonomen stehen auf dem Standpunkt, daß unter den Bedingungen, da alle sozialistischen Länder große Anstrengungen zur Modernisierung ihrer Wirtschaftsstruktur auf der Basis der Industrialisierung unternehmen, die These der gegenseitigen Annäherung der ökonomischen Struktur der RGW-Länder im Sinne der Konzentration auf bestimmte Zweige in einzelnen Ländern gegenstandslos sei. Sie halten es für eine verfrühte Behauptung, daß sich allmählich ein einheitlicher international koordinierter ökonomischer Komplex entwickele, in dessen Rahmen sich international abgestimmte Proportionen herausbilden. Im Grunde würde das bedeuten, daß im Prinzip jedes Land bestrebt sein muß, alle Industriezweige und Erzeugnishauptgruppen zu entwickeln. Hier wird der Begriff der Annäherung offensichtlich in einem anderen Sinne gebraucht und, was wichtiger erscheint, eine begründete historische Entwicklung in den europäischen RGW-Ländern ohne Berücksichtigung der neuen Möglichkeiten im Integrationsprozeß verallgemeinert. So sind gerade die auf der XXXII. und XXXIII. Tagung des RGW verabschiedeten Komplexprogramme der Zusammenarbeit ein weiterer Schritt zur Schaffung solch koordinierter Strukturen auf ausgewählten Gebieten.

Zur Frage der Ausbildung effektiver Grundstrukturen der RGW-Mitgliedsländer gab es in den vergangenen Jahren eine Reihe theoretischer Untersuchungen. Ausgangspunkte waren die bereits beschriebenen Tendenzen der strukturellen Annäherung in der Industrie. Kohlmey spricht im Angleichungsprozeß zwischen RGW-Ländern von einer gewissen „Annäherung der volkswirtschaftlichen Hauptstrukturen: Entwicklung des Maschinenbaus, besonders der Elektrotechnik und Elektronik, der chemischen Industrie . . .“.[52] Kohlmey verbindet das mit der Existenz unterschiedlicher Grundstrukturen in den einzelnen Ländern und entsprechend abgeleitet unterschiedlichen Strukturmodellen. Auch Bogomolov, dem Kohlmey zustimmt, unterstellt die Existenz unterschiedlicher Grundstrukturen von Land zu Land, wenn er formuliert: „Die Frage nach einem optimalen Modell der nationalen Produktion kann auf verschiedene Weise beantwortet werden, je nach Möglichkeiten, die die internationale Arbeitsteilung bietet.“[53] Alampiev u. a. stellen fest: „Es gibt kein einheitliches Strukturmodell für alle Länder und Gebiete, keine optimale Struktur, die als Ideal für alle Länder, unabhängig von deren ökonomischem Niveau und Besonderheiten der wirtschaftlichen Entwicklung, geeignet wäre. Die Zweigstrukturen der nationalen Wirtschaften der sozialistischen Länder werden stets vielfältig

[52] G. Kohlmey, Vergesellschaftung und Integration im Sozialismus, Berlin 1973, S. 70 (Schriften des Zentralinstituts für Wirtschaftswissenschaften der Akademie der Wissenschaften der DDR, Nr. 8).

[53] Zitiert von G. Kohlmey, ebenda, S. 72, aus: O. T. Bogomolow, Theorie und Methodologie der internationalen sozialistischen Arbeitsteilung, Berlin 1969, S. 58.

sein, ebenso vielfältig und individuell wie ihre Volkswirtschaftskomplexe."[54] Gleichzeitig räumen die Autoren ein, daß „gemeinsame Züge" der Zweigstrukturen, wie der hohe Anteil der Industrie am Nationaleinkommen und die Existenz wichtiger Industriezweige in allen Ländern bestehen.

Die Autoren der vorliegenden Arbeit vertreten folgenden Standpunkt: „Die industrielle Grundstruktur wird in allen europäischen RGW-Ländern zunehmend durch eine bestimmte Zahl von ‚führenden' oder ‚Basiszweigen' in Wissenschaft, Produktion und Außenhandel geprägt, die ein hohes Entwicklungsniveau aufweisen, den spezifischen volkswirtschaftlichen Bedingungen weitgehend entsprechen oder deren Vorzüge nutzen ... Obgleich der wissenschaftlich-technische Fortschritt die Basiszweige in einem längeren Zeitraum verändern wird, weisen sie eine bestimmte Stabilität auf, die für die kontinuierliche planmäßige, proportionale Entwicklung der Volkswirtschaft sehr wichtig ist und deshalb nicht untergraben werden darf."[55]

Dem sollen weitere Überlegungen hinzugefügt werden:

Für die wachsenden wirtschaftlichen Potentiale ist charakteristisch, daß unter dem Einfluß des wissenschaftlich-technischen Fortschritts Nomenklatur und Umfang solcher Zweige und Erzeugnisgruppen zunehmen, die typisch für das industrielle Profil hochentwickelter sozialistischer Volkswirtschaften sind. In diesem Sinne wird häufig der Begriff der Basiszweige oder der stabilen Basisproduktionen gebraucht. Derartige stabile Basisproduktionen sind durch ihren breiten Einsatzbereich in Produktion und Konsumtion, durch ihre Bedeutung für die technische Erneuerung und Rationalisierung anderer Volkswirtschaftsbereiche und hohe Exportquoten gekennzeichnet. In vielen Fällen handelt es sich dabei um ausgesprochene Massengüter oder Großserienproduktionen, zunehmend aber auch um technisch hochentwickelte Spezialerzeugnisse. Solche Basisproduktionen im engeren Sinne — als Zweige oder Erzeugnisgruppen, die in einem bestimmten Land längerfristig eine entscheidende Rolle für die Deckung des Eigenbedarfs darstellen und gleichzeitig eine wichtige Exportposition sind — sind auch Ergebnis der internationalen Arbeitsteilung. In der DDR trifft das neben anderen für solche Zweige zu wie die Umformtechnik, die trotz ihrer hohen Materialintensität im Interesse aller Partnerländer ständig erweitert wurde.

[54] P. Alampijew/J. Kormnow/W. Maksakowski, Die Wirtschaftsstrukturen und die Integration der sozialistischen Länder, in: Sowjetwissenschaft. Gesellschaftswissenschaftliche Beiträge, 4/1975, S. 398.

[55] Gesetzmäßigkeiten der intensiv erweiterten Reproduktion bei der weiteren Gestaltung der entwickelten sozialistischen Gesellschaft (Hrsg. W. Heinrichs/H. Maier), Teil 2, a. a. O., S. 638. — Vgl. dazu auch: Thesen zur internationalen Arbeitsberatung zu „Fragen der Spezialisierung der Volkswirtschaftskomplexe der Mitgliedsländer des RGW, ihrer gegenseitigen Ergänzung und der Anpassung ihrer Wirtschaftsstrukturen", Zentralinstitut für Wirtschaftswissenschaften der Akademie der Wissenschaften der DDR, Mai 1977 (unveröffentlicht), sowie Bericht zu dieser Konferenz in: Wirtschaftswissenschaft, 10/1977, S. 1536 bis 1541.

Dabei handelt es sich also um Erzeugnisgruppen, die nicht immer in jedem Lande bestehen, sondern aus bestimmten Produktionstraditionen heraus entwickelt und spezialisiert wurden.

Mit der Entfaltung der internationalen Arbeitsteilung bekommen auch die zum Zweigprofil eines jeden entwickelten sozialistischen Landes gehörenden Produktionen immer stärker ihre spezifische Ausprägung. Das betrifft sowohl Tempo und Umfang ihres Ausbaus als auch ihre innere Struktur. Gegenüber den Jahren der sozialistischen Industrialisierung, in denen diese Zweige auch unter ungünstigen Standortgesichtspunkten in voller Breite entwickelt werden mußten, bestehen heute die Möglichkeiten ihrer stärkeren Profilierung im Rahmen der sozialistischen ökonomischen Integration. Gleichzeitig wird es notwendig, Spezialisierung und Kooperation in allen Bereichen der Volkswirtschaft immer mehr auch vom Standpunkt ihrer Paßfähigkeit mit den jeweiligen Basisproduktionen zu entwickeln.

Aufbauend auf diese Überlegungen, vertreten wir den Standpunkt, daß die Kriterien für die Ausprägung derartiger Grundstrukturen nicht in erster Linie in bestimmten Strukturanteilen einzelner Zweige, *sondern im erreichbaren Niveau der volkswirtschaftlichen Effektivität und der Bedarfsdeckung zu suchen sind.*

Auch die jeweiligen *Grundstrukturen der Industrie werden in bestimmten Phasen der ökonomischen Entwicklung durch unterschiedliche Merkmale charakterisiert und sind somit zugleich Ausdruck des erreichten ökonomischen Entwicklungsniveaus.*

Die industrielle Grundstruktur einer Volkswirtschaft muß (unter den jeweiligen Bedingungen) die Voraussetzungen für die Entwicklung eines solchen Zweigprofils (einschließlich Wissenschaft und Technik) bieten, das es ermöglicht, den Eigenbedarf bei ausgewählten Produktionen zu decken und darüber hinaus eine solche Exportkraft zu entwickeln, die die weitere internationale Differenzierung der Struktur fördert.

Es geht also weder um die strukturelle Annäherung an das „Vorbild" eines anderen Landes oder an eine fiktive Idealstruktur, sondern um die den gegebenen Bedingungen (das sind Konsumtionsstruktur, wissenschaftlich-technisches Niveau, Ressourcen, Stand der internationalen Arbeitsteilung u. a.) entsprechende Verteilung und Organisation der Produktivkräfte. Volkswirtschaftliche oder industrielle Grundstrukturen sind damit also kein statisches System qualitativer und quantitativer Verflechtungen zwischen mehr oder weniger komplexen Elementen des Reproduktionsprozesses. *Es handelt sich bei ihnen vielmehr um die für eine Volkswirtschaft oder deren große Bereiche in einer bestimmten Entwicklungsetappe charakteristische Proportionierung der Elemente im Reproduktionsprozeß, die die wesentlichen Voraussetzungen für die Deckung des wachsenden Bedarfs, die Durchsetzung des wissenschaftlich-technischen Fortschritts auf bestimmten Gebieten, die Steigerung der Effektivität der gesellschaftlichen Produktion und ihrer sinnvollen Eingliederung in die internationale sozialistische Arbeitsteilung darstellen.* Produktions- oder Arbeitskräfteanteile einzelner Zweige oder Bereiche sind nur einer dieser Aspekte. Grundstrukturen verändern sich mit dem wissenschaftlich-technischen Fortschritt und den gesellschaftlichen Bedürfnissen. Sie schließen den Aufbau neuentstehender Zweige und Produktionen und hohe Produktionsanteile bestimmter Zweige oder Erzeugnisgruppen ein. *Weiterentwicklung der industriellen Grundstrukturen bedeutet in der Gegenwart vor allem ihre zielgerichtete Differenzierung entsprechend der Spezifik der einzelnen Volkswirtschaften.* Die wichtigste Grundlage sind dabei Spezialisierung, Kooperation und Konzentration, die zur stärkeren gegenseitigen Ergänzung der Industriekomplexe führen.

Die Verlangsamung der strukturellen Veränderungen auf der zwischenzweiglichen Ebene der Industrie in den letzten Jahren läßt darauf schließen, daß sich in den europäischen RGW-Ländern *relativ stabile industrielle Grundstrukturen herausgebildet* haben. Sie sind die Basis für die weitergehenden Aufgabenstellungen in der Gegenwart. Diese Stabilität der entstandenen Grundstrukturen ist mit der Vertiefung der internationalen Arbeitsteilung und der zunehmenden Differenzierung der Strukturen eng verbunden. „Die stabil gewordenen zwischenzweiglichen Strukturen sind ein Ausgangspunkt für die weitere ökonomische Integration der RGW-Länder.“[56]

Komplexe Wirkungen des wissenschaftlich-technischen Fortschritts sind die entscheidende Grundlage der volkswirtschaftlichen Effektivitätsentwicklung. Sie berühren außerordentlich viele Seiten des Reproduktionsprozesses und deren innere Verflechtung. „Um so mehr erfordert die Beschleunigung des wissenschaftlich-technischen Fortschritts eine hohe Stabilität der volkswirtschaftlichen Grundstrukturen. Die Notwendigkeit radikaler Veränderungen in bestimmten Bereichen, in bestimmten Produktionen ist verbunden mit einer wachsenden Bedeutung der Momente der inneren Ausgewogenheit, der Kontinuität und Stabilität. Es geht gerade um diese dialektische Verbindung von größerer Stabilität und zugleich größerer Elastizität unserer wirtschaftlichen Strukturen, um die Herausbildung langfristig stabiler Produktions- und Exportlinien und zugleich um eine höhere Anpassungsfähigkeit z. B. der Erzeugnissortimente, eine größere Elastizität in allen wirtschaftlichen Vorgängen.“[57]

Industrielle Zweigstrukturen differenziert entwickeln

Unter dem Einfluß des wissenschaftlich-technischen Fortschritts setzt sich die Diversifikation der Zweig- und Erzeugnisstrukturen in allen RGW-Ländern fort. In der Gegenwart vollzieht sich damit die weitere Komplettierung der volkswirtschaftlichen Grundstrukturen immer stärker im Zusammenhang mit ihrer innerzweiglichen Differenzierung und Rationalisierung sowie der Erneuerung der Erzeugnissortimente. Dementsprechend gilt es, den Einfluß der internationalen Spezialisie-

[56] Autorenkollektiv, Strukturnye sdvigi v narodnom chozjajstve socialističeskich stran, a. a. O., S. 6.

[57] H. Nick, Wissenschaftlich-technische Revolution und Gestaltung der entwickelten sozialistischen Gesellschaft, in: Einheit, 12/1977, S. 1340.

rung und Kooperation auf die gegenseitige Ergänzung der industriellen Strukturen unter Nutzung der spezifischen volkswirtschaftlichen Bedingungen zu verstärken.

Das gilt um so mehr, als auch veränderte Reproduktionsbedingungen teilweise zu einschneidenden Strukturveränderungen zwingen. Die Weiterführung der Hauptaufgabe auch in den kommenden Jahren macht es beispielsweise notwendig, den komplizierten und oft widersprüchlichen Anspruch nach Sicherung des volkswirtschaftlichen Bedarfs an Roh- und Brennstoffen und effektiver Ergänzung anderer Bereiche der nationalen Volkswirtschaftskomplexe noch besser zu verwirklichen. Dieser Widerspruch muß im Interesse steigender volkswirtschaftlicher Leistungskraft ständig, vor allem auch mit Hilfe der sozialistischen ökonomischen Integration, gelöst werden.

Die engere internationale Verflechtung setzt einerseits paßfähige Strukturen in den *verschiedenen Reproduktionsphasen* voraus und gibt andererseits dafür neue Impulse. Es müssen damit die Voraussetzungen geschaffen werden, die nationalen Wirtschaftsstrukturen differenziert zu entwickeln, uneffektive Parallelproduktionen zu beseitigen und die Zweige oder Erzeugnisgruppen bevorzugt auszubauen, die für die Bedürfnisse der Integrationspartner und damit für die Steigerung des Exports von Bedeutung sind.

Die Probleme der weiteren Differenzierung der Industriestrukturen stellen sich für die einzelnen RGW-Länder je nach erreichtem Niveau der Industrialisierung und der Größe des Volkswirtschaftskomplexes in unterschiedlichem Maße. Das generelle Problem der Differenzierung über einen längeren Zeitraum besteht in der Erweiterung des Forschungs-, Produktions- und Außenhandelsspektrums in bisher noch weniger entwickelten Ländern und seiner relativen Einengung in entwickelteren Ländern.

„Es gibt für jedes sozialistische Land zu jedem Zeitpunkt eine objektive ökonomische Grenze der Diversifikation. Wird diese Grenze überschritten, dann sinkt die Effektivität der gesellschaftlichen Produktion, weil es zu einer Zersplitterung der Investmittel, der wissenschaftlich-technischen und anderen Ressourcen kommt.“[58]

Allein im 8. und 9. Planjahrfünft wurden im Maschinenbau der Sowjetunion jährlich ungefähr 4100 Muster neuer Typen von Maschinen, Ausrüstungen, Geräten und Apparaten geschaffen. Gleichzeitig wurden von 1966 bis 1970 lediglich 2500 und von 1971 bis 1975 7500 Erzeugnisse aus der Produktion ausgesondert.[59] Das Sortiment wuchs indessen um etwa 31000 Erzeugnisse.

Deutlich erkennbar sind die Bemühungen um die Differenzierung und die Konzentration der Produktion in der Mehrzahl der europäischen RGW-Länder.

[58] P. Alampijew/J. Kormnov/W. Maksakowski, Die Wirtschaftsstrukturen und die Integration der sozialistischen Länder, in: Sowjetwissenschaft. Gesellschaftswissenschaftliche Beiträge, 4/1975, S. 401.

[59] Vgl. Autorenkollektiv, Material'no-techničeskaja baza kommunizma, Bd. 1, a. a. O., S. 95/96.

Im Fünfjahrplan der VR Polen 1976 bis 1980 war beispielsweise vorgesehen, die Produktionsnomenklatur im Maschinenbau von 85000 auf 60000 Positionen zu reduzieren. Damit sollen in Serie hergestellte Erzeugnisse rd. 50% des Gesamtausstoßes von Maschinen und Ausrüstungen ausmachen (gegenüber 15% im Jahre 1975). Beispielsweise wird sich dadurch im Werkzeugmaschinenbau der Anteil von Werkzeugautomaten, Hochleistungs- und Präzisionsmaschinen von 40 auf 70% erhöhen.[60]

Ungeachtet solcher Fortschritte bei der Vervollkommnung der Industriekomplexe gibt es jedoch auch gegenwärtig noch zahlreiche Entwicklungen, die dazu führen, daß eine Reihe von Zweig- und Erzeugnisstrukturen nicht genügend differenziert ist. Einerseits führt das zu oft ungenügenden Produktionskonzentrationen, wenn man Inlands- und Exportbedarf in Rechnung stellt, andererseits läßt niedrige Effektivität nur schwer das Schließen von Sortimentslücken zu.

Einer der hervortretendsten Widersprüche der strukturellen Entwicklung liegt demgemäß noch darin, daß alle wesentlichen Zweige der Industrie bedeutende Produktionsanteile erreicht haben, die Erzeugnisstruktur aber noch nicht immer den Maßstäben einer hocheffektiven Produktion entspricht. Mit der Verwirklichung der Zielprogramme der Zusammenarbeit und der zweiseitigen Abkommen mit der UdSSR können auf wichtigen Gebieten weitere Lösungen erreicht werden.

Das Hauptziel der Differenzierung und Anpassung der Strukturen ist letztlich die Maximierung des produzierten Nationaleinkommens in bedarfsgerechter Struktur, das die geplante Erhöhung des materiellen und kulturellen Lebensniveaus gewährleistet.

Die Realisierung dieser Aufgabe schließt eine Reihe partieller Zielstellungen ein, die in den einzelnen Volkswirtschaften unterschiedliche Präferenzen hat. Es sind in erster Linie:

— die *effektive, stabile Versorgung* der RGW-Länder mit Rohstoffen, Brennstoffen und Materialien sowie mit Maschinen, Ausrüstungen und Konsumgütern;

— ein *steigendes wissenschaftlich-technisches und ökonomisches Niveau* im Interesse der weiteren Angleichung der Länder und der Verringerung von Rückständen in der Produktivität gegenüber entwickelten kapitalistischen Industrieländern;

— die *Erhöhung der Exportfähigkeit* der Länder und der Außenwirtschaftsrentabilität;

— Fortschritte bei der *komplexen Automatisierung und Mechanisierung* wichtiger Produktionen mit entsprechenden Konzentrationseffekten;

— die Herstellung *ausgewogener Proportionen* innerhalb und zwischen den volkswirtschaftlichen Bereichen oder Elementen des Reproduktionsprozesses. Das betrifft besonders:

— ein bilanziertes Verhältnis von Arbeitskräften und Arbeitsplätzen;

[60] Vgl. DDR Außenwirtschaft, 47/1977, S. 11.

— eine proportionale Entwicklung von wissenschaftlich-technischem und Produktionspotential;

— die rasche Entwicklung der landwirtschaftlichen Produktion zur besseren Deckung des Bedarfs an Nahrungsgüterrohstoffen und Ablösung von Importen aus kapitalistischen Staaten;

— den Ausbau der produktiven und nichtproduktiven Infrastruktur.

In diesem Spektrum spielen die Wechselbeziehungen zwischen Rohstoff- und verarbeitender Industrie eine besondere Rolle. In immer größerem Maße werden hochveredelte und produktive Finalerzeugnisse der verarbeitenden Industrie benötigt, um einerseits die Effektivität bei der Rohstofförderung und beim Rohstoffeinsatz selbst zu erhöhen und andererseits die notwendigen Äquivalente für umfangreiche Rohstoffimporte bereitzustellen. Insofern ist der Rohstoff-Brennstoff-Komplex von großer Bedeutung für die weitere Formierung der Volkswirtschaftsstruktur.

Für die differenzierte Entwicklung der Industrie in den Volkswirtschaften der RGW-Länder müssen verschiedene Ansatzpunkte genutzt werden. Zu ihnen zählen:

— Möglichkeiten für die Erschließung von Naturressourcen;

— bestehende Kapazitäten in Forschung, Entwicklung und Produktion, verbunden mit langjährigen Produktionstraditionen;

— günstige territoriale Aspekte in bezug auf Abnehmer- und Lieferländer;

— ein verfügbares, qualifiziertes Arbeitskräftepotential u. a.

Dabei gewinnt auch folgender Gesichtspunkt an Bedeutung. Unter dem Einfluß von Wissenschaft und Technik sowie der Veränderung der gesellschaftlichen Bedürfnisse entstehen nicht nur neue Zweige und Produktionen. Neben einer zunehmenden Diversifikation der Produktion verstärkt sich gleichzeitig ihre gegenseitige Abhängigkeit und damit der Zwang zur *Herausbildung großer, miteinander verbundener Produktionen.* Auf Grund ihrer engen funktionalen Beziehungen über den eigentlichen Zweig hinaus wird hierbei häufig vom funktionalen Zweigkomplex gesprochen.

Von solchen Überlegungen ausgehend, kommt P. Bożyk[61] für die VR Polen zu der Feststellung, daß es zweckmäßig ist, *Komplexe aufzubauen, die unmittelbar an die Förderung natürlicher Ressourcen anknüpfen,* z. B. Maschinen zur Förderung oder Anlagen zur Verarbeitung von Schwefel, Maschinen und Ausrüstungen, die an die Produktion von Nahrungsgütern in der Landwirtschaft anschließen usw. Ebenso können natürlich andere Bedingungen Priorität für die Schaffung solcher Komplexe haben. In anderen Ländern gibt es ähnliche Überlegungen, die letztlich auch den Bemühungen entgegenkommen, in größerem Umfange eine Spezialisierung auf komplexe exportfähige Anlagen und Ausrüstungen in den einzelnen Ländern zu erreichen. In gewissem Umfange setzt sich dadurch auch eine stärkere Differenzierung fort, die von diesen Zweigkomplexen ausgeht.

[61] Vgl. P. Bożyk, Polen im RGW, in: Weg und Ziel, 2/1977, S. 85—88.

Sie erfaßt die Industrie wie auch andere volkswirtschaftliche Bereiche. Künftige Schritte der internationalen Spezialisierung und Kooperation der Produktion müssen folglich auch auf die Komplettierung solcher funktionaler Komplexe zugeschnitten sein.

Angesichts wachsenden Außenhandels und zunehmender Kooperation mit nichtsozialistischen Wirtschaftsgebieten ergeben sich auch hieraus spezifische Strukturanforderungen. Langfristig wird es z. B. deshalb notwendig, die industrielle Struktur in der DDR auch unter dem Gesichtspunkt weiter zu profilieren, daß weitgehend übereinstimmende Exportlinien gegenüber dem RGW-Bereich und den nichtsozialistischen Staaten ausgebaut werden.

Durch die Differenziertheit und Komplexität der inneren und äußeren Reproduktionsbedingungen entstehen nicht selten unterschiedliche und sich teilweise widersprechende Anforderungen an Richtung, Formen und Umfang der internationalen Spezialisierung und Kooperation. Das macht es notwendig, die Fragen der längerfristigen Profilierung der Produktion in den Zweigen der Industrie der RGW-Länder weiter sehr gründlich zu untersuchen. Probleme der Paßfähigkeit bestimmter Spezialisierungsrichtungen im volkswirtschaftlichen Reproduktionsprozeß sind dabei eng mit der Orientierung auf solche dynamische Bereiche der Industrie, in denen technisch-technologisch völlig neue Gebiete entwickelt werden, und auf die erreichbare Produktionskonzentration zu verbinden. Die bisherigen Erfahrungen weisen gleichzeitig darauf hin, daß es unter den Bedingungen der DDR und anderer Länder darauf ankommt, die Spezialisierung in der verarbeitenden Industrie noch stärker auf miteinander verbundene Erzeugnisfamilien und komplette exportfähige Anlagen zu lenken. Dieses Problem gewinnt gerade auch für die Zusammenarbeit mit dem Hauptpartner Sowjetunion an Bedeutung. Dieser generellen Problematik untergeordnet sind auch die in den vergangenen Jahren breit diskutierten Probleme der Spezialisierung von Bauteilen und Baugruppen. Wir wenden uns hierbei gegen eine Gegenüberstellung der Spezialisierung und Kooperation auf beiden Gebieten. Zugleich ist es jedoch notwendig, Fragen der Spezialisierung und Kooperation von Bauteilen, Baugruppen usw., die ihren festen Platz in der internationalen Arbeitsteilung haben, sehr differenziert zu untersuchen. In vielen RGW-Ländern bestehen bereits spezialisierte Industriezweige für zweig- und maschinenbautypische Teile und Baugruppen, bei denen nationale und internationale Spezialisierung eng miteinander verknüpft sind. Erzeugnisspezifische Teile und Baugruppen dagegen, die sich für die internationale Spezialisierung eignen, sind direkt an die Spezialisierung der entsprechenden Finalerzeugnisse zu binden. Daraus ergeben sich zugleich günstigere Möglichkeiten für die Leitung und Planung dieser arbeitsteiligen Prozesse.

Aus all diesen Faktoren ergeben sich sehr vielfältige Wirkungen der sozialistischen internationalen Arbeitsteilung in verschiedenen Industriezweigen und Erzeugnisgruppen, die im Interesse der Herausbildung effektiver Strukturen in der Industrie der Mitgliedsländer des RGW weiter zu untersuchen sind.

4. Zunehmende zwischenstaatliche wirtschaftliche Verflechtung als wesentliche Bedingung effektiven volkswirtschaftlichen Wachstums

In allen europäischen Mitgliedsländern des RGW bildet die sozialistische ökonomische Integration eine *wesentliche Bedingung* für das langfristig stabile volkswirtschaftliche Wachstum. Abhängig vom ökonomischen Potential, vom wissenschaftlich-technischen und ökonomischen Niveau, von der Ausstattung mit Naturressourcen und anderen Faktoren haben die Integrationsprozesse jedoch unterschiedliches Gewicht für das Wirtschaftswachstum in den einzelnen Ländern. Bisher haben wir bei der Analyse von *Zielen*, *Bedingungen* und Faktoren des ökonomischen Wachstums wie auch des *Strukturwandels* in der Industrie einige ausgewählte Seiten der sozialistischen internationalen Arbeitsteilung im RGW charakterisiert. Nun wenden wir uns der zusammenfassendsten Erscheinung der Integration, der internationalen wirtschaftlichen Verflechtung als wichtiger Bedingung der vorwiegend intensiv erweiterten Reproduktion zu.

Die Zusammenhänge zwischen der internationalen wirtschaftlichen Verflechtung und der Stärkung der volkswirtschaftlichen Leistungskraft werden gegenwärtig immer enger. Die leistungsstabilisierende und leistungsfördernde Wirkung der sozialistischen Wirtschaftsintegration wird um so größer, je umfassender schon bei der staatlichen Planung ihrer Vorhaben langfristige Effektivitätsziele der volkswirtschaftlichen Reproduktion berücksichtigt werden.

Die dabei auftretenden komplexen Zusammenhänge werden durch die mit den 70er Jahren eingetretenen skizzierten Veränderungen in den Reproduktionsbedingungen nicht einfacher. Die Berücksichtigung und effektive Nutzung der Reproduktionsbedingungen der Partnerländer im volkswirtschaftlichen System arbeitsteiliger Beziehungen wird notwendig. Das erfordert neue Lösungswege. Davon ging auch L. I. Breshnew in seiner Rede vor den Akademiepräsidenten der sozialistischen Länder aus, in der er feststellte, daß gerade die Probleme der Gestaltung einer optimalen Struktur der Volkswirtschaft, der Spezialisierung und Kooperation im Rahmen der Schlüsselzweige der Produktion und der rationellen Standortverteilung Lösungen erfordern, für die es keine Präzedenzfälle gibt.[1]

Neue Fragen ergeben sich auch aus den immer engeren Wechselbeziehungen zwischen volkswirtschaftlicher Intensivierung und sozialistischer ökonomischer

[1] Vgl. L. I. Breshnew, Zusammenarbeit stärkt die Kräfte des Sozialismus, in: Neues Deutschland vom 18. Febr. 1977, S. 6.

Integration bei der weiteren Gestaltung der materiell-technischen Basis. Koziolek formuliert daraus die Aufgabe, „tiefer in den gesamten Komplex der materiell-technischen Basis der Volkswirtschaft und ihrer einzelnen Bereiche einzudringen und zugleich die gegenseitige Verflechtung zwischen den einzelnen RGW-Ländern zu untersuchen . . .“[2]. Die Entwicklung der materiell-technischen Basis der Volkswirtschaft stimuliere wesentlich den Prozeß der Vertiefung der sozialistischen ökonomischen Integration und erfordere „eine immer höhere Qualität der ökonomischen und wissenschaftlich-technischen Zusammenarbeit, wie das vor allem in der Ausarbeitung der langfristigen Zielprogramme für wichtige Schwerpunktgebiete zum Ausdruck kommt. Zugleich wirkt die Vertiefung der Integrationsprozesse aktiv auf die weitere Vervollkommnung der materiell-technischen Basis in den einzelnen RGW-Ländern zurück.“[3] Im Ensemble der Reproduktionsbeziehungen sind also auch aus der Sicht der materiell-technischen Verflechtung vielfältige Wirkungen zu berücksichtigen.

Dieser breite Fächer von Problemen macht es notwendig, sich im folgenden auf wenige Schwerpunkte zu beschränken. Anschließend an die Charakteristik des Prozesses der internationalen Wirtschaftsverflechtung soll ihr gegenwärtiger Entwicklungsstand gekennzeichnet werden. Intensität und Tempo dieses Prozesses sind in den Volkswirtschaftsbereichen durchaus nicht einheitlich. Das führt uns zu einigen Hauptrichtungen der komplexen sozialistischen internationalen Arbeitsteilung und mündet danach in Überlegungen zur allmählichen, sich *sehr langfristig* vollziehenden Herausbildung internationaler Reproduktionskomplexe.

4.1. Verflechtung sozialistischer Volkswirtschaften — Wirtschaftswachstum — volkswirtschaftliche Effektivität

Im Komplexprogramm für die weitere Vertiefung und Vervollkommnung der Zusammenarbeit und Entwicklung der sozialistischen ökonomischen Integration der Mitgliedsländer des RGW wird formuliert, daß die wachsende Wirtschaftsintegration ein „bewußt und planmäßig gestalteter Prozeß der internationalen sozialistischen Arbeitsteilung, der Annäherung ihrer Wirtschaften und der Herausbildung einer modernen hocheffektiven Struktur der nationalen Wirtschaften, der schrittweisen Annäherung und Angleichung ihres ökonomischen Entwicklungsniveaus, der Herausbildung tiefgehender und stabiler Verbindungen in den Hauptzweigen der Wirtschaft, Wissenschaft und Technik, der Erweiterung und Festigung des internationalen Marktes dieser Länder sowie der Vervollkomm-

[2] H. Koziolek, Zu einigen Fragen der weiteren Vertiefung der sozialistischen ökonomischen Integration (Schlußwort), in: Theoretische Fragen der weiteren Vertiefung der sozialistischen ökonomischen Integration, Berlin 1977, S. 161 (Abhandlungen der Akademie der Wissenschaften der DDR, W 2).

[3] Ebenda.

nung der Ware-Geld-Beziehungen"[4] ist. In dieser Formulierung sind alle wesentlichen Elemente der internationalen wirtschaftlichen Verflechtung enthalten. Für eine umfassende Analyse des Entwicklungsstandes der internationalen Verflechtung volkswirtschaftlicher Reproduktionskomplexe wird es aber notwendig, das Feld dieser Prozesse noch genauer einzugrenzen.

Auch in einer Vielzahl von Definitionen marxistischer Ökonomen zum Begriff „Sozialistische ökonomische Integration" bilden die Prozesse der wirtschaftlichen Verflechtung einen entscheidenden Schwerpunkt. So wird von O. T. Bogomolov die Wirtschaftsintegration der sozialistischen Länder u. a. als Prozeß „der Vervollkommnung, gegenseitigen Anpassung und Optimierung ihrer nationalen Wirtschaftsstrukturen, ... der Herausbildung tiefgreifender und stabiler Kooperationsbeziehungen in den führenden Zweigen der Produktion, Wissenschaft und Technik ..."[5] definiert. Weiter heißt es, daß sie „eine recht weitgehende Abhängigkeit des Wirtschaftslebens, die Verflechtung der nationalen Wirtschaften zu einem einheitlichen Reproduktionsprozeß"[6] bedeutet.

Im wesentlichen besteht auch Übereinstimmung darin, daß die internationale wirtschaftliche Verflechtung auf die Prozesse der Vergesellschaftung von Produktion und Arbeit zurückzuführen ist. So formuliert G. Kohlmey die Verflechtung zwischen den Volkswirtschaften als „einen einzelnen, wenn auch den auffallendsten Zug des Prozesses", wobei in seiner politökonomischen Analyse die Verflechtung als Erscheinungsform und die Vergesellschaftung als Wesenszug herausgearbeitet werden.[7] Verflechtung und Integration sind folglich vom Begriffsinhalt her nicht identisch, da die sozialistische ökonomische Integration das Gesamtsystem internationaler ökonomischer Beziehungen umfaßt.

Im Programm der SED wird die sozialistische ökonomische Integration als eines der Wesensmerkmale der entwickelten sozialistischen Gesellschaft charakterisiert. Die sozialistische ökonomische Integration der Mitgliedsländer des RGW — so wird gleichzeitig herausgearbeitet — ist die „feste Grundlage für die ständige Vervollkommnung der Zusammenarbeit und systematischen Annäherung der sozialistischen Nationen auf allen Gebieten des gesellschaftlichen Lebens".[8] Dementsprechend sind einerseits Entwicklungsstand und konkrete Reproduktionsbedingungen in den einzelnen Ländern der wichtigste Rahmen für die Möglichkeiten und Interessen am Ausbau der Integrationsbeziehungen. Mit anderen Worten, internationale Verflechtung kann nicht weiterentwickelt sein als die

[4] Dokumente RGW. Über die Vertiefung und Vervollkommnung der Zusammenarbeit und Entwicklung der sozialistischen ökonomischen Integration, Berlin 1971, S. 15.

[5] O. T. Bogomolow, Theoretische Fragen der sozialistischen Integration, in: Sozialistische Außenwirtschaft, 1/1971, S. 15.

[6] Ebenda.

[7] Vgl. G. Kohlmey, Vergesellschaftung und Integration im Sozialismus, Berlin 1973, S. 86/87, 156 (Akademie der Wissenschaften der DDR, Schriften des Zentralinstituts für Wirtschaftswissenschaften, Nr. 8).

[8] Programm der Sozialistischen Einheitspartei Deutschlands, Berlin 1976, S. 21/22.

gesellschaftlichen und ökonomischen Bedingungen in den beteiligten Ländern. Andererseits gilt, die in diesem Rahmen möglichen und erforderlichen Integrationsprozesse umfassend für die Erschließung qualitativer Wachstumsfaktoren zu nutzen. Wachsendes ökonomisches und wissenschaftlich-technisches Potential, steigendes ökonomisches Entwicklungsniveau und Fortschritte im Prozeß seiner Angleichung erweitern die Möglichkeiten für eine effektive internationale Verflechtung der Reproduktionsprozesse im Sinne ihrer planmäßigen und stabilen Verbindung, gegenseitigen Ergänzung und koordinierten Entwicklung. Somit entstanden in den 70er Jahren nicht zufällig neuartige Wechselbeziehungen zwischen inneren und äußeren Wachstumsbedingungen.

Effektive Verflechtung verlangt also die zunehmende internationale Paß- und Ergänzungsfähigkeit der Volkswirtschaften der RGW-Länder. Die wichtigsten Ausgangspunkte dafür sehen wir in der komplexeren Wissenschafts- und Produktionszusammenarbeit. Mit der Realisierung des Komplexprogramms und den daraus abgeleiteten Maßnahmen wurde durch die kommunistischen und Arbeiterparteien der RGW-Länder eine neue Qualität internationaler Wirtschaftsbeziehungen entwickelt. Die wirtschaftliche Verflechtung der europäischen RGW-Länder verlagert sich zunehmend von der indirekten Beeinflussung über die Außenwirtschaftsbeziehungen zur direkten Verflechtung in Wissenschaft und Produktion. Diese Prozesse bewußt zu gestalten und zu organisieren stellt eine Reihe komplizierter Anforderungen. Dazu zählt die weitere Vervollkommnung der Leitung und Planung des Integrationsprozesses durch Fortschritte in der Fünfjahrplankoordinierung, durch die Ausarbeitung des abgestimmten Planes mehrseitiger Integrationsmaßnahmen, durch langfristige Zielprogramme der Zusammenarbeit und bilaterale Programme zur langfristigen Spezialisierung und Kooperation der Volkswirtschaften mit der Sowjetunion sowie die Einbeziehung von Planteilen der sozialistischen ökonomischen Integration in die nationalen Volkswirtschaftspläne. Eng verbunden damit sind gewisse Tendenzen einer Annäherung der Leitungs- und Planungssysteme. Oberste Zielfunktion ist und bleibt dabei die rasche Hebung der volkswirtschaftlichen Effektivität der Produktion. Die Herstellung der dafür erforderlichen dauerhaften, stabilen, ökonomisch effektiven Beziehungen — die Verflechtung zwischen den nationalen Reproduktionskomplexen — vollzieht sich folglich zunehmend über alle vier Reproduktionsphasen: Produktion, Distribution, Zirkulation und Konsumtion. Sie wird in wachsendem Maße durch die Bereiche Bildung, Wissenschaft, Forschung und Entwicklung gefördert und bewirkt — über Anpassung und Ergänzung — eine Internationalisierung wirtschaftlicher Proportionen und Strukturen.

Die in diesem Prozeß erzielten Fortschritte führen Dudinskij zu der Feststellung, daß sich Elemente einer einheitlichen internationalen ökonomischen Struktur formieren.[9] Die sich mit der internationalen Verflechtung herausbildenden

[9] Vgl. I. Dudinskij, Ėkonomičeskie zakonomernosti mirovoj sistemy socializma, in: Voprosy ėkonomiki (Moskva), 9/1976, S. 23/24.

Proportionen der Arbeitsteilung werden zunehmend zum integrierenden Bestandteil der erweiterten Reproduktion jeder Volkswirtschaft. K. I. Mikulskij ist zuzustimmen, wenn er es in der gegenwärtigen Entwicklungsetappe noch nicht für möglich hält, von einem einheitlichen Prozeß der erweiterten Reproduktion in der sozialistischen Weltwirtschaft zu sprechen, da die erforderlichen Proportionen nicht unmittelbar im Maßstab der RGW-Gemeinschaft bestimmt werden.[10] Bestenfalls bilden sich erste Elemente bzw. Bedingungen der künftigen, international verflochtenen materiell-technischen Basis heraus.

Diese Einschätzung führt zur gegenwärtigen Zielstellung der internationalen Wirtschaftsverflechtung, der *Steigerung der Effektivität jeder Volkswirtschaft.* Sie zu realisieren bedeutet, über eine rationelle Verteilung der gesellschaftlichen Arbeit auf die verschiedenen Produktionszweige deren Effektivität und Produktivität in allen beteiligten Volkswirtschaften maximal zu erhöhen, um ein stabiles, effektives Wachstum als Voraussetzung für die Erfüllung der Hauptaufgaben, der sozialpolitischen Programme der europäischen RGW-Länder zu sichern. Dabei geht es neben der Ausdehnung des Feldes der internationalen sozialistischen Arbeitsteilung vor allem um seine tiefere Gliederung unter Nutzung möglicher Effekte in allen Reproduktionsphasen. Komplexität und Stabilität der Verflechtungsprozesse beeinflussen dementsprechend wesentlich Effektivitäts- und Wachstumswirksamkeit der ökonomischen Integration.

Zunehmender Grad internationaler wirtschaftlicher Verflechtung bedeutet zugleich wachsende Abhängigkeit volkswirtschaftlicher Aggregate der beteiligten RGW-Länder. Integrationstempo, volkswirtschaftliches Wachstum und gesamtwirtschaftliche Effektivität treten in komplexe Wechselbeziehungen. O. Reinhold meint, das Integrationstempo könne um so schneller erhöht werden, „je mehr die einzelnen Länder die Struktur und die Proportionen ihrer Volkswirtschaften unter Beachtung der Entwicklungstendenzen in den anderen sozialistischen Ländern entwickeln".[11] In einem Artikel zu Perspektiven der Außenwirtschaftsbeziehungen untersuchen V. Šastitko und L. Cedilin die Vertiefung der RGW-Zusammenarbeit als Bedingung des ökonomischen Wachstums und der Steigerung der volkswirtschaftlichen Effektivität.[12] Ju. S. Širjaev sieht prinzipiell Möglichkeiten für die sozialistischen Länder, eine *Strategie des wechselseitig verbundenen ökonomischen Wachstums* zu verwirklichen. Das schließe u. a. eine Synchronisierung der Investitions- und Produktionsprogramme ein mit dem Ziel der

[10] Vgl. K. I. Mikulski, Die Leninsche Lehre über die Weltwirtschaft und die Gegenwart, Moskau 1974, S. 194/195.

[11] O. Reinhold, Grundprobleme der entwickelten sozialistischen Gesellschaft, in: Materialökonomie, Energie- und Rohstoffwirtschaft, Berlin 1976, S. 28 (Abhandlungen der Akademie der Wissenschaften der DDR, W 4).

[12] Vgl. V. Šastitko/L. Cedilin, Metodologični văprosi na razrabotkata na dălgosrocna naučna koncepcija za razvitieto na vănšnaikonomičeskite vrazki na socialističeskite strani, in: Vănsna Tărg. (Sofija) 2/1977. S. 8.

Konzentration, der effektiveren Nutzung der Investitionen, der materiellen, finanziellen und Arbeitskräfteressourcen.[13]

Die Forderung nach einer derartigen Strategie ist sowohl für die Praxis äußerst aktuell als auch theoretisch bedeutungsvoll. Unbestritten ist, daß ökonomisches Wachstum und sozialistische Wirtschaftsintegration mit dem Übergang zur vorwiegend intensiv erweiterten Reproduktion in engere Wechselbeziehungen treten. Wie auch die Integrationspraxis der letzten Jahre zeigt, nimmt die wechselseitige Beeinflussung von Wachstumsprozessen zwischen den RGW-Ländern zu. Als eine komplizierte und weitreichende Aufgabe erweist sich aber die Erarbeitung einer koordiniert zu verfolgenden Strategie des wechselseitig verbundenen ökonomischen Wachstums. Der jeweilige sozialökonomische Entwicklungsstand in jedem einzelnen Mitgliedsland des RGW läßt eine Übereinstimmung in den Wachstumszielen nur bis zu einem bestimmten Grade zu, da von den Unterschieden in den Reproduktionsbedingungen der Länder differenzierte Wirkungen ausgehen.

Der vorher genannten koordinierten Strategie des ökonomischen Wachstums gerecht zu werden setzt voraus:

— in tiefergehenden Analysen den Entwicklungsstand der Volkswirtschaftskomplexe der RGW-Länder hinsichtlich bestehender Gemeinsamkeiten und Unterschiede zu überprüfen, um mögliche Kombinationen oder Ergänzungen der volkswirtschaftlichen Potentiale und somit Varianten der internationalen Wirtschaftsverflechtung aufzuzeigen;

— die Spezifik volkswirtschaftlicher Zweige und Bereiche hinsichtlich ihrer Stellung in der vertikalen und horizontalen Gliederung des volkswirtschaftlichen Reproduktionsprozesses herauszuarbeiten, um vor allem über die Art und Weise der Gestaltung der internationalen Wirtschaftsverflechtung detailliertere Erkenntnisse zu gewinnen;

— durch umfassende Berücksichtigung klimatischer, geographischer, geologischer und anderer Besonderheiten der Länder Aussagen über mögliche „naturbedingte" Spezialisierungsrichtungen zu erarbeiten.

Die durch diese sicher nicht vollständigen Aufgaben zu gewinnenden Erkenntnisse ergeben in ihrer Komplexität ein genaueres Abbild der jeweiligen Reproduktionsbedingungen der RGW-Länder, die für die Art und Weise der internationalen Wirtschaftsverflechtung ein entscheidendes Gewicht haben. Das betrifft sowohl Intensität, Tempo als auch Richtung derselben. Die jeweiligen Reproduktionsbedingungen der Länder und die ausgewählten Integrationsobjekte oder -bereiche haben ihre spezifische Wirkung auf das ökonomische Wachstum der beteiligten Länder und somit auf die ökonomischen Interessen der beteiligten Partner.

Zu Recht wird beispielsweise bei J. Kleer betont, daß die wechselseitige

[13] Vgl. Ju. S. Širjaev, Razvitie meždunarodnogo socialističeskogo razdelenija truda, in: Voprosy ėkonomiki, 10/1976, S. 9.

Abhängigkeit zwischen volkswirtschaftlichem Wachstum und ökonomischer Integration noch unzureichend erforscht ist. Er weist darauf hin, daß ökonomisches Wachstum und internationale Wirtschaftsverflechtung sich nicht in jedem Falle analog verhalten.[14] Auch andere marxistische Ökonomen gehen von nichtproportionalen Beziehungen zwischen effektivem Wachstum und internationaler Wirtschaftsverflechtung aus. Eine wesentliche Ursache wird darin gesehen, daß in der sozialistischen Wirtschaft die Produktionskapazitäten ausgelastet sind und die Anpassung an bestimmte Integrationsvorhaben eine Umorientierung in den Investitionen und eine Umgestaltung im Produktionsapparat notwendig macht, was in unterschiedlichem Maße Zeit und Aufwand erfordert.[15] Die Wirkungen auf das Wachstum des Nationaleinkommens sind bei den verschiedenen Integrationsvorhaben somit differenziert. Die dabei erforderliche Elastizität der Volkswirtschaften in ihrer Anpassung an bestimmte Verflechtungsrichtungen hängt sehr wesentlich sowohl vom Integrationsobjekt als auch vom ökonomischen und wissenschaftlich-technischen Entwicklungsniveau, von der vorhandenen Produktionsstruktur, von verfügbaren planmäßigen Reserven und von der Stellung des jeweiligen Landes im Prozeß der internationalen Wirtschaftsverflechtung ab.

So ergibt sich die Frage, wie die jeweiligen Reproduktionsbedingungen Tempo und Intensität der Einbeziehung der RGW-Länder in den internationalen Verflechtungsprozeß beeinflussen.

4.2. Zu einigen Bedingungen der zwischenstaatlichen Verflechtung

Zu den Faktoren, die die Reproduktionsbedingungen der RGW-Mitgliedsländer voneinander unterscheiden, gehören vor allem die Größe des ökonomischen und wissenschaftlich-technischen Potentials, das ökonomische und wissenschaftlich-technische Entwicklungsniveau sowie der Grad der Ausstattung eines Landes mit natürlichen Ressourcen. Weitere Einflüsse üben spezifische natürliche und geographische Bedingungen, gewachsene Produktionstraditionen sowie auch zeitweilige Probleme der wirtschaftlichen Entwicklung aus, wie Witterungseinflüsse und Erzeugnis- oder Dienstleistungsdefizite.

Zusammenhänge zwischen Umfang des Wirtschaftspotentials und der Intensität außenwirtschaftlicher Verflechtung haben wir in Tabelle 8 (siehe S. 47) bereits dargestellt. Danach zeigen sich folgende Erscheinungen: *Ein erster Zusammenhang* besteht zwischen der Größe des Wirtschaftskörpers der Sowjetunion, dargestellt am Nationaleinkommen und an der Bevölkerungszahl, er ist notwendigerweise mit einer sehr komplexen ökonomischen Entwicklung verbunden. Das um

[14] Vgl. J. Kleer, Wzrost i integracja w gospodarce socjalistycznej, in: Gospodarka planowa, 2/1978 (Warszawa), S. 78/79.

[15] Vgl. ebenda.

so mehr, da gleichzeitig ein großes Territorium vorhanden ist, ein ausgedehnter Binnenmarkt und vor allem ein hoher Ausstattungsgrad mit natürlichen Ressourcen. Die Intensität außenwirtschaftlicher Verflechtung verhält sich umgekehrt proportional zu der Größe des Wirtschaftskörpers. Der hohe Ausstattungsgrad mit natürlichen Ressourcen ist dabei eine wesentliche Bedingung. Je kleiner ein Wirtschaftskörper, um so intensiver seine außenwirtschaftliche Verflechtung, was durch fehlende Naturressourcen wesentlich verschärft wird, wie am Beispiel der VR Bulgarien ersichtlich.

Einen zweiten Zusammenhang sehen wir zwischen außenwirtschaftlicher Verflechtung und ökonomischem und wissenschaftlich-technischem Entwicklungsniveau. Je höher das ökonomische und wissenschaftlich-technische Entwicklungsniveau, desto größer sind die Möglichkeiten und Notwendigkeiten einer internationalen Wirtschaftsverflechtung. Daraus folgt auch: Je mehr sich das ökonomische und wissenschaftlich-technische Entwicklungsniveau der RGW-Länder auf hoher Ebene annähert, um so intensiver wird ihre außenwirtschaftliche Verflechtung. Fallen relativ hohes ökonomisches und wissenschaftlich-technisches Niveau, relativ begrenzte natürliche Ressourcen und kleiner Wirtschaftskörper zusammen, wird die intensive außenwirtschaftliche Verflechtung zur Lebensnotwendigkeit.

Ein dritter Zusammenhang besteht zwischen außenwirtschaftlicher Verflechtung und Ausstattungsgrad mit natürlichen Ressourcen. Je geringer der Ausstattungsgrad einer sozialistischen Volkswirtschaft mit Rohstoff-, Brennstoff- und Energieressourcen, desto größer ist der Zwang zu außenwirtschaftlicher Verflechtung. Die ungleichmäßige Verteilung der natürlichen Ressourcen zwischen den RGW-Ländern führt gewissermaßen zu einer naturbedingten internationalen Arbeitsteilung und hat eine entsprechende Verflechtung der extraktiven Industrie der beteiligten Länder zur Folge.

Alle diese wesentlichen Zusammenhänge sind, wenn man so will, potentialbedingt. Sie werden aber in bestimmter Hinsicht relativiert: Je dynamischer die Entwicklung der Produktivkräfte, je rascher die Entwicklung des wissenschaftlich-technischen Fortschritts, um so größer wird im Dienste der Effektivität auch für relativ große Wirtschaftskörper der Zwang zur Konzentration in Wissenschaft und Produktion und damit zur außenwirtschaftlichen Verflechtung. Ebenso verändert sich auch der Zusammenhang zwischen außenwirtschaftlicher Verflechtung und Ausstattungsgrad mit natürlichen Ressourcen. Bedingt durch das objektiv gegebene schnellere Wachstum der verarbeitenden Industrie gegenüber der extraktiven Industrie vollzieht sich die internationale Wirtschaftsverflechtung in ersterer in wesentlich größerer Breite. Der Anteil von Rohstoffen, Brennstoffen und Energie am stofflichen Außenhandelsaustausch verringert sich auch bei wachsendem Austauschvolumen. Damit vermindert sich nicht die Bedeutung des Rohstoff-, Brennstoff- und Energiebezugs für Länder mit geringerem Ausstattungsgrad, denn diese natürlichen Ressourcen sind die materiell-stoffliche Voraussetzung für volkswirtschaftliches Wachstum überhaupt. Wegen der beschränkten Palette an mineralischen Rohstoffen ist der Grad der außenwirtschaftlichen Verflechtung hier besonders hoch. In bestimmten Positionen decken einige Volkswirtschaften ihren Bedarf fast zu 100% durch den Import. Auf Grund der wachsenden Erzeugnispalette in der verarbeitenden Industrie hängen Effektivitätsgewinne gerade hier von hoher Produktions- und Wissenschaftskonzentration und damit von internationaler Wirtschaftsverflechtung ab.

Darüber hinaus werden in der verarbeitenden Industrie die entscheidenden Voraussetzungen für eine rasche Steigerung der Arbeitsproduktivität geschaffen, so daß hier die wesentlichen Wachstumsquellen für den Prozeß der Angleichung des ökonomischen und wissenschaftlich-technischen Entwicklungsniveaus zu finden sind. Zunehmende Wirtschaftsverflechtung in der verarbeitenden Industrie wird somit zur Bedingung für ein hohes ökonomisches und wissenschaftlich-technisches Entwicklungsniveau.

Eine wesentliche Erscheinung der wirtschaftlichen Verflechtung der RGW-Länder ist die sich erhöhende *Komplexität* dieses Prozesses. Ursache dafür sind sowohl die zunehmende direkte Einbeziehung von Produktion und Wissenschaft, die wachsende wechselseitige Abhängigkeit der Entwicklungsprobleme der extraktiven und der verarbeitenden Industrie als auch die vom wissenschaftlich-technischen Fortschritt geprägten Veränderungen in der verarbeitenden Industrie selbst.

Stabiles Wirtschaftswachstum, hohe Produktivität und Effektivität der Arbeit sind auf das engste mit dem Hauptweg der wirtschaftlichen Entwicklung in der entwickelten sozialistischen Gesellschaft, der intensiv erweiterten Reproduktion, verbunden. Der Übergang zur vorwiegend intensiv erweiterten Reproduktion und zu einem ressourcensparenden Wachstum erfordert einen völlig neuen Typ von Technik, energie- und materialsparende Technologien u. a. Diese Zielsetzung ist ihrerseits wiederum mit Konsequenzen für die Gestaltung der internationalen Wirtschaftsverflechtung verbunden.

Aus diesen Überlegungen lassen sich zwei wesentliche Schlußfolgerungen ableiten. *Zum einen* setzen die gegebenen Reproduktionsbedingungen der Länder bestimmte Schranken für die wirtschaftliche Entwicklung, die nur mittels der internationalen Wirtschaftsverflechtung zu überwinden sind. Das betrifft vor allem

— die Verringerung der Naturabhängigkeiten durch entsprechende Exporte und Importe;

— die Überwindung von zeitweiligen Defiziten bei hochwertigen technischen Ausrüstungen, speziellen Dienstleistungen und bestimmten Konsumgütern;

— die generelle Schaffung von Voraussetzungen für den Übergang zu einem neuen Typ der Technik, insbesondere auf dem Wege einer intensiver werdenden wissenschaftlich-technischen Integration.

Zum anderen ist die sinnvolle Nutzung spezifischer Reproduktionsbedingungen im Ensemble der sozialistischen internationalen Arbeitsteilung eine wesentliche Voraussetzung für die Erhöhung der Effektivität der Volkswirtschaften.

Das zeigt sich auch in der extraktiven Industrie, vor allem in der Rohstoff-,

Brennstoff- und Energiewirtschaft, die besonders intensiv mit fast allen Zweigen der Volkswirtschaft verflochten ist. Die gemeinsamen Anstrengungen der RGW-Länder bei der wissenschaftlich-technischen Zusammenarbeit zur Erschließung neuer Energie- und Rohstoffquellen, beim Aufschluß neuer Vorkommen und ihrer Verarbeitung, bei der zunehmenden Nutzung internationaler Standortkriterien auf dem Wege der Annäherung der ersten Verarbeitungsstufen an die Lagerstätten, bei der Gestaltung der Ökonomie der Verwendung von Energie-, Brenn- und Rohstoffen, bei der effektiven Substitution von Energieträgern, Materialarten und Werkstoffen, bei der Gestaltung energie-, rohstoff- und materialsparender Produktionsstrukturen führen gerade auf diesem Gebiet zu besonders gravierenden Veränderungen der materiell-stofflichen Verflechtungen der Volkswirtschaften.

Die von den rohstoffproduzierenden Zweigen gelieferten Ausgangsmaterialien gehen als ein wesentlicher Teil der Arbeitsgegenstände in die nachfolgenden Produktionsstufen ein. Innerhalb der verarbeitenden Industrie nehmen der Maschinenbau, die metallverarbeitende Industrie, die Elektrotechnik und Elektronik sowie der wissenschaftliche Gerätebau eine besondere Stellung ein. Diese Bereiche sind Lieferant des dynamischsten Teils der materiell-technischen Basis, der Arbeitsmittel, und somit besonders eng an den wissenschaftlich-technischen Fortschritt gebunden. Vom Entwicklungstempo und Entwicklungsniveau dieser Bereiche wird wesentlich das wissenschaftlich-technische Niveau bestimmt.

Veränderungen in den Produktivkräften sind vor allem Veränderungen in den Arbeitsmitteln.[16] So werden gerade die arbeitsmittelherstellenden Zweige eine Schlüsselposition beim allmählichen Übergang zur materiell-technischen Basis des Kommunismus, der Herausbildung eines neuen Typs der Technik, einnehmen.

Um nur einige wesentliche Verflechtungsbeziehungen zu verdeutlichen, seien folgende Zusammenhänge der arbeitsmittelproduzierenden Bereiche mit anderen Bestandteilen der materiell-technischen Basis hervorgehoben:

1. Die zur Verfügung stehenden Arbeitsmittel in der extraktiven Industrie, die in Anwendung kommenden Techniken und Technologien (die an bestimmte Arbeitsmittel gebunden sind) bestimmen hochgradig die Effektivität und die Entwicklungsmöglichkeiten der Rohstoff-, Brennstoff- und Energiewirtschaft, die Menge der produzierten Arbeitsgegenstände und deren Qualität.

2. In den arbeitsmittelherstellenden Bereichen und Zweigen selbst wird durch den Stand von Wissenschaft und Technik über die Art und Weise und die Effektivität der Verarbeitung und Verwertung der von der extraktiven Industrie zur Verfügung gestellten Rohmaterialien entschieden. Damit wird ein bedeutender Einfluß auf die Ressourcenintensität des volkswirtschaftlichen Wachstums ausgeübt.

[16] Vgl. H. Nick, Materiell-technische Basis und gesellschaftlicher Fortschritt, in: Einheit, 8/1976, S. 870.

3. Hier wird im wesentlichen das wissenschaftlich-technische Niveau der Konsumgüterindustrie mitbestimmt, sowohl was die Vielfalt der Konsumgüter als auch was ihre Gebrauchswertparameter betrifft. Das gilt für industrielle Konsumgüter ebenso wie für Konsumgüter aus der Land-, Forst- und Nahrungsgüterwirtschaft, denn die entscheidenden Eckpunkte werden in den entsprechenden Zweigen der arbeitsmittelherstellenden Industrie gesetzt.

Diese Zusammenhänge von volkswirtschaftlicher Komplexität und internationaler Verflechtung gewinnen natürlich zunehmenden Einfluß, wobei die dabei zu erzielende Effektivität sich nicht immer allein in der Effektivität der Außenwirtschaftsbeziehungen niederschlägt.

Während in der Energie-, Brenn- und Rohstoffwirtschaft vor allem der Widerspruch zwischen den steigenden Anforderungen an den Verbrauch und den begrenzten natürlichen Ressourcen zu lösen ist, steht in der verarbeitenden Industrie die Aufgabe, der durch den wissenschaftlich-technischen Fortschritt forcierten Bedürfnis- und damit Erzeugnisvielfalt in einer sich dynamisch entwickelnden Produktionsstruktur, in — für die Volkswirtschaft — effektiven Losgrößen zu entsprechen. Diesem Widerspruch zwischen wachsender Bedürfnis- und Produktionsvielfalt und den Konzentrationserfordernissen einer effektiven Produktion ist nur durch internationale Spezialisierung und Kooperation in Wissenschaft und Produktion, der wesentlichsten Form der internationalen Wirtschaftsverflechtung, zu begegnen. Ähnliches gilt für den Widerspruch zwischen wachsendem Tempo und Aufwand des wissenschaftlich-technischen Fortschritts, dem steigenden Bedarf an Investitionen und Arbeitskräften und den zeitlich begrenzten materiellen, finanziellen und Arbeitskräftefonds.[17]

Die weitere Vertiefung und Ausdehnung der Arbeitsteilung in und zwischen den Zweigen führt zu einer weitergehenden Aufgliederung bestehender Zweige und zur differenzierten Entwicklung völlig neuer Zweige. Am Beispiel der Kernenergiewirtschaft, die in den RGW-Ländern auf der Grundlage bedeutsamer Abkommen über die Produktionskooperation bei Ausrüstungen für Kernkraftwerke und beim Bau von Kernkraftwerken weiterentwickelt wird, ist das gegenwärtig besonders deutlich. Generell erfordert eine hohe Dynamik der Produktion, daß die wachsende Produktions- und Erzeugnisvielfalt durch internationale Spezialisierung kompensiert und überkompensiert werden muß. Das Tempo der Erweiterung der Erzeugnisnomenklatur und damit die Anforderungen an Spezialisierung und Kooperation unterscheiden sich von Zweig zu Zweig. So ist einer These von Ančiškin zuzustimmen, wonach die Unterschiede im Wachs-

[17] Vgl. hierzu u. a. auch: Gesetzmäßigkeiten der intensiv erweiterten Reproduktion bei der weiteren Gestaltung der entwickelten sozialistischen Gesellschaft (Hrsg. W. Heinrichs/H. Maier), Teil 2, Berlin 1976, S. 606 (Schriften des Zentralinstituts für Wirtschaftswissenschaften der Akademie der Wissenschaften der DDR, Nr. 13).

tumstempo der einzelnen Zweige zunehmen, je dynamischer sich einzelne gesellschaftliche Bedürfnisse entwickeln.[18]

Diese Feststellung steht im engen Zusammenhang mit der Tatsache, daß sich der wissenschaftlich-technische Fortschritt in den einzelnen Zweigen und Bereichen in sehr ungleichmäßigem Tempo Bahn bricht. Das erfordert eine ständige Umverteilung der Ressourcen und verändert auch zwischenzweigliche Proportionen. Von derartigen Veränderungen in erster Linie berührt werden wichtige Bereiche der verarbeitenden Industrie und weniger die Zweige der extraktiven Industrie. So schreibt auch Ančiškin: „Die einzelnen Zweige wie auch die Etappen der Wirtschaftsentwicklung weisen auch in der Erneuerung und Erweiterung der Erzeugnisse und Dienstleistungen Tempounterschiede auf. Während bei der Erzeugung von Rohstoffen die Erzeugnisstruktur sehr stabil bleibt und wir es hier in manchen Fällen sogar mit einer Monoproduktion zu tun haben, ist in den meisten Wirtschaftszweigen das Erzeugnissortiment um so breiter und erfolgt seine Erneuerung um so schneller, je näher der betreffende Zweig dem Endverbraucher steht."[19]

Diese Erkenntnisse müssen ihren Niederschlag in einer entsprechenden Gestaltung der wirtschaftlichen Verflechtung zwischen den Partnern des RGW finden. Entscheidende Rückschlüsse ergeben sich vor allem für die Stabilität und Langfristigkeit der Integrationsbeziehungen in den verschiedenen Bereichen. So kommt es darauf an, die Prozesse der internationalen Verflechtung der Wirtschaft in enger Verbindung mit der von der wissenschaftlich-technischen Revolution ausgehenden Dynamik der Produktionsstrukturen durchzusetzen. Andererseits wird trotz Arbeitsteilung das einmal erreichte wissenschaftlich-technische Niveau konserviert.

Die zunehmend erforderliche Umverteilung der Ressourcen zwischen den Zweigen, ihre Konzentration auf wechselnde Schwerpunkte in Wissenschaft und Technik stellt ebenfalls neue Anforderungen an die Gestaltung der Integrationsprozesse. Gleiches gilt für die zunehmende Bedeutung der Alternative: höhere Qualität und somit bessere Bedürfnisbefriedigung oder Ausdehnung der Bedürfnisbefriedigung durch wachsende Produktion bei gleichbleibenden Gebrauchswertparametern.

Die soeben aufgeworfenen Probleme und deren Lösung stehen, wenn auch sehr differenziert, vor allen RGW-Ländern. Sie müssen so gelöst werden, daß die wichtigsten allgemeinen mit der Verflechtung der Produktion verbundenen Ziele, wie stabile und langfristige Versorgung mit Rohstoffen, Brennstoffen und Energie, Bedarfsdeckung bei Maschinen und Ausrüstungen mit höchstem wissenschaftlich-technischem Niveau sowie Befriedigung des Bedarfs an hochwertigen Konsumgütern immer besser zu realisieren sind. Diese Zielstellungen der RGW-

[18] Vgl. A. Antschischkin, Die erweiterte Reproduktion unter den Bedingungen des entwickelten Sozialismus, in: Sowjetwissenschaft. Gesellschaftswissenschaftliche Beiträge, 3/1977, S. 228.

[19] Ebenda, S. 229.

Länder werden durch eigene Anstrengungen und internationale Wirtschaftsverflechtung schrittweise mehr und mehr erreicht. Manchmal noch bestehende Engpässe und eine zu knappe Warendecke im gegenseitigen Austausch stimulieren Tendenzen der Eigenversorgung und mindern so Tempo und Intensität der Verflechtung. Mit anderen Worten, das Tempo der wirtschaftlichen Verflechtung zwischen den RGW-Ländern ist auf das engste damit verbunden, inwieweit von allen Partnern modernste und für Konsumtion und volkswirtschaftliches Wachstum entscheidende Waren durch die Zusammenarbeit in ausreichendem Maße bereitgestellt werden können.

Die Effektivität der Produktion wird im internationalen Austausch sehr wesentlich durch die Preise auf den jeweiligen Märkten modifiziert. Mit dem bereits zitierten Beschluß der 70. Tagung des Exekutivkomitees des RGW werden die in den 70er Jahren eingetretenen Veränderungen im Preisniveau und in Preisrelationen zwischen Rohstoffen und Fertigerzeugnissen auf dem Weltmarkt auch im Warenaustausch und in arbeitsteiligen Prozessen zwischen diesen Ländern berücksichtigt. Damit verbunden sind weitreichende Einflüsse auf die Effektivität der Außenwirtschaftsbeziehungen, auf die Handels- und Zahlungsbilanzen, aber auch auf Investitions- und Strukturentscheidungen. G. Danov charakterisiert die internationalen Preisverhältnisse als einen wesentlichen strukturbildenden Faktor und leitet daraus Aufgaben und Probleme der bulgarischen Volkswirtschaft ab.[20] Deutlich wird dabei auch, daß die radikalen Veränderungen der internationalen Preise seit den Jahren 1973 und 1974 ihre nicht zu übersehende Wirkung in der außenwirtschaftlichen Verflechtung der RGW-Länder hinterlassen haben. Das Integrationstempo wird somit auch davon abhängen, in welcher Frist die RGW-Länder die mit den Verschiebungen aufgetretenen Probleme durch die (langfristige) Verbesserung der Effektivität außenwirtschaftlicher Prozesse lösen werden.

Die wirtschaftliche Verflechtung zwischen den RGW-Ländern geht nicht isoliert von der weltweiten internationalen Arbeitsteilung vonstatten. Einerseits ist sie nicht selten eine entscheidende Voraussetzung für die RGW-Länder, um mit hoher Effektivität auf dritten Märkten aufzutreten. Andererseits stellen die Wirtschaftsbeziehungen zu nichtsozialistischen Ländern nicht geringe Anforderungen an die Leistungsfähigkeit der Volkswirtschaften. Günstige Möglichkeiten für die Erweiterung der ökonomisch-technischen Beziehungen zu den Entwicklungsländern und die rasche Steigerung rentabler, weltmarktfähiger Exporte in die kapitalistischen Industrieländer ergeben sich dann, wenn sie Spezialisierung und Kooperation zwischen den RGW-Ländern zur Grundlage haben, wenn sie mit der Vervollkommnung der Produktionsstruktur verbunden sind. Auf diese Weise wird es auch leichter, Verbesserungen der Exportstruktur durchzu-

[20] Vgl. G. Danov, Problemy, koito poraždat meždunarodnite ceni v nacionalnija ikonomičeski mechanizăm, in: Vănšna Tărg., (Sofija), 3/1977, S. 3/4.

setzen, Handelshemmnisse seitens kapitalistischer Staaten abzubauen und durch gemeinsames Auftreten die Versuche imperialistischer Staaten zur Abwälzung der Krise abzuwehren.

4.3. Zum Entwicklungsstand der internationalen Zusammenarbeit und wirtschaftlichen Verflechtung in ausgewählten Produktionsbereichen

Die aufgezeigte Komplexität der wirtschaftlichen Verflechtung der RGW-Länder ist nicht allein durch Kennziffern, die sich vorwiegend auf den Außenhandel beziehen, zu messen. Die engen Wechselbeziehungen zwischen volkswirtschaftlicher und internationaler Verflechtung, die sich in den Strukturen und Proportionen der Volkswirtschaft niederschlagen, lassen es nicht zu, den Verflechtungsgrad mit den wachsenden Außenhandelsvolumina und deren Strukturveränderungen oder allein mit dem Anteil spezialisierter Erzeugnisse am Außenhandelsvolumen zu messen.

Es ist notwendig, zusätzliche und neue Kriterien zu entwickeln, um den Grad der effektiven internationalen Verflechtung einer sozialistischen Volkswirtschaft zum Ausdruck zu bringen und zu messen. Neben den bisher üblichen Kriterien der außenwirtschaftlichen Verflechtung, wie Anteile des Exports an der Produktion und Anteile des Imports am Verbrauch, sind das vor allem:

— der Anteil des internationalen Technologietransfers an der Entwicklung und Überführung neuer, hochwertiger Technologien;

— der Anteil der international spezialisierten und kooperierten Produktion an der volkswirtschaftlichen Gesamtproduktion bzw. an einzelnen Produktionen und der Einfluß dieser Spezialisierung und Kooperation auf die Optimierung der im einzelnen recht unterschiedlichen Konzentrationsprozesse;

— der Anteil der Zusammenarbeit auf dem Gebiet der Investitionen, der Anteil der Lieferungen von Investitionsgütern und der Investitionskredite an den volkswirtschaftlichen Investitionen und ihrer Finanzierung.

Jede dieser Kennziffern spiegelt eine *wesentliche Seite* des Verflechtungsprozesses der Volkswirtschaften wider, ist allein aber nicht aussagefähig genug oder auch mit bestimmten Problemen in der Aussagekraft behaftet, wie beispielsweise der Anteil spezialisierter Erzeugnisse am Außenhandelsvolumen. Einerseits zeigt die Wirtschaftspraxis, daß dieser Spezialisierungsgrad gerade bei kleinen Serien sehr hoch ist, die Effektivitätsvorteile aber gerade in der Massenproduktion zu erwarten sind. Andererseits geht bei bestimmten Erzeugnissen von einem geringen Austauschvolumen eine große Wirkung aus, wenn die Kooperationsketten innerhalb der Volkswirtschaft in die Betrachtung einbezogen werden. Das wird auch bei den noch darzustellenden zweigspezifischen Besonderheiten deutlich.

Aus diesen Gründen werden sich die nachfolgenden Untersuchungen zum Entwicklungsstand der internationalen Verflechtung in ausgewählten Produktionsbereichen auf einige wesentliche Prozesse und vor allem auf übergreifende Aussagen konzentrieren.

Wenn vom Querschnitt der materiell-stofflichen Verflechtung im Prozeß der sozialistischen Wirtschaftsintegration ausgegangen wird, lassen sich Fortschritte sowohl auf dem Gebiet von Wissenschaft und Technik, in der Spezialisierung und Kooperation der Produktion, als auch auf dem Feld der Investitionszusammenarbeit verzeichnen:

— Wenn auch der weit größere Anteil der Aufwendungen für neue Verfahren, Techniken und Technologien in den RGW-Ländern getätigt wird, so wachsen die für die wissenschaftlich-technische Zusammenarbeit dieser Länder vorgesehenen Ausgaben beständig an. In der DDR beispielsweise sind schon 80% der Staatsplanaufgaben in Wissenschaft und Technik in irgendeiner Form darin einbezogen.

— Der Anteil spezialisierter und kooperierter Erzeugnisse an der Produktion bestimmter Bereiche der Industrie und an ihrem Außenhandelsumsatz nimmt beständig zu, wobei gerade in den letzten Jahren erhebliche Fortschritte erzielt wurden. Beispielsweise erreichte der *Anteil spezialisierter Erzeugnisse am Gesamtexport von Maschinen und Ausrüstungen* im gegenseitigen Handel der RGW-Länder 1976 31%.[21]

— Die für gemeinsame Integrationsmaßnahmen eingesetzten Investitionsmittel haben sich rasch erhöht und gewinnen neue Dimensionen.[22]

Wegen der Bedeutung des Anteils spezialisierter Erzeugnisse am gegenseitigen Außenhandel als ein wesentlicher Ausdruck der internationalen Wirtschaftsverflechtung der RGW-Länder soll darauf noch näher eingegangen werden. Gerade in der ersten Hälfte der 70er Jahre konnte dieser Anteil wesentlich erhöht werden, so daß er gegenwärtig im Durchschnitt der RGW-Länder bei etwa 20% liegt. Als dynamischster Sektor erweisen sich die gegenseitigen Lieferungen von Maschinen und Ausrüstungen. Im gegenwärtigen Planjahrfünft werden sie etwa 90 Mrd. Rubel ausmachen. Im Zeitraum von 1971 bis 1975 waren es 52 Mrd. Rubel und von 1966 bis 1970 27 Mrd. Rubel, die auf Maschinen und Ausrüstungen entfielen.[23]

Die rasche Entwicklung der Lieferungen in diesem Bereich führte dazu, daß zur Zeit mehr als 50% des gegenseitigen Austauschs der RGW-Länder auf dem Gebiet von Maschinen und Ausrüstungen erfolgen. So ist es auch verständlich, wenn der Anteil spezialisierter Erzeugnisse auf diesem Gebiet beträchtlich über dem Durchschnitt des RGW-Außenhandels liegt.

Anschauliches Beispiel dazu sind die in den Tabellen 37 und 38 aufgeführten

[21] Vgl. G. Grüner, Schritte zur weiteren Vertiefung der sozialistischen ökonomischen Integration, in: Die Wirtschaft, 14/1977, S. 28.

[22] Vgl. hierzu S. 111/112 dieser Arbeit.

[23] Vgl. Na XXXI zasedanii sessii Soveta Ėkonomičeskoj Vzaimopomošči, in: Ėkonomičeskoe sotrudničestvo stran-členov SĖV (Moskva), S. 44.

multilateralen Abkommen über die Spezialisierung und Kooperation im Maschinenbau und im Bauwesen sowie in der Baumaterialienindustrie. Besonders deutlich wird in beiden Tabellen die bedeutende Rolle der Sowjetunion im Prozeß der Produktionsspezialisierung und -kooperation der RGW-Länder.

Seitens der DDR wurden bis Ende 1976 mit anderen Mitgliedsländern des RGW etwa 400 bilaterale und multilaterale Vereinbarungen über die Spezialisierung und Kooperation abgeschlossen, davon allein 160 im Jahre 1976.[24] Mitte des Jahres 1979 waren es etwa 5000 solcher zwei- und mehrseitiger Abkommen, an denen die DDR beteiligt ist. Der Anteil spezialisierter und kooperierter Erzeugnisse des Maschinenbaus am Gesamtexport von Maschinen und Ausrüstungen in die Mitgliedsländer des RGW erhöhte sich 1978 auf 44% gegenüber 26% im Jahre 1975.[25] Ähnliche Zahlen ließen sich auch für andere RGW-Länder anführen.

Vor allem im gegenseitigen Austausch spezialisierter Erzeugnisse zwischen der Sowjetunion und den übrigen RGW-Ländern wurden in den 70er Jahren bedeutende Erfolge erzielt.[26] Das schlägt sich auch in den Zielstellungen im

Tabelle 37

Multilaterale Abkommen über die Spezialisierung und Kooperation im Maschinenbau (Stand 1977)

Land	Teilnahme an Abkommen	Anteil des jeweiligen Landes an den in den Abkommen erfaßten Positionen (in %)
Insgesamt	59	
darunter:		
VRB	53	13
ČSSR	54	24
DDR	54	24
VRP	57	25
SRR	28	20
UdSSR	53	54
UVR	52	17

Quelle

DDR/Außenwirtschaft, 38/1978, S. 1.

[24] Vgl. G. Weiß, Auf dem Wege der sozialistischen ökonomischen Integration, aus der Rede auf der XXXIII. Ratstagung, in: Einheit, 8/1977, S. 929.

[25] Vgl. W. Stoph, Alle Kraft für neue Erfolge auf dem gemeinsamen Weg, in: Neues Deutschland vom 28. Juni 1979, S. 6 (Aus der Rede auf der XXXII. Tagung des RGW).

[26] Vgl. G. Grüner, Die UdSSR — Kraftquell der sozialistischen ökonomischen Integration im RGW, in: Die Wirtschaft, 19/1977, S. 21.

Tabelle 38
Multilaterale Abkommen über die Spezialisierung und Kooperation der Produktion von Maschinen und Ausrüstungen für das Bauwesen und die Baumaterialienindustrie (Stand Dezember 1975)

	Teilnahme am Abkommen	Anzahl der Typen, die in den einzelnen Ländern hergestellt werden
Gesamtzahl der Abkommen:	6	
Gesamtzahl der spezialisierten Maschinen und Ausrüstungen	468[1]	
Anzahl der Typen, die in		
einem Land	253	
zwei Ländern	120	
drei und mehr Ländern	95	
hergestellt werden		
Land		
VRB	6	35
ČSSR	6	101
DDR	6	97
VRP	6	113
SRR	4	102
UdSSR	6	283
UVR	5	65

[1] Einschließlich 12 Typen von technologischen Linien.

Quelle
DDR/Außenwirtschaft, 38/1978, S. 8.

Warenaustausch zwischen der DDR und der Sowjetunion nieder. Der Anteil der spezialisierten Erzeugnisse am gesamten Warenaustausch soll im Zeitraum von 1976 bis 1980 von 27 auf 35% steigen.

Gerade die langfristig angelegten und stabilen Aufträge der Sowjetunion bilden eine solide Basis für eine effektive Profilierung des Maschinenbaus der anderen RGW-Länder. Beispiele dafür sind die Produktion von Transport- und Hebeausrüstungen in der VR Bulgarien, von Autobussen und diversen Baugruppen für den Kraftfahrzeugbau in der Ungarischen VR, von Schienenfahrzeugen, Schiffen, Schmiede- und Umformausrüstungen in der DDR, Schiffen, Bau- und Wegebaumaschinen, Förderausrüstungen in der VR Polen, Erdölbohrausrüstungen in der SR Rumänien und Ausrüstungen für die Schwerindustrie in der ČSSR. Als Beispiele für die multilaterale Spezialisierung und Kooperation seien die Produktion schwerer Lkw, die gemeinsame mehrseitige Planung und Zusammenarbeit zur Entwicklung der materiell-technischen Basis des Containertransportsystems der RGW-Länder, die Entwicklung sowie spezialisierte Produktion numerisch gesteuerter Werkzeugmaschinen und das einheitliche System der elektronischen Rechentechnik (ESER) angeführt.

Die Verflechtung ist im Maschinenbau, in der Elektronik und Elektrotechnik sowie in der chemischen Industrie unterschiedlich entwickelt. Neben einer Reihe anderer Faktoren (z. B. Produktionstraditionen und -fertigkeiten, Kapazitäten, verfügbare Investitionen und natürliche Ressourcen) spielt vor allem das jeweils erreichte Niveau der wissenschaftlich-technischen Zusammenarbeit eine entscheidende Rolle. Auf- und Ausbau moderner Industriezweige — dazu zählen beispielsweise der Kernkraftwerksanlagenbau, die elektronische Rechentechnik, Maschinen und Ausrüstungen für die Produktion moderner chemischer Erzeugnisse sowie anderer Werkstoffe — erfordern in zunehmendem Maße eine enge Kopplung von wissenschaftlich-technischer Zusammenarbeit und internationaler Produktionsspezialisierung. Trotz noch vorhandener erheblicher Reserven wurden in dieser Frage bedeutende Erfolge erzielt. Im Ergebnis der wissenschaftlich-technischen Zusammenarbeit auf dem Gebiet des Maschinenbaus wurden mehr als 50 multilaterale Abkommen über die Spezialisierung und Kooperation der Produktion von Maschinenbauerzeugnissen abgeschlossen. Diese Abkommen berühren ungefähr 80% der Nomenklatur der metallverarbeitenden und anderen Ausrüstungen in den gegenseitigen Lieferungen der RGW-Länder (vgl. auch Tabelle 37).

Die rasche Ausdehnung des Erzeugnissortiments in der verarbeitenden Industrie und vor allem im Maschinenbau ist der Motor für die Vertiefung der Prozesse der internationalen Produktionsspezialisierung und -kooperation. Die treibende Kraft für diesen Verflechtungsprozeß ist die über wachsende Konzentrationsgrade in der Produktion zu erreichende höhere Effektivität. So haben sowjetische Ökonomen berechnet, „daß bei einer Erhöhung des Spezialisierungsgrades im Maschinenbau der Länder des RGW von 5% die Arbeitsproduktivität um etwa 20% wachsen könnte“.[27]

Verallgemeinernde Aussagen über den im Integrationsprozeß erreichten Verflechtungsgrad bietet auch eine Analyse der Warenstruktur des Exports und Imports, sowohl was die Entwicklung der Anteile einzelner Warengruppen als auch die Entwicklung der Volumina betrifft. Da sich in den folgenden Tabellen die verwendeten Ausgangsdaten auf den gesamten Export bzw. Import der untersuchten RGW-Länder beziehen, werden die Aussagen allerdings in gewisser Weise relativiert, vermitteln aber dennoch ein recht deutliches Bild.

Wie aus Tabelle A 3 ersichtlich, hat die *Warengruppe 1* (*Maschinen, Ausrüstungen, Transportmittel*) in allen europäischen RGW-Ländern, mit Ausnahme der Sowjetunion, 1978 in der Warenstruktur des Exports den größten Anteil.

[27] Vgl. G. Schürer, Die Aufgaben bei der weiteren Verwirklichung der sozialistischen ökonomischen Integration, Berlin 1975, S. 24.

Die Spanne reicht dabei von 28,5 % in der SR Rumänien bis zu 55,0 % in der DDR. Die 19,6 % für die Sowjetunion weisen auf die beträchtlich gestiegene Bedeutung ihres Rohstoffexports zur stabilen Versorgung der RGW-Länder mit mineralischen Rohstoffen, Brennstoffen und Metallen sowie auf bedeutende Roh- und Brennstoffexporte ins nichtsozialistische Wirtschaftsgebiet hin, wodurch der Anteil der Warengruppe 1 am sowjetischen Export seit 1960 etwa gleich blieb, aber dem Volumen nach um mehr als das Vierfache wuchs.

Diese entscheidende Bedeutung von Maschinen und Ausrüstungen im Export der europäischen RGW-Länder weist einerseits auf das erheblich gestiegene industrielle Entwicklungsniveau in den untersuchten Ländern hin und ist zugleich zu wesentlichen Teilen eines der wichtigsten Ergebnisse der internationalen sozialistischen Arbeitsteilung im allgemeinen, der Spezialisierung und Kooperation im besonderen.

In der *Warengruppe 2 (Brennstoffe, mineralische Rohstoffe, Metalle)* wird die schon erwähnte Situation für die Sowjetunion besonders deutlich. Der von 1960 bis 1978 von 37,6 % auf 47,6 % gestiegene Anteil dieser Warengruppe am sowjetischen Export (bei versechsfachtem Volumen!) unterstreicht, auch unter Einbeziehung der Preisentwicklung, die dominierende Stellung der Sowjetunion im Rohstoffsektor der Länder des RGW. Gleichfalls wird deutlich, daß sich die übrigen europäischen RGW-Länder auf Grund ihrer Ressourcensituation bei mineralischen Rohstoffen etwa in zwei Gruppen einteilen lassen: einerseits die VR Polen, die SR Rumänien und die ČSSR mit einem jeweiligen Exportanteil dieser Warengruppe von 24,1 %, 22,3 % und 15,3 %, andererseits die VR Bulgarien, die Ungarische VR und die DDR mit Anteilen von 8,9 %, 12,6 % und 10,1 % für das Jahr 1978.

Eine kurze Charakteristik der *Warengruppe 3 (pflanzliche und tierische Rohstoffe, Lebensmittel)* zeigt, daß hier die Exportanteile gerade ehemals weniger entwickelter Länder — traditioneller Lieferanten agrarischer Erzeugnisse — erheblich gesunken sind, wobei sie aber heute noch im Export dieser Länder, auch auf Grund günstiger klimatischer Bedingungen, eine wichtige Rolle spielen.

Die *Warengruppe 4 (industrielle Konsumgüter)* weist für alle europäischen RGW-Länder relativ hohe Exportanteile aus, wobei sich die Anteile 1978 zwischen 9,8 % für die VR Bulgarien und 20,0 % für die Ungarische VR bewegen. Eine Ausnahme bildet auch hier die Sowjetunion mit einem Anteil von 3,1 % in dieser Warengruppe. Gerade bei den industriellen Konsumgütern wird deutlich, daß sich die Sowjetunion mit einem riesigen inneren Markt bei den Austauschbeziehungen in dieser Warengruppe in einer anderen Position befindet als die anderen europäischen RGW-Länder. Nicht zu übersehen ist aber ein stark gestiegenes Volumen.

Zur *Warengruppe 5 (chemische Erzeugnisse, Düngemittel, Kautschuk, Baumaterialien u. a.)* muß vermerkt werden, daß sie in der Mehrzahl der europäischen RGW-Länder im Export eine positive Tendenz ausweist, aber noch keine entscheidende Rolle spielt. Den höchsten Exportanteil haben 1978 die Sowjetunion, die SR Rumänien und die DDR mit jeweils 19,9%, 11,7% und 12,1%. Gerade bei Erzeugnissen der chemischen Industrie müssen aber unter Nutzung bestimmter Standortvorteile und bei weitergehender Spezialisierung und Kooperation wachsende Export- und Importanteile mit hoher volkswirtschaftlicher Wirkung erreicht werden.

Wenden wir uns der *Warenstruktur des Imports* der europäischen RGW-Länder in Tabelle A 4 zu, so wird in der *Warengruppe 1* die Tendenz zu annähernd gleich großen Importanteilen deutlich. Bemerkenswert ist dabei die Entwicklung der DDR und der ČSSR. Diese Länder, mit ehemals ausgeprägtem einseitigem Export bei Maschinen und Ausrüstungen, verzeichnen vor allem auf Grund des hohen Entwicklungstempos der anderen RGW-Länder in der Produktion dieser Erzeugnisse einen rasch wachsenden Importanteil. Er entwickelte sich in der DDR von 12,7% 1960 auf 34,0% 1978 und in der ČSSR von 21,7% auf 39,9%. Das spricht von einer rasch wachsenden Intensität der Austauschbeziehungen auf diesem volkswirtschaftlich wichtigen Gebiet.

In der *Warengruppe 2* zeigen sich teils wachsende, teils abnehmende Importanteile, die aber mit einem raschen Zuwachs im Volumen verbunden sind. So stieg der Import in dieser Warengruppe in der VR Bulgarien von 1960 bis 1978 von 145 Mio Rubel auf 2020 Mio Rubel, in der VR Polen entsprechend von etwa 340 Mio Rubel auf 3163 Mio Rubel und in der Ungarischen VR von 237 Mio auf 2171 Mio Rubel.

Diese Entwicklung des wertmäßigen Volumens des Imports von Brennstoffen, mineralischen Rohstoffen und Metallen ist zu einem wesentlichen Teil auf die stark gestiegenen Weltmarktpreise für diese Erzeugnisse, darunter auch auf die im Ergebnis der 70. Exekutivkomitee-Tagung des RGW beschlossene jährliche Neufestlegung der Preise auf der Grundlage des mehrjährigen Durchschnitts der bereinigten Weltmarktpreise zurückzuführen.

Zugleich steht hinter diesem wesentlich erhöhten wertmäßigen Volumen ein gestiegenes mengenmäßiges Volumen. Das ist nicht nur darin begründet, daß die veränderten RGW-Preise bei Roh- und Brennstoffen noch unter den aktuellen Weltmarktpreisen liegen. Es zeigt sich auch in kontinuierlich gestiegenen Volumina an solchen Erzeugnissen, wie Erdöl, Erdgas und Metallen. Diese Entwicklung setzte sich im Fünfjahrplan 1976 bis 1980 mit geringerem Tempo fort. So steigt der Anteil des Imports am inneren Verbrauch von brennstoffenergetischen Ressourcen, vor allem auf der Basis sowjetischer Lieferungen, im Vergleich von 1970 zu 1980 in der VR Bulgarien von 54% auf 70%, in der Ungarischen VR von 32 auf 47 bis 48%, in der DDR von 23 auf 37%, in der VR Polen von 11 auf 14%, in der SR Rumänien von 4 auf 22% und in der ČSSR von 27 auf 39%.[28]

[28] Vgl. B. M. Pugačev, Internacionalizacija proizvodstva i socialističeskaja integracija, Moskva 1975, S. 78/79.

Eine ähnliche Tendenz zeigt sich auch an anderen Beispielen wachsender Rohstofflieferungen der Sowjetunion in die übrigen europäischen RGW-Länder. So liefert die Sowjetunion in der Fünfjahrplanperiode 1976 bis 1980 den RGW-Ländern 364 Mio t Erdöl, 90 Mrd. m^3 Erdgas und 67 Mrd. kWh Elektroenergie. Das sind fast 1,5mal soviel Energieträger wie im vorangegangenen Planjahrfünft. Weiterhin liefert die Sowjetunion von 1976 bis 1980 114 Mio t Eisenerz und 27 Mio t Walzstahl, womit die Lieferungen des Zeitraumes 1971 bis 1975 ebenfalls wesentlich übertroffen werden.[29]

In der *Warengruppe 3* zeigen sich relativ gleich hohe Importanteile bei allen RGW-Ländern. Sie liegen zwischen 10,0% in der VR Bulgarien und 20,8% in der DDR im Jahre 1978. Der Importanteil der Sowjetunion weicht mit 24,1% vom Durchschnitt nach oben ab. Bemerkenswert ist die Entwicklung dieser Importanteile im Vergleich von 1960 bis 1977 für die VR Polen, bis 1978 für die ČSSR und die Ungarische VR mit einer deutlich sinkenden Tendenz, was wesentliche Rückschlüsse auf eine stabile Entwicklung dieser Bereiche in den angeführten Ländern zuläßt.

In der *Warengruppe 4* weist die Tabelle A 4 im wesentlichen geringe Importanteile aus, wobei die Sowjetunion mit 11,8% für 1978 eine besondere Stellung einnimmt. Hier wirken die gleichen Ursachen wie beim Export in dieser Warengruppe. Wenn auch die Importanteile der RGW-Länder im wesentlichen seit 1960 geringe Veränderungen aufweisen, zeigt doch der rasche absolute Zuwachs einen gestiegenen Austausch, aber auch eine wachsende Arbeitsteilung auf dem Gebiet der industriellen Konsumgüter.

Ähnliche Tendenzen treffen auf die *Warengruppe 5* zu, in der bei meist gleichbleibenden Anteilen — eine wesentliche Ausnahme bildet allein die DDR — eine beträchtliche Zunahme im wertmäßigen Importvolumen festzustellen ist. Zugleich zeigt sich auch im Import ein bestimmtes Zurückbleiben bei volkswirtschaftlich wichtigen chemischen Erzeugnissen, wie Mineraldünger, Kautschuk, Baumaterialien u. a., vergleicht man beispielsweise die Entwicklung ihrer Importanteile mit denen der Maschinen, Ausrüstungen und Transportmittel.

Einen Überblick über die Export-Import-Relationen, aber auch über einige Tendenzen der Teilnahme der europäischen RGW-Länder an der internationalen Arbeitsteilung vermittelt Tabelle 39.

Die in der Tabelle ausgewiesenen Export- bzw. Importüberschüsse der einzelnen RGW-Länder machen deutlich, mit welcher Entwicklungstendenz und vor allem mit welchem Volumen die Veränderung der Export-Import-Relationen vor sich geht. Leider lassen sich diese Prozesse, da sich die Angaben auf den jeweiligen Gesamtexport bzw. Gesamtimport beziehen, nicht für RGW-Länder und Nicht-RGW-Länder getrennt darstellen. Doch sind zumindest zwei Prozesse nicht zu übersehen:

[29] Vgl. G. Grüner, Die UdSSR — Kraftquell der sozialistischen ökonomischen Integration im RGW, in: Die Wirtschaft, 19/1977, S. 20.

Tabelle 39
Export- bzw. Importüberschuß der europäischen Mitgliedsländer des RGW bei ausgewählten Warengruppen (Export minus Import; in Mio Rbl.)

Land	Waren-gruppen	1960	1965	1970	1975	1978
VRB	1	−183,35	200,84	− 145,93	− 245,12	300,67
	2	− 90,89	202,61	− 333,45	−1121,51	− 1564,31
	3	48,95	89,83	171,25	154,50	286,76
ČSSR	1	439,23	466,72	609,27	510,14	809,90
	2	−124,12	− 182,23	− 146,79	− 637,14	− 1317,19
	3	298,79	274,26	283,85	573,06	809,85
DDR	1	722,81	920,12	639,26	1219,92	1745,24
	2	448,42	− 632,89	− 786,96	−1656,40	− 2237,49
	3	195,36	426,27	636,08	701,52	929,09
VRP	1	− 27,15	4,87	53,89	− 499,52	101,55
	2	65,08	− 24,94	− 100,57	− 574,67	− 740,23
	3	46,46	105,41	306,26	625,50	1517,89
SRR	1	88,17	− 200,32	− 330,87	− 374,12	− 689,78
	2	38,03	− 55,53	− 157,99	− 632,82	− 996,50
	3	7,09	44,09	26,33	15,92	739,53
UdSSR	1	−539,08	−1001,13	−1282,20	−4546,77	− 7522,59
	2	869,43	2131,48	3143,16	7367,89	12243,80
	3	−710,95	− 845,91	−1621,26	−2695,38	− 2971,90
UVR	1	59,82	66,13	− 5,65	− 20,38	− 569,17
	2	−136,37	− 181,40	− 223,21	− 792,48	− 1257,23
	3	96,45	218,61	273,31	489,93	783,25

[1] Maschinen, Ausrüstungen, Transportmittel.
[2] Mineralische Rohstoffe, Brennstoffe, Metalle.
[3] Industrielle Konsumgüter.

Quelle
Berechnet nach den Tabellen A 3 und A 4.

Erstens zeigen sich deutlich die Veränderungen in der Stellung eines Landes als Nettoexporteur bzw. Nettoimporteur bei wichtigen Warengruppen. Zu verzeichnen sind hierbei sowohl beständige Nettoexporteure (z. B. DDR und ČSSR bei Maschinen, Ausrüstungen und Transportmitteln, aber auch bei industriellen Konsumgütern; die Sowjetunion bei Brennstoffen, Rohstoffen und Metallen) als auch beständige Nettoimporteure (z. B. VR Bulgarien und UdSSR bei Maschinen, Ausrüstungen und Transportmitteln; außer der Sowjetunion sämtliche europäischen RGW-Länder bei Brennstoffen, Rohstoffen und Metallen[30]) wie auch Länder, die zwischen Nettoexport und Nettoimport schwanken (z. B. die VR Polen bei Maschinen, Ausrüstungen und Transportmitteln).

Zweitens lassen die Angaben erkennen, wie sich die zwischen- und innerzweigliche Arbeitsteilung verändert hat, nachdem der frühere Austausch von Maschinen und Ausrüstungen gegen Roh- und Brennstoffe sowie agrarische Erzeugnisse einer neuen Austauschstruktur mit einem bedeutenden Volumen des gegenseitigen Handels mit Maschinen und Ausrüstungen gewichen ist. Es hat sich nicht nur die zwischenzweigliche Arbeitsteilung zwischen Industrie, Landwirtschaft und extraktiver Industrie verändert, es gingen und gehen zugleich in wachsendem Maße *innerzweigliche* Verschiebungen vor sich, und zwar sowohl in der *verarbeitenden Industrie* (namentlich im Maschinenbau), in der *Landwirtschaft* (in Richtung abnehmender Importanteile in der DDR, der ČSSR und der Ungarischen VR) als auch in der *extraktiven Industrie* (u. a. Beteiligung anderer RGW-Länder am Aufschluß und der Ausbeute von Brenn- und Rohstoffen). Die europäischen RGW-Länder überwinden also das alte, historisch überkommene Modell der gegenseitigen Arbeitsteilung vor allem auf der Grundlage ihrer innerzweiglichen internationalen Zusammenarbeit und Kooperation.

Die Art und Weise der Verflechtung auf dem Gebiet der Energie, Brenn- und Rohstoffe unterscheidet sich vor allem durch ihre Rolle im Reproduktionsprozeß und den hohen Einfluß der natürlichen Reproduktionsbedingungen. Wie aus den Tabellen ersichtlich, nimmt die Warengruppe 2 (Brennstoffe, mineralische Rohstoffe und Metalle) im Außenhandel der RGW-Länder in der Regel nur den zweiten oder dritten Platz ein. Hieraus die Schlußfolgerung abzuleiten, daß der Verflechtungsgrad der Volkswirtschaft auf diesem Gebiet geringer als im Maschinenbau und der metallverarbeitenden Industrie sei, wäre indes verfehlt. Im Gegenteil: Wegen der grundlegenden Bedeutung der Rohstoffe, Brennstoffe und Metalle für das volkswirtschaftliche Wachstum besitzt der Verflechtungsprozeß auf diesem Gebiet eine besondere Bedeutung, die nicht einfach und nur im Außenhandelsanteil zum Ausdruck kommt.

Vor allem die Fonds- und Investitionsintensität des Rohstoff-, Brennstoff- und Energiekomplexes stellt weitergehende Anforderungen an die Gestaltung des Verflechtungsprozesses. Die gemeinsame Nutzung der Rohstoffbasis durch die RGW-Länder erfordert deshalb auch gemeinsame Anstrengungen, insbesondere bei den Investitionen. Zu den bedeutendsten bisherigen Abkommen über die Investitionsbeteiligung gehören die bekannten Objekte zur Erweiterung der Produktion von Eisenerz in der Sowjetunion, das Zellstoffkombinat Ust-Ilim, das Asbestkombinat Kijem-Bai, die Erdgasleitung Orenburg (Westgrenze UdSSR), der

[30] Bei den wachsenden Importüberschüssen aller RGW-Länder (außer der UdSSR) in der Warengruppe 2 fällt auch auf, daß solche Länder, wie die VR Polen und die SR Rumänien, die 1960 noch einen Exportüberschuß hatten, in den folgenden Jahren ebenfalls zu reinen Importländern in der Gruppe der mineralischen Rohstoffe, Brennstoffe und Metalle wurden.

Bau einer Energieübertragungsleitung aus der Sowjetunion, die Schaffung neuer Produktionskapazitäten für nickel- und kohlehaltige Erzeugnisse in Kuba u. a. Dazu gehört auch eine Reihe bilateraler Investitionsabstimmungen, wie der gemeinsame Bau der Äthylen-Anlage in Zaluži (ČSSR) und in Böhlen (DDR), Objekte des Olefinprogramms zwischen der Sowjetunion und der Ungarischen VR.

Die Investitionsbeteiligung stellt hohe materielle Anforderungen an die an den Investitionsobjekten beteiligten Länder, da ein wesentlicher Teil der Aufwendungen durch konkrete Lieferungen für diese Investitionsobjekte zu leisten ist. Unter anderem sind das Großrohre, Armaturen, Kompressoren und Baumaschinen für die Orenburger Erdgasleitung; Brech- und Mahlanlagen, Förderausrüstungen und Stahlkonstruktionen für das Asbestkombinat Kijem-Bai; metallurgische Ausrüstungen, Tagebaugeräte sowie Transportausrüstungen für die Erweiterung von Walzstahlkapazitäten und die Förderung von Eisenerz in der Sowjetunion. Dabei werden sowohl Maschinen und Ausrüstungen benötigt, die bisher nicht im Produktionsprogramm der Rohstoffimporteure enthalten sind und somit zusätzliche Entwicklungskosten erfordern, als auch Maschinen und Ausrüstungen, die auch zum weiteren Ausbau der eigenen Rohstoff-, Brennstoff und Energiebasis benötigt werden. Das führt zu einer gewissen Anspannung bei der Versorgung mit Maschinen und Ausrüstungen für den Rohstoff-, Brennstoff- und Energiekomplex und machte auch entsprechende Importe aus kapitalistischen Industrieländern notwendig. Es muß aber auch gesehen werden, daß es noch wesentliche Reserven im Spezialisierungs- und Kooperationsgrad zwischen den RGW-Ländern in diesem Sektor von Maschinen und Ausrüstungen gibt. Auch im wissenschaftlich-technischen Niveau dieser Maschinen und Ausrüstungen können durch engere wissenschaftlich-technische Zusammenarbeit der RGW-Länder weitere Reserven erschlossen werden, die gerade in der Rohstoffförderung und -verarbeitung, in der Brennstoff- und Energieproduktion positiv auf die Grundfonds- und Investitionsintensität einwirken.

Bisher war der Konsumgütersektor durch einen relativ geringen Grad der Verflechtung gekennzeichnet; die Produktion erfolgte hauptsächlich zur Deckung des Eigenbedarfs. Der seit Beginn der 70er Jahre überdurchschnittlich erhöhte Außenhandel mit industriellen Konsumgütern hat dazu beigetragen, daß nicht nur Umfang und Sortiment des Einzelhandelsangebots industrieller Konsumgüter in allen RGW-Ländern gestiegen sind, sondern sich auch auf diesem Gebiet Verflechtungsprozesse entwickeln. Das gilt insbesondere für Radios, Fernsehempfänger, Kühlschränke, elektrische Haushaltgeräte, Personenkraftwagen, teilweise auch für Möbel und in wachsendem Maße für Textilien und Konfektionserzeugnisse.

4.4. Zu einigen Hauptrichtungen der komplexen sozialistischen internationalen Arbeitsteilung

Der in den Direktiven der Parteitage der Bruderparteien und in den Fünfjahrplänen 1976 bis 1980 vorgesehene Ausbau der materiell-technischen Basis stellt steigende Anforderungen an die weitere internationale Verflechtung der sozialistischen Volkswirtschaften. Die generellen Aufgaben einer rationelleren Nutzung und koordinierten Entwicklung des ökonomischen und wissenschaftlich-technischen Potentials der RGW-Länder, der Erhöhung der Effektivität der Produktion und der Qualität der Erzeugnisse, der langfristig stabilen Deckung des Bedarfs der Integrationspartner an Rohstoffen, Brennstoffen, Energie, hocheffektiven Maschinen und Ausrüstungen sowie qualitativ hochwertigen Konsumgütern sind unter veränderten Reproduktionsbedingungen zu verwirklichen. Deshalb wird es vor allem erforderlich, der zunehmenden Komplexität der Reproduktionsprozesse zu entsprechen, um bei den notwendigen Schlußfolgerungen für die sozialistische ökonomische Integration den Anforderungen an wachsende Stabilität, Kontinuität und Langfristigkeit, verbunden mit hoher Effektivität, gerecht werden zu können.

Im Programm der SED sind die Hauptrichtungen zur Lösung dieser Aufgaben folgendermaßen fixiert:

„— die volle Nutzung der Vorzüge der internationalen sozialistischen Arbeitsteilung und Kooperation, die eine grundlegende Voraussetzung für die Erhöhung der Effektivität der Wirtschaftstätigkeit, für die Vervollkommnung der Produktionsstruktur ist,

— die schrittweise Herausbildung einer integrierten Brennstoff- und Energiewirtschaft, die den Interessen der sozialistischen Staatengemeinschaft entspricht und die effektivste Deckung des wachsenden Bedarfs der RGW-Länder gewährleistet,

— die abgestimmte Entwicklung des Maschinenbaus, der Konsumgüterindustrie u. a. wichtiger Zweige der Volkswirtschaft,

— die Vertiefung der Spezialisierung und Kooperation in Forschung und Produktion auf der Grundlage gemeinsamer langfristiger Programme.“[31]

Diese für eine längere Periode festgelegten Hauptrichtungen der Teilnahme der DDR an der RGW-Zusammenarbeit werden, wie die Integrationspraxis zeigt, schrittweise mit Erfolg verwirklicht. Eine zentrale Rolle spielen dabei die langfristigen Zielprogramme der Zusammenarbeit, mit deren Hilfe für Schlüsselzweige der Produktion langfristig die Aufgaben der sozialistischen internationalen Arbeitsteilung international koordiniert werden. Damit werden Prozesse der effektiven Verflechtung in entscheidenden Bereichen der Volkswirtschaftskomplexe stark ausgebaut. Auf der XXXII. Tagung des RGW konnten drei

[31] Programm der Sozialistischen Einheitspartei Deutschlands, Berlin 1976, S. 33.

der fünf vorgesehenen Zielprogramme und auf der XXXIII. Tagung weitere zwei angenommen werden.[32] Im einzelnen sind das:

1. Das langfristige Zielprogramm der Zusammenarbeit in der Energie- und Brennstoffwirtschaft. Es umfaßt vor allem die beschleunigte Entwicklung der Kernenergetik, die erhöhte Förderung und effektivere Nutzung einheimischer fester Brennstoffe, die Weiterentwicklung der vereinigten Elektroenergiesysteme und die tiefere Spaltung von Erdöl, um nur einige wesentliche Aufgaben zu nennen.

2. Das langfristige Zielprogramm in der Land- und Nahrungsgüterwirtschaft, mit welchem vor allem eine intensive Entwicklung der Produktion von Getreide, tierischen Erzeugnissen u. a. wichtigen Agrarerzeugnissen angestrebt wird.

3. Das langfristige Zielprogramm der Zusammenarbeit im Maschinenbau, das ein hohes Entwicklungstempo in der Produktion moderner Maschinen, Ausrüstungen und Geräte für die verschiedensten Zweige der Volkswirtschaft vorsieht.

4. Das langfristige Zielprogramm der Zusammenarbeit auf dem Gebiet industrieller Konsumgüter, das auf die Erneuerung und Erweiterung des Sortiments entsprechend der wachsenden Bevölkerungsnachfrage und auf die Vereinigung der Anstrengungen zur Einführung neuer technologischer Prozesse orientiert.

5. Das langfristige Zielprogramm der Zusammenarbeit bei der Entwicklung effektiver Transportverbindungen zwischen den RGW-Ländern. Damit zusammenhängend, sollen die Beförderungsleistungen durch Binnenschiffahrt und Straßenverkehr erhöht, die Containerbeförderung und andere moderne Transportarten erweitert sowie Be- und Entladearbeiten mechanisiert werden.

Diese langfristigen Zielprogramme der Zusammenarbeit sind wichtige Dokumente für den Ausbau der bi- und multilateralen Zusammenarbeit der RGW-Länder. Eine gegenwärtige Aufgabe besteht besonders darin, durch die Ausarbeitung entsprechender Abkommen und ihre Einbeziehung in die Fünfjahrplankoordinierung die vorgesehenen Ziele konsequent zu realisieren. Zwischen der XXXII. und XXXIII. Ratstagung wurden durch die interessierten Länder bereits 22 Abkommen zur Realisierung der Programme abgeschlossen. Sie reichen von Abkommen über die Zusammenarbeit bei der Entwicklung der Energiewirtschaft und des Maschinenbaus bis hin zu solchen Vorhaben, wie Rekonstruktion und technische Umrüstung wichtiger internationaler Eisenbahnstrecken, die komplexe Entwicklung und Rekonstruktion von Autobahnen bis zur gemeinsamen Nutzung internationaler Fluglinien.

Mit dem Zeithorizont der langfristigen Zielprogramme von 10 bis 15 Jahren werden für die RGW-Länder die Voraussetzungen geschaffen, um über eine längere Perspektive die Produktions-, Export- und Importstrukturen abzustimmen

[32] Vgl. Kommuniqué der XXXII. Tagung des RGW, in: Neues Deutschland vom 30. Juni 1978, S. 6 und Kommuniqué der XXXIII. Tagung des RGW, in: Neues Deutschland vom 30. Juni/1. Juli 1979, S. 6.

und so eine weitergehende Verflechtung und Ergänzung von Produktions-, Export- und Importlinien zu erreichen. Die in diesem Prozeß angestrebte Stufe der Stabilität in der Wissenschafts- und Produktionsverflechtung wird einerseits ein entscheidender Stimulus für weitere Integrationsfortschritte sein und bietet gleichzeitig bessere Voraussetzungen für die volkswirtschaftliche Planung und ihre internationale Koordinierung.

Die langfristigen Zielprogramme der Zusammenarbeit und die Arbeiten zur Koordinierung der Volkswirtschaftspläne für den Zeitraum 1981 bis 1985 stehen in engem Zusammenhang zu den bilateralen Programmen der Spezialisierung und Kooperation. Insgesamt geht es dabei um die Spezialisierung und Kooperation in volkswirtschaftlichen Maßstäben, die sich nur im Zeithorizont langfristiger Zielprogramme und in der Koordinierung mehrerer Fünfjahrplanperioden durchsetzen lassen.

Wie aus den Wechselbeziehungen zwischen der Rohstoff-, Brennstoff- und Energiewirtschaft und anderen Bereichen der Volkswirtschaft sowie aus dem bisher erreichten Verflechtungsgrad des internationalen Austausches auf diesem Sektor hervorgeht, nimmt die *stabile Versorgung der RGW-Länder mit Rohstoffen, Brennstoffen und Energie* eine *Schlüsselstellung im Prozeß der sozialistischen Wirtschaftsintegration* ein. Auch wenn alle Möglichkeiten einer rationelleren Verwendung von Rohstoffen, Brennstoffen und Energie genutzt werden, wird sich mit dem weiteren hohen Entwicklungstempo der Volkswirtschaften der Bedarf an diesen Erzeugnissen erhöhen. Das in den Ländern der RGW-Gemeinschaft erreichte hohe wirtschaftliche Entwicklungsniveau führt zu Bedarfsgrößen neuer Dimensionen, da hinter den stabilen Wachstumsraten des Nationaleinkommens ein erhebliches Zuwachsvolumen der Warenproduktion und damit auch des Rohstoff-, Brennstoff- und Energieverbrauchs steht. So wird beispielsweise der Energieverbrauch der RGW-Mitgliedsländer, die Sowjetunion nicht einbezogen, nach Prognoseeinschätzungen von 580 Mio t Einheitsbrennstoff 1975 auf 780 Mio t 1980 und auf über 1 Mrd. t 1990 ansteigen.[33]

Wie die Analyse der Situation bei den brennstoffenergetischen Ressourcen erkennen läßt, wird auch bei allen Anstrengungen der RGW-Länder zum Ausbau der eigenen Brennstoff- und Energiebasis ein wesentlicher Teil des Inlandverbrauchs aus der Sowjetunion importiert werden müssen. Wir hatten schon gezeigt, daß die Reproduktionsbedingungen der Brennstoff- und Energiewirtschaft dazu zwingen, von den traditionellen Außenhandelsbeziehungen zu einer enger werdenden direkten Zusammenarbeit, vor allem in Form zunehmender Investitionsbeteiligungen bei der Rohstofferschließung in der Sowjetunion und in anderen RGW-Ländern, überzugehen. Daraus und aus den Anstrengungen, die eigenen Roh- und Brennstoffressourcen weiter zu erschließen, folgt ein rasch

[33] Vgl. I. D. Kozlov/A. A. Jakušin, Nekotorye voprosy razrabotki dolgosročnoj celevoj programmy sotrudničestva stran SĖV v toplivno-ėnergetičeskich otrasljach, Izvestija Akademii Nauk SSSR — Serija Ėkonomičeskaja, 3/1977, S. 93.

wachsender Bedarf an Maschinen und Ausrüstungen für die Förderung, die Verarbeitung und den Transport von Rohstoffen sowie an Ausrüstungen und Material für die erforderliche Infrastruktur.

Das rasche Schließen dieser Bedarfslücken mit Unterstützung durch Maßnahmen der sozialistischen ökonomischen Integration erfordert in allen europäischen RGW-Ländern erhöhte Anstrengungen in den Zweigen des Schwermaschinenbaus, die mit einer Kette von Forderungen an eine Reihe weiterer Industriezweige verbunden sind. Auf der XXXIII. Ratstagung hat W. Stoph erklärt, daß die DDR ihre Anstrengungen verstärken wird, „um durch Lieferungen von Ausrüstungen und Anlagen die Entwicklung der Roh- und Brennstoffwirtschaft zu fördern".[34] Daraus ergeben sich langfristige Strukturwirkungen, bei denen vor allem in Ländern mit geringen Rohstoff- und Brennstoffressourcen eine Tendenz von wechselseitig wachsenden Rohstoff- und Ausrüstungsanforderungen vermieden werden muß, die den Widerspruch zwischen Industriestruktur und Ressourcenbasis verstärken würde. Sowohl im Prozeß der materiellen Verflechtung der RGW-Länder untereinander, als auch im Mechanismus der Wirtschaftsintegration ist eine Vielzahl von Problemen zu lösen, die solche Tendenzen bewirken. Der oft noch unvermeidliche vorrangige Austausch von Rohstoffen gegen Erzeugnisse des Schwermaschinenbaus hat wegen der aufgezeigten Strukturwirkungen über längere Zeiträume seine Grenzen. Ein forcierter Austausch von Rohstoffen gegen Fertigerzeugnisse mit höherem Verarbeitungsgrad und Konsumgüter stellt äußerst hohe Anforderungen an die Investitionsstruktur der rohstoffexportierenden Länder und vermindert auch nicht das Defizit an notwendigen Maschinen und Ausrüstungen für die materiell-technische Basis der Rohstoff-, Brennstoff- und Energiezweige. Eine Lösung in Richtung des einseitigen Bevorzugens dieser oder jener Variante birgt außerdem die Gefahr in sich, das organisch gewachsene Gleichgewicht volkswirtschaftlicher Proportionen zu verletzen.

Über die gemeinsamen Anstrengungen der RGW-Länder bei der Erkundung, der Förderung und Verarbeitung von Brenn- und Rohstoffen hinaus, geht es deshalb auch darum, die Zusammenarbeit auf die Senkung des Rohstoff-, Brennstoff- und Energiebedarfs konsequent auszudehnen. Das schließt vielfältige Aufgaben ein:

1. Die *Nutzung aller Möglichkeiten* der wissenschaftlich-technischen Revolution, vor allem durch die gemeinsame Entwicklung energiesparender Techniken und Produktionstechnologien zur Senkung der *Material-, Rohstoff- und Energieintensität der Volkswirtschaften der RGW-Länder*. Das gilt sowohl für die rohstoff-, brennstoff- und energieproduzierenden als auch für die -verbrauchenden Zweige und Bereiche.

Zu solchen Möglichkeiten zählen neue, effektivere Methoden der geologischen

[34] W. Stoph, Alle Kraft für neue Erfolge auf dem gemeinsamen Weg, in: Neues Deutschland vom 28. Juni 1979, S. 6 (Aus der Rede auf der XXXII. Tagung des RGW).

Erkundung, Technologien zur Erhöhung des Ausbringungsgrades von Rohstoffen, Verfahren zur verlustarmen Energieübertragung, rationellere Transporttechnologien, die Entwicklung von weniger material- und energieintensiven Arbeitsmitteln in vielen Zweigen der verarbeitenden Industrie, abproduktarme und abproduktfreie Produktionstechnologien, Verfahren zur intensiveren Nutzung der Sekundärrohstoffe, die Einführung geschlossener Stoffkreisläufe, die Ausarbeitung von Verfahren zur Minderung der Umweltbelastung u. a. m.

Die Lösung dieser Aufgaben erfordert eine noch engere Kopplung der Zusammenarbeit in Wissenschaft und Technik mit der Spezialisierung und Kooperation der Produktion.

2. *Strukturveränderungen in Industriezweigen vorwiegend roh- und brennstoffimportierender Länder mit der Zielstellung, die Material- und Energieintensität ihrer Produktion zu senken.* Einen Weg dazu bildet die allmähliche Verlagerung besonders material- und energieintensiver Prozesse in Partnerländer mit entsprechender Rohstoff- und Energiebasis. Entsprechend einem Vorschlag A. N. Kossygins[35] auf der XXXI. Ratstagung wurden im Zuge der Realisierung der Zielprogramme Abkommen für die Erweiterung der Produktion von energieintensiven chemischen Erzeugnissen (Ammoniak, Methanol und Polyäthylen) in der UdSSR im Austausch gegen kleintonnagige und weniger energieintensive chemische Erzeugnisse in den anderen RGW-Ländern (chemische Pflanzenschutzmittel, Farbstoffe u. a.) geschlossen.[36] Ein entsprechendes Abkommen über die Entwicklung der Integrationsverbindungen in der chemischen Industrie bis 1995 wurde zwischen der Sowjetunion und der DDR unterzeichnet. Es legt fest, in der DDR nicht energieaufwendige Chemikalien mit hohem Verarbeitungsgrad herzustellen.[37]

3. *Die Erfassung und Nutzung aller Reserven zur Rationalisierung und Rekonstruktion des vorhandenen Produktionsapparates*, vor allem durch Ausschöpfung des Erfahrungsschatzes der Werktätigen aller Partnerländer. Wie die Erfahrungen der Praxis zeigen, ist in einer Vielzahl von Fällen der Aufwand für Einsparungsinvestitionen um ein Mehrfaches niedriger als für Erweiterungsinvestitionen zur Mehrproduktion einer entsprechenden Menge Brenn- oder Rohstoffe. Besonders in materialökonomischer Sicht können durch Rationalisierung und Rekonstruktion erhebliche Effektivitätswirkungen erzielt werden. Grenzen werden hier durch die gegebenen Technologien des vorhandenen Produktionsapparates gesetzt. Daraus ergibt sich eine Reihe von Optimierungsproblemen, wie das

[35] Vgl. Iz vystuplenija glavy delegacii Sojuza Sovetskich Socialističeskich Respublik tovarišča A. N. Kosygina, in: Ėkonomičeskoe sotrudničestvo stran-členov SĖV, 4/1977, S. 48.

[36] Vgl. Kommuniqué der XXXII. Tagung des RGW, in: Neues Deutschland vom 30. Juni 1978, S. 6 und Kommuniqué der XXXIII. Tagung des RGW, in: Neues Deutschland vom 30. Juni/1. Juli 1979, S. 6.

[37] Vgl. L. Kostandow, Brüderliche Zusammenarbeit der Chemiker, in: UdSSR — DDR, 25 Jahre wissenschaftlich-technische Zusammenarbeit, Moskau 1975, S. 49/50.

Verhältnis von Rationalisierungsinvestitionen zu Erweiterungsinvestitionen, aber auch die Aufgabe, die Akkumulationsanteile zur wachsenden Rohstoff-, Brennstoff- und Energieproduktion und zur Entwicklung von Wissenschaft und Technik für die Senkung ihres spezifischen Verbrauchs zu bestimmen.

In der bisherigen Integrationspraxis gibt es schon mehrere Beispiele erfolgreicher gemeinsam oder koordiniert durchgeführter Rationalisierungs- und Rekonstruktionsvorhaben. Die vorhandenen Möglichkeiten des intensiven Erfahrungsaustausches auf diesem Gebiet, insbesondere durch direkte Kontakte zwischen Betrieben und Kombinaten der RGW-Partner, sind indes bei weitem noch nicht ausgeschöpft.

Alle Integrationsfortschritte in jeder dieser drei Hauptrichtungen zur Lösung der Rohstoff-, Brennstoff- und Energieprobleme sind mit kurz- und/oder langfristigen Strukturwirkungen verbunden, die planmäßig zu verwirklichen sind. Das unterstreichen auch G. Friedrich und G. Schulz, wenn sie fordern, „die langfristig stabile Deckung des Bedarfs der Bevölkerung und der Volkswirtschaft mit einer effektiven, der Ressourcenlage angepaßten Produktionsstruktur zu erreichen. Das schließt die vorausschauende Gestaltung der Produktions- und Außenwirtschaftsstrukturen sowie einen dementsprechenden Ausbau der materiell-technischen Basis der Volkswirtschaft ein."[38] Auch diese Autoren gehen davon aus, daß *ein* bestimmendes Moment für die Entwicklungsrichtungen der sozialistischen ökonomischen Integration die in den Volkswirtschaften vorhandenen Ressourcen darstellen. Ein Kernproblem der sozialistischen ökonomischen Integration besteht also darin, die Volkswirtschaftsstrukturen den jeweiligen Reproduktionsbedingungen, der gegebenen Ressourcensituation vorausschauend anzupassen.

Die Komplexität der Entwicklung in der Rohstoff-, Brennstoff- und Energiewirtschaft bedingt eine neue Qualität in der Zusammenarbeit der RGW-Länder. Da die strukturellen Wirkungen zu zunehmend langfristigen Strukturkonsequenzen führen, wird es unumgänglich, Entwicklungskonzeptionen für entscheidende Volkswirtschaftsbereiche koordiniert zu erarbeiten. Die Dominanz des Brennstoff- und Energiesektors setzt dabei bestimmte Prioritäten unter Wahrung der komplexen Zusammenhänge zu anderen Teilen der materiell-technischen Basis. So muß sich auch die stabile Versorgung der RGW-Länder mit Elektroenergie und all ihre Voraussetzungen in das wirtschaftliche Gesamtkonzept einpassen. Dazu gehört das auf der 83. Sitzung des Exekutivkomitees des RGW unterzeichnete Generalabkommen über die Zusammenarbeit bei der perspektivischen Entwicklung der vereinigten Elektroenergiesysteme der Mitgliedsländer des RGW für den Zeitraum bis 1990, das nach der XXXII. RGW-Tagung abgeschlossene Abkommen über die Zusammenarbeit bei der Entwicklung der Energiewirtschaft und des Maschinenbaus, das die Produktionskooperation bei Ausrüstungen für

[38] G. Friedrich/G. Schulz, Leitung und Effektivität in der Sicht wirtschaftswissenschaftlicher Forschung, in: Einheit, 8/1977, S. 920.

Kernkraftwerke vorsieht oder auch das Abkommen über die Errichtung des Kernkraftwerkes Chmelnizki (UdSSR). In diese Aufgaben reiht sich der weitere Ausbau des Vereinigten Elektroenergieverbundsystems mit der bereits fertiggestellten 750-kV-Übertragungsleitung zwischen der Ungarischen VR und der Sowjetunion ebenso ein wie das Abkommen über den Bau der 750-kV-Übertragungsleitung von Chmelnizki nach Rzeszów (VR Polen). Die Realisierung der Ländervorschläge über die Zusammenarbeit auf dem Gebiet der Energetik, die sich auf das von der XXX. RGW-Tagung angenommene Generalschema der perspektivischen Entwicklung des Vereinigten Elektroenergiesystems gründen, wird insgesamt eine Kapazitätseinsparung von Millionen Kilowatt ermöglichen.

Es zeigt sich, daß langfristige und stabile Lösungen der Energie- und Rohstoffprobleme nur unter Berücksichtigung einer Vielfalt komplexer Verflechtungsbeziehungen zwischen den verschiedenen Zweigen und Bereichen der Volkswirtschaft möglich werden. So wird die Leistungsfähigkeit der Transportmittel immer mehr zu einem ausschlaggebenden Faktor der kontinuierlichen Versorgung mit Roh- und Brennstoffen und weist auf den engen Zusammenhang zwischen beiden Zielprogrammen hin.

Alle Maßnahmen, Wege und Lösungsrichtungen in der Rohstoff-, Brennstoff- und Energiewirtschaft sind gleichzeitig auf das engste mit progressiven Veränderungen in der verarbeitenden Industrie, insbesondere in der *metallverarbeitenden Industrie*, verbunden. In diesem Wirtschaftssektor sind

1. die erforderlichen Arbeitsmittel für die effektive Rohstoff-, Brennstoff- und Energieproduktion herzustellen,
2. die technischen Voraussetzungen für die Anwendung rohstoff-, brennstoff- und energiesparender Technologien, Verfahren und Erzeugnisse zu schaffen und
3. das erforderliche Exportäquivalent für die notwendigen Rohstoff-, Brennstoff- und Energieimporte zu sichern.

Im Maschinenbau, in der Elektrotechnik/Elektronik, im wissenschaftlichen Gerätebau und in der chemischen Industrie werden die Hauptakzente für die Effektivität der Produktion aller Volkswirtschaftsbereiche gesetzt. Der von ihnen ausgehende forcierte Strukturwandel erfordert eine hohe Dynamik der Erzeugnisstrukturen in den entscheidenden Zweigen der verarbeitenden Industrie, die gleichzeitig mit einer gezielten Entwicklung effektiver Produktionsmaßstäbe einhergehen muß. Damit sind auch objektiv bestimmte Schwerpunkte für das langfristige Zielprogramm der Zusammenarbeit im Maschinenbau festgelegt. In seiner Rede vor der XXXIII. Tagung des RGW unterstrich A. Kossygin, daß der Maschinenbau der Gegenwart das qualitative Niveau unserer Produktionsfonds für die nächsten zwei Jahrzehnte im voraus bestimmt und wies auf Maßnahmen der gegenseitigen Zusammenarbeit in den Ländern zur Erhöhung des technischen Niveaus im Maschinenbau hin. „Offenbar kommt es vor allem darauf an, das wissenschaftlich-technische Potential und die Kapazitäten des

Maschinenbaus auf die Hauptrichtungen zu konzentrieren, die bereits im bevorstehenden Jahrfünft den größten praktischen Nutzen bringen und die Vorzüge der internationalen Spezialisierung und Kooperation zur Geltung bringen."[39] Auf die konkrete Gestaltung der internationalen Verflechtungsprozesse haben dabei sowohl die qualitativen Veränderungen in der materiell-technischen Basis durch den technisch-technologischen Fortschritt als auch spezifische Import-Export-Erfordernisse und andere ökonomische Faktoren Einfluß. Im Kapitel 3 verwiesen wir bereits darauf. Die wachsende Komplexität des wissenschaftlich-technischen Fortschritts wirkt hier in zweifacher Weise. Einerseits entstehen ständig größere und zusammenhängende Produktionskomplexe, in denen an die Stelle von Einzelmaschinen Maschinensysteme und geschlossene technologische Ketten treten,[40] andererseits sind für die Entwicklung solch effektiver Komplexe mehr und mehr wissenschaftlich-technische oder technologische Vorleistungen anderer Zweige und Volkswirtschaftsbereiche (Mikroelektronik, Mikrobiologie u. a. sind Standardbeispiele) notwendig. Alle effektiven Maßnahmen der internationalen Spezialisierung und Kooperation müssen dementsprechend Entwicklungsrichtungen auf diesen Gebieten berücksichtigen.

Die internationale Spezialisierung und Kooperation gewinnt auch in den Zweigen der Schwerindustrie an Bedeutung, denn nur über die Nutzung der Vorzüge der sozialistischen internationalen Arbeitsteilung können das erforderliche Tempo und die notwendige Effektivität bei der Deckung des Bedarfs an Maschinen und Ausrüstungen für den Rohstoff-, Brennstoff- und Energiebereich gesichert werden. Die Lösung der Rohstoff-, Brennstoff- und Energieprobleme macht es generell erforderlich, die internationale Spezialisierung und Kooperation auch aus der Sicht der Ressourcensituation der einzelnen RGW-Länder zu gestalten, material- und rohstoffökonomische Aspekte stärker zu berücksichtigen bzw. die Gesichtspunkte der Fondsintensität bei der Gestaltung der Grundfondsreproduktion zu berücksichtigen.

Auch auf diesem Gebiet muß die perspektivische Profilierung der volkswirtschaftlichen Spezialisierung und Kooperation historisch gewachsene Produktionslinien einbeziehen und die Komplexität der materiell-technischen Basis des jeweiligen Partnerlandes garantieren. Dafür ist bedeutsam, daß die Tendenz auf internationalen Märkten zunehmend die Lieferung von Problemlösungen und kompletten Anlagen erfordert. Auf diese Problematik ging auch E. Honecker in seiner Rede vor den 1. Sekretären der Kreisleitungen im Jahre 1978 ein. Er unterstrich, daß es bei der Spezialisierung und Kooperation in jedem Falle um die Effektivität der ganzen Volkswirtschaft geht, wobei das Netz ihrer komplizierten

[39] A. N. Kossygin, Gestützt auf das Erreichte lösen wir künftige Aufgaben, in: Neues Deutschland vom 28. Juni 1979, S. 6.

[40] Vgl. K. Steinitz, Bedingungen und Tendenzen der langfristigen volkswirtschaftlichen Effektivitätsentwicklung, in: Wirtschaftswissenschaft, 5/1979, S. 515/516.

Beziehungen nicht zerstört werden darf, sondern fester und besser geknüpft werden muß.[41] Die Erhöhung der Exportfähigkeit gegenüber nichtsozialistischen Staaten bleibt dabei auch in diesen Bereichen eine wichtige Bedingung für den Ausbau der Verflechtungsprozesse zwischen den RGW-Ländern.

Aus der Vielzahl dieser Faktoren leiten sich folgende verallgemeinernde Konsequenzen für die Gestaltung der weiteren internationalen sozialistischen Spezialisierung und Kooperation ab:

1. Zur beschleunigten Durchsetzung des wissenschaftlich-technischen Fortschritts wird es schwerpunktmäßig notwendig, die Entwicklung der Spezialisierung und Kooperation bei *neuen Erzeugnissen* zu verstärken. Hierzu sollten auch jene Erzeugnisse gehören, an denen der Bedarf der RGW-Länder aus der Produktion der sozialistischen Gemeinschaft nicht gedeckt werden kann.

2. Wissenschafts- und Produktionskooperation sind noch enger zu koppeln, um die Einheit des Zyklus „Wissenschaft — Technik — Produktion" zu gewährleisten und eine beschleunigte Überführung wissenschaftlich-technischer Erkenntnisse in die Produktion zu sichern.

3. Die Anforderungen an die *Qualität* der für den Warenaustausch vorgesehenen Erzeugnisse sind zu erhöhen und die erforderlichen ökonomischen Stimuli für die Produzenten und Verbraucher zu schaffen.

4. Durch die Entwicklung von Kooperationsbeziehungen mit kapitalistischen Ländern, die Entwicklungsmöglichkeiten von Integrationsprozessen sozialistischer Staaten in Rechnung stellen, ist die ökonomische Position der RGW-Länder auf diesen Märkten zu erhöhen und ihre Exportkraft zu stärken.

Durch die Lösung dieser Aufgaben bieten sich allen europäischen RGW-Ländern Möglichkeiten, ihre Erzeugnissortimente weiter zu konzentrieren und zu erneuern sowie die Exportfähigkeit der Produktion zu erhöhen.

4.5. Auf dem Wege zu internationalen Reproduktionskomplexen

Die Veränderungen im arbeitsteiligen Reproduktionsprozeß, im System der Produktivkräfte und sozialistischen Produktionsverhältnisse der einzelnen RGW-Länder, werden auf vielfältige Weise durch die Vertiefung der sozialistischen ökonomischen Integration beeinflußt. Wie am Beispiel einiger Produktionsbereiche deutlich wurde, erhöht sich beständig ihre internationale Verflechtung. In dem Maße, wie die Reproduktionsprozesse die nationalen Grenzen der Volkswirtschaften ökonomisch überschreiten, verstärkt sich die Tendenz zum Entstehen international abgestimmter Volkswirtschaftskomplexe.

Die Verwirklichung der langfristigen Zielprogramme der Zusammenarbeit führt

[41] Vgl. E. Honecker, Die Aufgaben der Partei bei der weiteren Verwirklichung der Beschlüsse des IX. Parteitages der SED, in: Neues Deutschland vom 18./19. Febr. 1978, S. 6.

zu tiefgehenden Einschnitten in den Reproduktionsprozeß der RGW-Länder. Ebenso erlangen die langfristigen bilateralen Programme der Spezialisierung und Kooperation im Sinne volkswirtschaftlicher Maßstäbe neue Größenordnungen. Trotz unterschiedlichem Verflechtungsgrad in den verschiedenen Volkswirtschaftsbereichen werden im Verlaufe der 80er Jahre weitere Etappen in der internationalen Wirtschaftsverflechtung realisiert werden, die reproduktionstheoretisch zu verallgemeinern sind. Damit gewinnen perspektivische Prozesse zur Herausbildung internationaler Wirtschaftskomplexe der sozialistischen Staaten und ihre Funktion bei der intensiven Reproduktion in den RGW-Ländern an Bedeutung.

Širjaev charakterisierte schon vor einigen Jahren die Wirtschaftsintegration der RGW-Länder als einen planmäßig regulierten „Prozeß der organischen Einbeziehung der nationalen Produktionsstrukturen in eine gemeinsam zu entwickelnde internationale Produktionsstruktur. Das erfordert ein ständig enger werdendes Zusammenwirken der Volkswirtschaftskomplexe und letztlich die Herausbildung eines internationalen Wirtschaftskomplexes sozialistischer Staaten, in dem die Ressourcen in ihrer Gesamtheit am rationellsten und effektivsten genutzt werden können."[42]

Die engere Verflechtung in Wissenschaft und Produktion, die immer mehr Phasen und Bereiche der gesellschaftlichen Reproduktion der RGW-Länder stabil, komplex und langfristig verbindet, ist der derzeit entscheidende Prozeß einer koordinierten wirtschaftlichen Entwicklung souveräner sozialistischer Staaten. In diesem Sinne entsteht die immer stärkere Tendenz zur Herausbildung einer arbeitsteilig verflochtenen materiell-technischen Basis der sozialistischen Gemeinschaft.

Bei der Einschätzung der allgemeinen Entwicklungstendenzen der sozialistischen Wirtschaftsintegration ist in der marxistischen Literatur überwiegend Einmütigkeit festzustellen. Hinsichtlich der konkreten Bestimmung einzelner Integrationsschritte, der Charakterisierung ihrer Wirkung in diesem allgemeinen Prozeß, der diesbezüglichen Einschätzung der gegenwärtigen Entwicklungsetappe der sozialistischen ökonomischen Integration werden jedoch unterschiedliche Standpunkte geäußert.

Ursache dafür ist die differenzierte Einschätzung der Intensität zweier dialektisch miteinander verknüpfter Prozesse: der weiteren Vervollkommnung der Volkswirtschaftskomplexe der einzelnen RGW-Länder mit Hilfe der sozialistischen Wirtschaftsintegration und der allmählichen Herausbildung eines effektiven internationalen Wirtschaftskomplexes der Gemeinschaft der RGW-Länder insgesamt. Auf die Entwicklung der materiell-technischen Basis bezogen, geht es um die Beantwortung der Frage, ob man es gegenwärtig überwiegend mit einer

[42] J. Schirjajew, Die sozialistische Integration als Prozeß der planmäßigen Kooperation der Volkswirtschaftskomplexe der RGW-Länder, in: Sowjetwissenschaft. Gesellschaftswissenschaftliche Beiträge, 9/1974, S. 930.

Vervollkommnung der materiell-technischen Basis der einzelnen RGW-Länder mittels der Integration (einschließlich der Entwicklung erster Elemente bzw. Bedingungen einer international verflochtenen materiell-technischen Basis) oder schon mit der Herausbildung einer arbeitsteilig organisierten materiell-technischen Basis der Gemeinschaft zu tun hat. Diese Formulierung ist zumindest irreführend und ungenau. Der gegenwärtige Stand der volkswirtschaftlichen Reproduktion und der internationalen Wirtschaftsverflechtung berechtigt nicht dazu, von einer *materiell-technischen Basis der Gemeinschaft* zu sprechen. Solange die Hauptquellen der wirtschaftlichen Entwicklung in der effektiven Nutzung und Erschließung der inneren Ressourcen liegen, und das wird für einen längeren Zeitraum so bleiben, solange es sich um die staatliche Leitung dieser Prozesse auf der Grundlage staatlichen Eigentums handelt, besteht ein einheitlicher internationaler Reproduktionskomplex eben nur im Sinne koordinierter Volkswirtschaften der RGW-Länder. Das schließt jedoch nicht aus, schon heute bestimmte Entwicklungstendenzen theoretisch vorausschauend zu verfolgen.

Auf zwei generelle Probleme soll hier näher eingegangen werden: *erstens* die Modifizierung volkswirtschaftlicher Grundproportionen im Prozeß der internationalen Verflechtung der Reproduktionsprozesse, *zweitens* die Entstehung von Voraussetzungen internationaler Reproduktionskomplexe auf der Grundlage der differenzierten Beteiligung einzelner Volkswirtschaftskomplexe am Integrationsprozeß.

Übereinstimmend mit K. I. Mikulskij gehen wir davon aus, daß die Tendenzen zu einem internationalen Reproduktionsprozeß der sozialistischen RGW-Gemeinschaft gegenwärtig keinesfalls überwiegen, da die für die erweiterte Reproduktion erforderlichen Proportionen zwischen den verschiedenen Elementen des gesellschaftlichen Gesamtprodukts von den sozialistischen Volkswirtschaften bei internationaler Koordinierung, aber nicht unmittelbar im Maßstab der ganzen sozialistischen Weltwirtschaft festgelegt werden.[43]

K. I. Mikulskij schreibt aber auch, daß „einige materiell-stoffliche Proportionen . . . schon jetzt fortschreitend ihre national-staatliche Isoliertheit ein(büßen). Mit der Entwicklung der ökonomischen Zusammenarbeit der sozialistischen Länder entstehen internationale Wechsel- und Abhängigkeitsbeziehungen zwischen vielen innerstaatlichen materiell-stofflichen Proportionen, was internationale Wirtschaftsproportionen hervorbringt."[44] Mit diesen Vorformen einer planmäßig proportionalen Entwicklung des ökonomischen Gesamtpotentials der Staatengemeinschaft gewinnt die Proportionalität der materiell-technischen Basis der einzelnen RGW-Länder zunehmend eine internationale Dimension. Dieser Entwicklungsprozeß führt auch andere Autoren zu der Feststellung, daß auf wichtigen Gebieten erste Elemente einer gemeinsamen materiell-technischen

[43] Vgl. K. I. Mikulski, Die Leninsche Lehre über die Weltwirtschaft und die Gegenwart, Moskau 1974, S. 195.

[44] Ebenda.

Basis der RGW-Länder entstehen.[45] Wenn man diese Auffassung akzeptiert, ist zu betonen, daß die Verflechtung der materiell-technischen Basen der RGW-Länder durch volkswirtschaftliche Entscheidungen bei internationaler Koordinierung vollzogen wird. Geht man zumindest von drei Kriterien eines einheitlichen internationalen Reproduktionskomplexes aus, Herausbildung von Proportionen der Gemeinschaft, Herbeiführung gemeinsamer Entscheidungen vom Standpunkt der Effektivität des Ganzen und der Notwendigkeit von Formen gemeinsamer internationaler Leitung, wird deutlich, daß es sich um einen Prozeß der Zukunft handelt.

Wie in den Analysen über den erreichten Verflechtungsgrad einzelner Produktionsbereiche im Integrationsprozeß sichtbar wurde, wird auf einzelnen Gebieten eine solche Intensität der arbeitsteiligen Beziehungen erreicht, daß durchaus spürbare Wirkungen auf einzelne volkswirtschaftliche Hauptproportionen zu verzeichnen sind. Bei ausgewogenen Proportionen in jeder Volkswirtschaft erweitern die stabilen Austauschbeziehungen und Austauschstrukturen die Möglichkeiten zu Differenzierungen zwischen der Gebrauchswertstruktur in Produktion und Verbrauch. Je besser dabei die jeweiligen ökonomischen und natürlichen Reproduktionsbedingungen beachtet werden, desto differenzierter und ausgewogener können bestimmte volkswirtschaftliche Hauptproportionen im Gesamtsystem des RGW garantiert werden. Über längere Zeiträume verändern sich im Gefolge der Arbeitsteilung Proportionen zwischen extraktiver und verarbeitender Industrie, zwischen der Leichtindustrie und Schwerindustrie und damit auch zwischen Abteilung I und Abteilung II. Derartige modifizierende Wirkungen auf volkswirtschaftliche Grundproportionen gehen insgesamt sowohl von der internationalen Spezialisierung und Kooperation der Produktion, von der wachsenden Verflechtung der Potentiale in Wissenschaft und Technik und auch von der Koordinierung der Investitionstätigkeit der RGW-Länder und dem planmäßigen internationalen Einsatz von Fonds aus.

Diese Entwicklung vollzieht sich natürlich nur schrittweise und ist Ausdruck der Reife der Produktivkraftentwicklung. So kommt es darauf an, nach und nach die ungenügende Produktions- und Wissenschaftskonzentration zu überwinden und das Spezialisierungsniveau im Rahmen jeder einzelnen Volkswirtschaft zu erhöhen, unrationelle Elemente in den Erzeugnisstrukturen, im Export und Import einzuschränken. Zugleich sind der ökonomische Mechanismus, der die Herausbildung ausgewogener Proportionen im internationalen Maßstab der RGW-Länder gewährleistet, weiter zu entwickeln und die Systeme der Leitung und Planung entsprechend paßfähiger zu machen.[46] Diese aus dem objektiven

[45] Vgl. u. a.: K. Steinitz, Probleme der weiteren Vervollkommnung der materiell-technischen Basis des Sozialismus in der DDR, in: Wirtschaftswissenschaft, 9/1977, S. 1318.

[46] Vgl. J. Schirjajew, Die sozialistische Integration als Prozeß der planmäßigen Kooperation der Volkswirtschaftskomplexe der RGW-Länder, in: Sowjetwissenschaft. Gesellschaftswissenschaftliche Beiträge, 9/1974, S. 931.

Entwicklungsstand der volkswirtschaftlichen Reproduktion und der sozialistischen Wirtschaftsintegration resultierenden objektiven Begrenzungen in der Entwicklung einer internationalen Proportionalität stellen erst späteren Entwicklungsetappen der sozialistischen internationalen Arbeitsteilung die Aufgabe, solche Hauptproportionen direkt und bewußt gemeinsam zu planen und zu gestalten.

Die unterschiedliche Intensität der Einbeziehung von Produktionsbereichen in den Integrationsprozeß führt zur Frage nach der Entfaltung internationaler Reproduktionskomplexe auf einzelnen Gebieten. Auch hier sind die in der Literatur geäußerten Meinungen nicht einheitlich. Unterschiede ergeben sich schon in der Zuordnung zu den verschiedenen Volkswirtschaftsebenen. So findet der Begriff des *territorialen* Produktionskomplexes Verwendung, der meist auf nationale Produktionskomplexe mit hoher volkswirtschaftlicher Bedeutung bezogen ist. Es wird aber auch vom internationalen Territorialkomplex gesprochen, der vor allem die enge internationale Zusammenarbeit von Integrationspartnern im grenznahen Raum zum Inhalt hat. Des weiteren wird von zwischenzweiglichen Produktionskomplexen gesprochen, wie dem Agrar-Industrie-Komplex oder dem brennstoffenergetischen Komplex.

Meist für die Verflechtungsbeziehungen im nationalen Rahmen gebraucht, ergeben sich zunehmend Parallelen auf internationaler Ebene. Des weiteren entsteht die Möglichkeit, internationale Reproduktionskomplexe auf noch komplexere volkswirtschaftliche Bereiche zu beziehen, wenn beispielsweise durch die Realisierung des langfristigen Zielprogramms der Zusammenarbeit auf dem Gebiet der Brennstoff- und Energiewirtschaft rationelle Möglichkeiten des Brennstoff- und Energieeinsatzes bei den Hauptverbrauchern in der verarbeitenden Industrie in die Betrachtung einbezogen werden.

Nach unserer Auffassung trifft die Bezeichnung „internationaler Reproduktionskomplex“ dann zu, wenn im Rahmen der internationalen Zusammenarbeit enge technologische Wechselbeziehungen ständigen Charakters zwischen relativ geschlossenen Teilen des Reproduktionsprozesses bestehen, also *solche Beziehungen vorliegen, die das Moment der stabilen Reproduktion solcher Wechselbeziehungen zwischen den RGW-Partnern einschließen und langfristig wirksam sind.* Damit besteht ein enger Zusammenhang zu den Anforderungen, die Širjaev mit der eigentlichen Produktionskooperation verbindet, einschließlich des Zusammenschließens bestimmter Elemente des Produktionsapparates mehrerer Länder.[47]

Weitere Merkmale solcher internationaler Reproduktionskomplexe sind ein hohes Niveau der Konzentration und Zentralisation dieser Bereiche in den Volkswirtschaften, ein hohes Maß gemeinsamer Nutzung wachsender Teile des nationalen Potentials von Wissenschaft und Technik, ein zunehmend inter-

[47] Vgl. J. Schirjajew, Gemeinsame Planung — Grundlage des ökonomischen Mechanismus der sozialistischen ökonomischen Integration, in: Sowjetwissenschaft. Gesellschaftswissenschaftliche Beiträge, 10/1977, S. 1064/1065.

national abgestimmter Zyklus „Wissenschaft—Technik—Produktion". Infolgedessen wird die Kategorie „internationaler Reproduktionskomplex" durch eine Reihe von Kriterien charakterisiert, die zeigen, daß es sich hierbei tatsächlich um qualitativ neue Aspekte der internationalen Zusammenarbeit der RGW-Länder handelt.

Internationale Reproduktionskomplexe können sowohl innerzweiglichen als auch zwischenzweiglichen Charakter tragen. Mögliche Ausgangspunkte dafür sind beispielsweise internationale Territorialkomplexe oder perspektivisch auch Resultate komplexer Zielprogramme der Zusammenarbeit. Zusätzliches Merkmal entwickelter späterer Formen internationaler Reproduktionskomplexe könnten kollektive Formen einer international abgestimmten Leitung und Planung sein, die eine wechselnde Zahl ökonomischer Prozesse zum Inhalt haben werden. Diese hohen Anforderungen an internationale Reproduktionskomplexe sind auch in sehr engem Zusammenhang mit Fortschritten in der gemeinsamen Planung zu sehen. Erste Ergebnisse könnte man künftig vor allem in internationalen Wirtschaftsvereinigungen erwarten, so daß Kravcova zuzustimmen ist, wenn sie hier den Keim zu ersten Elementen internationaler Wirtschaftskomplexe sieht.[48]

Alles das führt zu der Erkenntnis, daß *gegenwärtig zunehmend komplexe Reproduktionsbeziehungen zwischen den RGW-Ländern, aber noch nicht internationale Reproduktionskomplexe entstehen.* Mit den Fortschritten bei der internationalen Spezialisierung und Kooperation, mit der Realisierung der langfristigen Zielprogramme der Zusammenarbeit ergeben sich tiefgehende Wirkungen auf den Prozeß der wirtschaftlichen Verflechtung der Mitgliedsländer des RGW. Daraus resultierende neue Erkenntnisse und Aufgabenstellungen sind Anlaß, theoretische und praktische Voraussetzungen für die allmähliche Herausbildung internationaler Reproduktionskomplexe weiter zu untersuchen.

[48] Vgl. I. Kravcova, Nacional'nyj i internacional'nyj aspekty formirovanija narodnochozjajstvennych kompleksov stran SĖV, in: Ėkonomičeskie Nauki, 5/1975, S. 88—93.

Statistischer Anhang

Tabelle A 1
Anteile der Industrie und des Bauwesens sowie der Landwirtschaft an der Produktion des Nationaleinkommens der europäischen Mitgliedsländer des RGW (in %)

Land	1950	1960	1965	1970	1975	1978
Industrie und Bauwesen						
VRB	43,4	52,7	52,3	57,8	59,8	65,3
ČSSR	71,2	74,1	75,7	73,4	78,4	72,6
DDR[1]	49,2	59,5	62,3	65,1	66,5	67,8
VRP[2]	45,0	56,6	59,9	64,4	70,3	64,7
SRR	49,6	51,0	57,0	69,7	65,5	73,5
UdSSR	63,6	62,3	61,0	61,5	64,0	62,1
UVR[3]	55,4	48,2	52,8	55,3	57,1	57,9
Landwirtschaft[4]						
VRB	42,1	32,2	33,4	22,6	22,0	18,4
ČSSR	16,2	15,2	12,5	10,5	8,7	8,4
DDR[1]	30,8	18,0	15,6	12,9	11,1	9,6
VRP[2]	40,1	25,8	22,5	17,3	15,0	15,9
SRR	27,3	34,9	28,3	19,1	16,6	16,1
UdSSR	21,8	20,7	22,7	22,0	17,1	17,5
UVR[3]	24,9	30,8	24,2	17,7	15,4	16,3

[1] Nettoprodukt in vergleichbaren Preisen von 1975; Industrie und Bauwesen einschließlich produzierendes Handwerk.
[2] Die Angaben für das Jahr 1950 sind mit den Folgejahren nicht vergleichbar.
[3] Die Angaben für das Jahr 1950 sind mit den folgenden nicht vergleichbar, da ab 1968 ein neues Preissystem in Kraft trat.
[4] Ab 1960: Land- und Forstwirtschaft; DDR auch 1950 einschließlich Forstwirtschaft; ČSSR durchgängig nur Landwirtschaft.

Quellen
Statističeskij ežegodnik stran-členov Soveta Ėkonomičeskoj Vzaimopomošči, Moskva 1978, S. 41; 1971, S. 46; Statistisches Jahrbuch der DDR 1979, Berlin 1979, S. 46.

Tabelle A 2

Anteile ausgewählter Bereiche[1] an der Industrieproduktion europäischer Mitgliedsländer des RGW (in %)

Land/Bereich	1960	1965	1970	1975	1978
VRB					
Produktion von Elektro- und Wärmeenergie	2,0	2,3	2,6	2,2	2,5
Maschinenbau und metallverarbeitende Industrie	12,3	16,5	20,1	24,4	28,2
Chemische und Gummi-, Asbest-Industrie	3,8	4,9	7,5	7,6	8,1
ČSSR					
Produktion von Elektro- und Wärmeenergie	2,3	2,5	2,8	2,7	3,3
Maschinenbau und metallverarbeitende Industrie	24,8	25,0	29,8	32,2	29,2
Chemische und Gummi-, Asbest-Industrie	4,7	6,1	7,0	8,1	8,5
DDR					
Produktion von Elektro- und Wärmeenergie	5,5	5,5	5,5	5,5	5,7
Maschinenbau und metallverarbeitende Industrie	24,5	27,8	30,5	31,2	32,7
Chemische und Gummi-, Asbest-Industrie	8,8	9,7	10,1	10,9	10,8
VRP					
Produktion von Elektro- und Wärmeenergie	2,1	2,4	2,5	2,3	2,3
Maschinenbau und metallverarbeitende Industrie	15,9	21,0	25,6	30,4/31,1	33,9
Chemische und Gummi-, Asbest-Industrie	5,5	7,0	8,9	9,5	9,3
SRR					
Produktion von Elektro- und Wärmeenergie	2,5	2,6/3,3	3,2	2,7	1,8
Maschinenbau und metallverarbeitende Industrie	24,3	21,3/28,5	25,1	32,5	33,2
Chemische und Gummi-, Asbest-Industrie	6,6	7,1/10,4	10,4	11,7	9,5
UdSSR					
Produktion von Elektro- und Wärmeenergie	2,2	2,3	2,9	3,0	3,0

Fortsetzung von Tabelle A 2

Land/Bereich	1960	1965	1970	1975	1978
Maschinenbau und metallverarbeitende Industrie	20,1	22,4	23,2	24,3	26,0
Chemische und Gummi-, Asbest-Industrie	5,2	6,4	6,6	7,4	7,6
UVR					
Produktion von Elektro- und Wärmeenergie	4,2	4,5	5,1	5,3	5,6
Maschinenbau und metallverarbeitende Industrie	25,1	27,4	28,9	30,5	30,8
Chemische und Gummi-, Asbest-Industrie	4,4	6,8	9,1	10,8	12,4

[1] Industriezweige der staatlichen und genossenschaftlichen Industrie.

Quelle
Narodnoe chozjajstvo stran-členov Soveta Ėkonomičeskoj Vzaimopomošči, Moskva 1978, S. 70/72, 824.

Tabelle A 3
Charakteristik der Warenstruktur des Exports europäischer Mitgliedsländer des RGW (in %)

Land/Warengruppe	1950	1955	1960	1965	1970	1975	1978
VRB							
Maschinen, Ausrüstungen und Transportmittel		2,6	12,9	24,8	29,0	40,7	47,1
Mineralische Rohstoffe, Brennstoffe, Metalle	8,4	20,7	9,2	7,6	8,1	7,8	8,9
Rohstoffe und Produkte ihrer Verarbeitung,[1] Rohstoffe für die Herstellung von Nahrungs- und Genußmitteln, Nahrungs- und Genußmittel	87,9	60,7	56,4	49,9	43,4	33,7	27,1
Industrielle Konsumgüter	1,5	12,5	17,9	13,6	14,7	10,3	9,8
Chemische Produkte u. a.	2,2	3,5	2,8	3,8	4,5	6,7	6,0
ČSSR							
Maschinen, Ausrüstungen und Transportmittel	26,4	43,5	45,7	49,1	50,4	48,0	52,8
Mineralische Rohstoffe, Brennstoffe, Metalle	22,6	28,6	19,1	19,7	18,6	19,3	15,3

Fortsetzung von Tabelle A 3

Land/Warengruppe	1950	1955	1960	1965	1970	1975	1978
Rohstoffe und Produkte ihrer Verarbeitung,[1] Rohstoffe für die Herstellung von Nahrungs- und Genußmitteln, Nahrungs- und Genußmittel	19,7	11,8	10,4	9,1	7,3	7,2	7,6
Industrielle Konsumgüter	25,3	11,1	20,4	16,6	16,6	18,2	16,9
Chemische Produkte u. a.	6,0	5,0	4,4	5,5	7,1	7,3	7,4
DDR							
Maschinen, Ausrüstungen und Transportmittel			49,0	49,8	51,7	50,7	55,4
Mineralische Rohstoffe, Brennstoffe, Metalle			15,7	12,9	10,1	12,1	10,1
Rohstoffe und Produkte ihrer Verarbeitung,[1] Rohstoffe für die Herstellung von Nahrungs- und Genußmitteln, Nahrungs- und Genußmittel			5,9	6,0	7,4	9,1	7,8
Industrielle Konsumgüter			15,1	19,1	20,2	15,6	15,0
Chemische Produkte u. a.			14,3	12,2	10,6	12,5	12,1
VRP							
Maschinen, Ausrüstungen und Transportmittel	7,7	13,1	28,3	34,8	38,5	39,1	44,1
Mineralische Rohstoffe, Brennstoffe, Metalle		55,6	34,0	24,7	23,9	29,1	24,1
Rohstoffe und Produkte ihrer Verarbeitung,[1] Rohstoffe für die Herstellung von Nahrungs- und Genußmitteln, Nahrungs- und Genußmittel		20,0	23,0	22,6	15,9	11,5	10,9
Industrielle Konsumgüter	12,2	7,2	10,1	12,4	16,1	14,6	16,3
Chemische Produkte u. a.		4,1	4,6	5,5	5,6	5,7	4,6
SRR							
Maschinen, Ausrüstungen und Transportmittel	4,2	6,1	16,7	18,8	22,8	25,3	28,5
Mineralische Rohstoffe, Brennstoffe, Metalle	33,8	44,4	36,9	25,1	22,7	22,3	22,3
Rohstoffe und Produkte ihrer Verarbeitung,[1] Rohstoffe für die Herstellung von Nahrungs- und Genußmitteln, Nahrungs- und Genußmittel	54,6	43,0	35,9	35,3	26,8	22,6	20,0

Fortsetzung von Tabelle A 3

Land/Warengruppe	1950	1955	1960	1965	1970	1975	1978
Industrielle Konsumgüter	1,3	1,3	5,8	11,0	18,1	16,1	17,5
Chemische Produkte u. a.	6,1	5,2	4,7	9,8	9,6	13,7	11,7
UdSSR							
Maschinen, Ausrüstungen und Transportmittel	11,8	17,5	20,7	20,0	21,5	18,7	19,6
Mineralische Rohstoffe, Brennstoffe, Metalle	15,7	27,8	37,6	40,1	38,1	48,3	47,6
Rohstoffe und Produkte ihrer Verarbeitung,[1] Rohstoffe für die Herstellung von Nahrungs- und Genußmitteln, Nahrungs- und Genußmittel	39,5	29,5	27,3	22,1	19,5	14,1	9,8
Industrielle Konsumgüter	4,9	3,0	2,9	2,4	2,7	3,1	3,1
Chemische Produkte u. a.	28,1	22,2	11,5	15,4	18,2	15,8	19,9
UVR							
Maschinen, Ausrüstungen und Transportmittel	23,0	29,8	38,6	33,2	32,6	36,9	34,6
Mineralische Rohstoffe, Brennstoffe, Metalle	8,2	14,1	12,8	14,1	14,4	11,9	12,6
Rohstoffe und Produkte ihrer Verarbeitung,[1] Rohstoffe für die Herstellung von Nahrungs- und Genußmitteln, Nahrungs- und Genußmittel	45,9	37,3	27,4	26,9	26,7	25,2	25,1
Industrielle Konsumgüter	20,3	15,8	17,8	21,3	21,3	20,5	20,0
Chemische Produkte u. a.	2,6	3,0	3,4	4,5	5,0	5,5	7,7

[1] Für die Herstellung von Industriewaren.

Quelle

Statističeskij eżegodnik stran-členov Soveta Ėkonomičeskoj Vzaimopomošči, Moskva 1979, S. 375—377; 1971, S. 344—345.

Tabelle A 4
Charakteristik der Warenstruktur des Imports europäischer Mitgliedsländer des RGW (in %)

Land/Warengruppe	1950	1955	1960	1965	1970	1975	1978
VRB							
Maschinen, Ausrüstungen und Transportmittel	37,2	51,4	43,9	43,7	40,6	41,4	40,3
Mineralische Rohstoffe, Brennstoffe, Energie	33,0	24,3	24,3	26,7	29,1	33,5	38,6
Rohstoffe und Produkte ihrer Verarbeitung,[1] Rohstoffe für die Herstellung von Nahrungs- und Genußmitteln[2]	13,9	13,5	16,7	17,3	15,9	12,7	10,0
Industrielle Konsumgüter	4,7	3,4	7,6	5,1	5,7	5,1	4,1
Chemische Produkte u. a.	11,2	7,4	7,4	7,0	8,4	6,3	6,3
ČSSR							
Maschinen, Ausrüstungen und Transportmittel	11,2	13,3	21,7	30,0	33,4	36,1	39,9
Mineralische Rohstoffe, Brennstoffe, Energie	26,1	24,2	27,9	27,4	23,5	27,8	29,8
Rohstoffe und Produkte ihrer Verarbeitung,[1] Rohstoffe für die Herstellung von Nahrungs- und Genußmitteln[2]	51,1	49,0	37,1	28,4	24,1	17,4	15,1
Industrielle Konsumgüter	2,6	4,1	3,4	5,3	8,5	7,7	6,3
Chemische Produkte u. a.	9,0	9,4	9,9	8,9	10,5	11,0	8,9
DDR							
Maschinen, Ausrüstungen und Transportmittel			12,7	18,0	34,2	30,8	34,0
Mineralische Rohstoffe, Brennstoffe, Energie			38,5	39,1	27,6	30,5	29,8
Rohstoffe und Produkte ihrer Verarbeitung,[1] Rohstoffe für die Herstellung von Nahrungs- und Genußmitteln[2]			39,2	33,1	28,1	22,6	20,8
Industrielle Konsumgüter			5,3	4,0	4,5	5,6	5,1
Chemische Produkte u. a.			4,3	5,8	5,6	10,5	10,3
VRP							
Maschinen, Ausrüstungen und Transportmittel	32,4	30,9	27,1	32,9	36,2	37,4	37,8
Mineralische Rohstoffe, Brennstoffe, Energie		19,6	25,3	24,7	26,6	30,0	27,6
Rohstoffe und Produkte ihrer Verarbeitung,[1] Rohstoffe für die Herstellung von Nahrungs- und Genußmitteln[2]		35,2	33,9	27,4	21,4	17,8	19,2

Fortsetzung Tabelle A 4

Land/Warengruppe	1950	1955	1960	1965	1970	1975	1978
Industrielle Konsumgüter	3,3	4,3	5,5	6,8	6,4	5,3	6,3
Chemische Produkte u. a.		10,0	8,2	8,2	9,4	9,5	9,1
SRR							
Maschinen, Ausrüstungen und Transportmittel	27,1	37,2	33,6	39,9	40,3	34,7	37,8
Mineralische Rohstoffe, Brennstoffe, Energie	24,8	21,3	34,3	31,4	30,4	38,2	37,2
Rohstoffe und Produkte ihrer Verarbeitung,[1] Rohstoffe für die Herstellung von Nahrungs- und Genußmitteln[2]	22,3	31,5	18,4	14,3	15,6	15,7	13,4
Industrielle Konsumgüter	10,2	4,2	5,2	6,7	5,5	3,8	3,8
Chemische Produkte u. a.	5,6	5,8	8,5	7,7	8,2	7,6	7,8
UdSSR							
Maschinen, Ausrüstungen und Transportmittel	21,5	30,2	31,1	34,1	35,6	33,9	42,0
Mineralische Rohstoffe, Brennstoffe, Energie	26,9	24,9	20,0	11,3	11,8	15,9	13,7
Rohstoffe und Produkte ihrer Verarbeitung,[1] Rohstoffe für die Herstellung von Nahrungs- und Genußmitteln[2]	34,4	33,0	23,7	30,2	24,9	29,1	24,1
Industrielle Konsumgüter	7,4	4,8	16,9	14,1	18,3	12,9	11,8
Chemische Produkte u. a.	9,8	7,1	8,3	10,3	9,4	8,2	8,4
UVR							
Maschinen, Ausrüstungen und Transportmittel	22,0	12,3	28,5	28,8	30,9	32,2	34,6
Mineralische Rohstoffe, Brennstoffe, Energie	26,3	25,6	27,7	27,9	23,6	27,3	24,4
Rohstoffe und Produkte ihrer Verarbeitung,[1] Rohstoffe für die Herstellung von Nahrungs- und Genußmitteln[2]	41,4	50,9	29,2	27,8	24,4	19,0	18,8
Industrielle Konsumgüter	1,5	3,0	5,1	5,3	7,7	7,1	7,5
Chemische Produkte u. a.	8,8	8,2	9,5	10,2	13,4	14,4	14,7

[1] Für die Herstellung von Industriewaren.
[2] einschließlich Nahrungs- und Genußmittel

Quelle

Statističeskij ežegodnik stran-členov Soveta Ėkonomičeskoj Vzaimopomošči, Moskva 1979, S. 378—380; 1971, S. 346—347.

Tabelle A 5

Beschäftigte[1] in den materiellen Bereichen der Volkswirtschaften europäischer Mitgliedsländer des RGW (Volkswirtschaft insgesamt = 100)

Land/Bereich	1960	1965	1970	1975	1978
Materielle Bereiche insgesamt					
VRB	90,8	89,2	86,9	84,3	83,5
ČSSR	85,7	83,1	81,5	80,9	80,0
DDR	84,7	82,9	81,2	79,4	81,0
VRP	89,2	88,4	87,2	86,6	86,6
SSR[2]	92,4	90,8	89,8	88,6	88,0
UdSSR	84,8	81,7	79,6	78,3	77,4
UVR	85,7	84,2	84,8	83,1	81,9
Industrie und Bauwirtschaft					
VRB	27,1	33,3	38,8	41,5	42,9
ČSSR	45,6	46,6	46,7	48,3	48,1
DDR	48,3	48,6	49,6	49,5	51,1
VRP	32,4	35,4	37,6	39,8	39,1
SRR[2]	20,0	25,5	30,8	38,7	42,4
UdSSR	32,4	35,4	37,9	38,0	38,5
UVR	34,0	40,3	43,2	43,8	42,8
Land- und Forstwirtschaft					
VRB	55,5	45,3	35,7	28,1	25,2
ČSSR	25,9	21,3	18,6	15,6	14,5
DDR	17,2	15,2	13,0	11,4	10,6
VRP	44,1	39,4	34,6	30,8	30,8
SRR[2]	65,6	56,7	49,3	38,1	32,8
UdSSR	38,8	31,1	25,4	22,8	20,9
UVR	38,9	29,7	26,4	22,6	21,7
Transport- und Nachrichtenwesen					
VRB	4,1	5,1	6,0	6,4	6,8
ČSSR	6,0	6,5	6,8	6,6	6,7
DDR	7,1	7,3	7,4	7,5	7,5
VRP	5,5	5,8	6,2	6,3	6,4
SRR[2]	3,1	4,1	4,8	5,6	5,2
UdSSR	7,2	8,0	8,2	8,7	9,0
UVR	6,2	6,9	7,2	7,7	8,0
Handel und materiell-technische Versorgung					
VRB	4,0	5,2	6,1	7,8	8,2
ČSSR	7,9	8,4	9,0	10,2	10,5
DDR	11,6	11,4	10,8	10,5	10,7

Fortsetzung von Tabelle A 5

Land/Bereich	1960	1965	1970	1975	1978
VRP	6,0	6,1	6,9	7,4	7,6
SRR[2]	3,4	4,0	4,3	5,5	6,0
UdSSR	5,4	6,3	7,2	7,7	7,9
UVR	6,6	7,3	8,0	9,0	9,4

[1] Im Jahresdurchschnitt.
[2] Am 31. Dezember des jeweiligen Jahres.

Quelle
Statističeskij ežegodnik stran-členov Soveta Ėkonomičeskoj Vzaimopomošči, Moskva 1979, S. 441 ff.

Tabelle A 6
Anteile der Beschäftigten[1] in den nichtmateriellen Bereichen der Volkswirtschaften europäischer Mitgliedsländer des RGW (Beschäftigte in der Volkswirtschaft insgesamt = 100)

Land	1960	1965	1970	1975	1978
VRB	9,2	10,8	13,1	15,7	16,5
ČSSR	14,3	16,9	19,5	19,1	20,0
DDR	15,3	17,1	18,8	20,6	19,0
VRP	10,8	11,6	12,8	13,4	13,4
SRR[2]	7,6	9,2	10,2	11,4	12,0
UdSSR	15,2	18,3	20,4	21,7	22,6
UVR	14,3	15,8	15,2	16,9	18,1

[1] Im Jahresdurchschnitt.
[2] Am 31. Dezember des jeweiligen Jahres.

Quelle
Statističeskij ežegodnik stran-členov Soveta Ėkonomičeskoj Vzaimopomošči, Moskva 1979, S. 441 ff.

Tabelle A 7
Durchschnittslöhne der Arbeiter und Angestellten im sozialistischen Sektor der Volkswirtschaft in den europäischen Mitgliedsländern des RGW (in Einheiten der nationalen Währung)

Land	1970	1971	1972	1973	1974	1975	1976	1977	1978
VRB	124	127	131	139	142	146	148	151	157
ČSSR	1937	2009	2091	2161	2232	2304	2369	2444	2517
DDR[1]	762	792	818	843/ 836[2]	867	897	927	954	985
VRP	2235	2358	2509	2798	3185	3783	4116	4415	4686
SRR	1434	1471	1498	1563	1663	1813	1964	1818	2011
UdSSR	122,0	125,9	130,2	134,9	141,1	145,8	151,4	155,2	159,9
UVR	2152	2225	2326	2484	2654	2821	2976	3269	3534

[1] Durchschnittliches monatliches Arbeitseinkommen der vollbeschäftigten Arbeiter und Angestellten in volkseigenen Betrieben; ohne sonstige produzierende Zweige und nichtproduzierende Bereiche.

[2] Einschließlich neugebildeter volkseigener Betriebe; mit den Folgejahren vergleichbar.

Quellen

Statičeskij ežegodnik stran-členov Soveta Ėkonomičeskoj Vzaimopomošči, Moskva 1979, S. 453 do 456; 1976, S. 422–424.

Statistisches Jahrbuch der DDR 1978, Berlin 1978, S. 106.

Tabelle A 8

Entwicklung der gesellschaftlichen Konsumtion in ausgewählten europäischen Mitgliedsländern des RGW (in Mrd. der nationalen Währung)

Land	1960	1965	1970	1975	1978[1]
VRB[2]	0,15	0,16	0,28	0,57	0,71
ČSSR[3]	27,4	35,2	51,1	71,1	88,2
DDR[4]	5,9	7,2	10,1	15,4	17,8
VRP[5]	29,6	48,1	81,8	168,1	209,8
UdSSR	27,3	41,9	63,9	90,1	105,2
UVR[6]	10,8	16,2	26,4	38,0	53,4

[1] Vorläufige Ergebnisse.

[2] Berechnet auf der Basis des produzierten Nationaleinkommens.

[3] 1960 und 1965 zu Preisen von 1960; 1970 und 1975 zu Preisen von 1967, 1977 zu Preisen von 1977.

[4] Vergleichbare Preise von 1975.

[5] 1960 in Preisen von 1961; 1965 in Preisen von 1965; 1970 in Preisen von 1971; ab 1975 in Preisen von 1977.

[6] 1960 und 1965 in vergleichbaren Preisen; ab 1970 in laufenden Preisen.

Quellen

Statističeski godišnik na Narodna republika Bǔlgaria, Sofija 1978, S. 122—124; Statistisches Taschenbuch Ungarns, Budapest 1979, S. 52; 1976, S. 55; Statistical pocket book of Hungary, Budapest, 1972, S. 75; 1971, S. 68; Statistisches Jahrbuch der DDR 1979, Berlin 1979, S. 74, 76: Rocznik statystyczny, Warszawa 1979, S. 67; 1976, S. 75; 1970, S. 63; Małenky rocznik statystyzny, Warszawa 1978, S. 44; Narodnoe chozjajstvo SSSR, Moskva 1977, S. 408; 1970, S. 537; Statisticka ročenka ČSSR, Praha 1978, S. 130; 1971, S. 169; L. Tarasov, Ėkonomika stran SĖV: Itogi 1978 g. i plany na 1979g., in: Voprosy ėkonomiki (Moskva), 6/1979, S. 106.

Tabelle A 9

Entwicklung des Realeinkommens der Werktätigen in den europäischen Mitgliedsländern des RGW von 1971 bis 1980 (in %)

Land	Jahresdurchschnittlicher Zuwachs 1971—1975	Geplanter Jahresdurchschnittlicher Zuwachs 1976—1980	1976	1977	1978
VRB[1]	5,8	3,7	4,4		5,0
ČSSR[2]	5,1	4,3—4,6	4,6	4,6	3,5
DDR[3]	4,9	3,9—4,2	4,0	5,4	3,9
VRP	7,0[4]	3,0—3,4	3,8	2,9	0,4
SRR	7,9	5,8 (4,1)[5]	9,5	5,7	8,9
UdSSR	4,6	3,7—4,1	3,7	3,5	3,0
UVR	4,4	3,7	1,5	4,5	3,0

[1] Realeinkommen pro Kopf der Bevölkerung; 1978: Konsumtionsfonds je Einwohner.
[2] Geldeinnahmen der Bevölkerung.
[3] Nettogeldeinnahmen.
[4] Reallohn.
[5] Fünfjahresplanangaben lt. Landeskonferenz der RKP im Dezember 1977, Angaben in Klammern entsprechend dem teilweise präzisierten Fünfjahrplan unmittelbar vor der Landeskonferenz der RKP.

Quellen

Direktiven der Parteitage; Plandokumente; offizielle Berichte über die wirtschaftliche und soziale Entwicklung der europäischen Mitgliedsländer des RGW; L. Tarasov, Ėkonomika stran SĖV: Itogi 1978g. i plany na 1979g., in: Voprosy ėkonomiki, 6/1979, S. 106.

Tabelle A 10

Entwicklung des Wohnungsbaus[1] in den europäischen Mitgliedsländern des RGW (Anzahl)

Land	1961—1965	1966—1970	1971—1975	Plan 1976—1980	1976	1977	1978
VRB	221047	221547	250829	420000	67600	75900	67800
ČSSR	408561	439185	615199	640000	136000	135000	129000
DDR	400003	363982	608666	750000	150615	162745	167799
VRP	754400	942200	1137000	1525000	273000	276000	292000
SRR	225221	659277	751000	1005000	139000	145000	167000
UdSSR	11551000	11333000	11224000	10700000	2113000	2110000	2080000
Mio m^2	490,6	518,5	544,8	545—550	106,2	107,8	106,8
UVR	282356	327430	438038	430000—440000	93900	93400	88200

[1] Zahlen der im jeweiligen Zeitraum neugebauten und rekonstruierten Wohnungen; einschließlich Eigenheime.

Quelle

Statističeski godišnik na narodna republika Bulgarija, Sofija 1976, S. 220; 1972, S. 254; 1969, S. 246; 1965, S. 237; 1964, S. 239; Statistisches Taschenbuch Ungarns, Budapest, 1973, S. 257; Rocznik statystyczny, Warszawa 1976, S. 409; 1973, S. 431; Narodnoe chozjajstvo SSSR, Moskva 1979, S. 414; Narodnoe chozjajstvo SSSR za 60 let, Moskva 1977, S. 494; Statistická ročenka ČSSR, Praha 1976, S. 205; 1975, S. 219; 1971, S. 218; 1966, S. 161; Anuraul Statistic al România, Bukuresti 1974, S. 270; 1970, S. 492; Statistisches Jahrbuch der DDR 1979, Berlin 1979, S. 143; Statistical Yearbook, Hungarian Central Statistical Office, Budapest 1975, S. 384; Statističeskij ežegodnik stran-členov Soveta Ėkonomičeskoj Vzaimopomošči, Moskva 1979, S. 212; Keller/Kigyóssy-Schmidt, Hauptkennziffern der wirtschaftlichen Entwicklung der europäischen RGW-Länder 1960—1975, Berlin 1973, S. 51 (Forschungsberichte des Zentralinstituts für Wirtschaftswissenschaften der Akademie der Wissenschaften der DDR Nr. 1); Plandokumente der europäischen Mitgliedsländer des RGW.

Tabelle A 11

Entwicklung der Beschäftigten im nichtmateriellen Bereich der Volkswirtschaft (staatlicher und genossenschaftlicher Sektor, in 1000 Personen)

Land	1950	1955	1960	1965	1970	1975	1978
VRB	206	318	391	467	592	734	735
ČSSR		905	1047	1384	1503	1577	1683
DDR	706	883	1035	1195	1384	1634	1750
VRP	1095	1433	1667	2002	2342	2767	2930
SRR	592	691	757	977	1096	1262	1364
UdSSR	10911	12295	15175	19978	24600	28939	31086
UVR	297	428	476	520	577	730	988

Quelle

Statističeskij ežegodnik stran-členov Soveta Ėkonomičeskoj Vzaimopomošči, Moskva 1979, S. 445–449; 1971, S. 382–385.

Tabelle A 12

Nationaleinkommen je Beschäftigter[1] in Industrie und Landwirtschaft

Land	1950[2]	1955[2]	1960	1965	1970	1975	1977
VRB[3]							
Industrie (in Lewa)	1712	2044	2704	3228	4711	6001	6042
Landwirtschaft (in Lewa)	349	325	608	1365	1819	3060	3073
Relation (Landwirtschaft = 1)	4,91	6,29	4,48	2,26	2,59	1,96	1,97
DDR[4]							
Industrie[5] (in M)	5460	9264	12084	15167	19802	25891	28288
Landwirtschaft (in M)	4441	6370	10033	11559	14506	17879	18176
Relation (Landwirtschaft = 1)	1,23	1,45	1,20	1,31	1,37	1,45	1,56

[1] Auf Grund nicht voll vergleichbarer Ausgangsdaten zeigen die Zahlen nur den Trend in beiden Ländern. Sie sind für Produktivitätsvergleiche zwischen den Ländern kaum geeignet.

[2] VR Bulgarien = 1952 bzw. 1956.

[3] Nationaleinkommen in vergleichbaren Preisen auf der Basis verketteter Indizes.

[4] Nettoprodukt in Preisen von 1975.

[5] Einschließlich produzierendes Handwerk, ohne Bauhandwerk.

Quellen

Statistisches Jahrbuch der DDR 1979, Berlin 1979, S. 74, 85; Statističeski godišnik na narodna republika Bŭlgarija, Sofija 1978, S. 12/13, 100, 123; 1975, S. 84.

Tabelle A 13

Traktorenbestand in der Landwirtschaft der europäischen Mitgliedsländer des RGW (in physischen Einheiten; in 1000 Stck.)[1]

Land	1960	1965	1970	1975	1978
VRB	25,8	42,0	53,6	64,7	64,4
ČSSR	74,9	125	136	142	140
DDR	71	124	149	140	140
VRP[2]	62,8	131	231	411	525
SRR	44,2	81,4	107	120	139
UdSSR	1122	1613	1977	2336	2515
UVR	41,0	64,2	68,9	62,1	58,0

[1] Ende des Jahres.
[2] Für die Jahre 1960 und 1965 ohne Gartenschlepper.

Quelle

Statističeskij ežegodnik stran-členov Soveta Ėkonomičeskoj Vzaimopomošči, Moskva 1979, S. 274.

Tabelle A 14

Einsatz von Kunstdünger in der Landwirtschaft

Land	1960	1965	1970	1975	1978
Mineralische Düngemittel insgesamt (in 1000 t)					
VRB	157	361	639	679	738
ČSSR	510	893	1227	1604	1748
DDR	951	1313	1535	1826	1670
VRP	745	1107	2416	3460	3606
SRR	82,1	303	702	1196	1480
UdSSR	2624	6273	10317	17251	18420
UVR	168	357	837	1518	1539
Einsatz der mineralischen Düngemittel[1] insgesamt je ha landwirtschaftliche Nutzfläche (in kg)					
VRB	27,6	62,3	106	114	119
ČSSR	70,0	126	174	231	254
DDR	148	206	244	290	266
VRP	36,5	56,4	124	182	190
SRR	5,7	20,5	47,0	80,1	153
UdSSR	5,2	11,7	19,2	31,9	33,8
UVR	23,5	51,4	122	224	230

[1] Umgerechnet in Nährstoffe.

Quelle

Statističeskij ežegodnik stran-členov Soveta Ėkonomičeskoj Vzaimopomošči, Moskva 1979, S. 276—277.

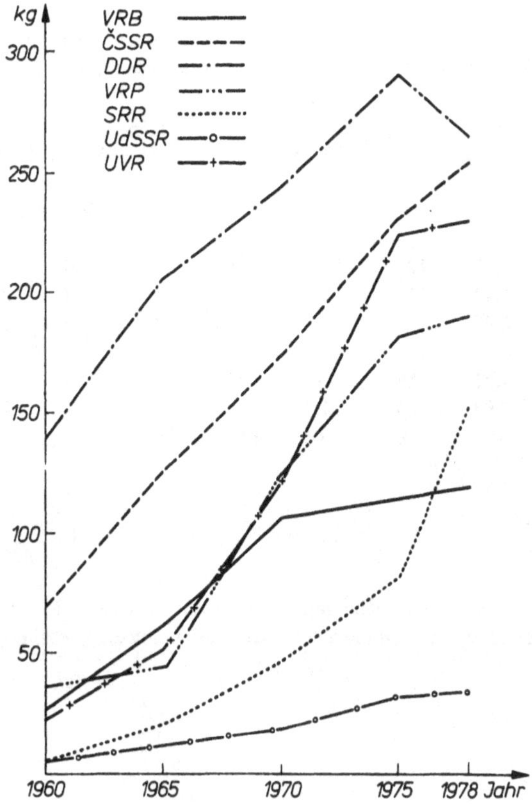

Abb. 8:
Einsatz der mineralischen Düngemittel insgesamt je ha landwirtschaftlicher Nutzfläche (in kg)
Quelle: Siehe Tabelle A 14.

Tabelle A 15

Wachstum der Investitionen in Industrie und Landwirtschaft der europäischen Mitgliedsländer des RGW im jeweiligen Fünfjahresplanzeitraum (Volumen des vorangegangenen Planzeitraums = 100)

Land	1966—1970/1961—1965			1971—1975/1966—1970			1976—1978/1971—1973		
	A	B	A:B	A	B	A:B	A	B	A:B
VRB	197	138	1,43	127	132	0,96	147	130	1,13
ČSSR	156	139	1,12	135	139	0,97	137	147	0,93
DDR	155	164	0,95	141	121	1,17	129	116	1,11
VRP	144	172	0,84	228	185	1,23	204	233	0,88
SRR	179	137	1,31	168	149	1,13	169	164	1,03
UdSSR	163	182	0,90	143	161	0,89	133	137	0,97
UVR	151	157	0,96	158	150	1,05	183	161	1,14

A = Industrie.
B = Land- und Forstwirtschaft.

Quellen

Statističeskij ežegodnik stran-členov Soveta Ėkonomičeskoj Vzaimopomošči, Moskva 1979, S. 173; 1975, S. 141; Narodnoe chozjajstvo stran-členov Soveta Ėkonomičeskoj Vzaimopomošči v 1968g., Moskva 1968, S. 308, 310/311.

Tabelle A 16

Entwicklung des Nationaleinkommens je Beschäftigter in der Landwirtschaft (in Landeswährung)

Land	1950	1955	1960	1965	1975	1977
VRB[1] (Lewa)	349	325	608	1365	3060	3073
ČSSR[2] (Kčs)	8017	7915	14441	12599	28160	40358
DDR[3] (M)	4441	6370	10033	11559	17879	18176

[1] Nationaleinkommen in vergleichbaren Preisen auf der Basis verketteter Indizes.
[2] Nationaleinkommen in vergleichbaren Preisen vom 1. 1. 1967.
[3] Nettoprodukt in Preisen von 1975.

Quellen

Berechnet nach den statistischen Jahrbüchern dieser Länder.

Tabelle A 17

Entwicklung der Arbeitsproduktivität des industriellen Personals in wichtigen Industriebereichen im Verhältnis zur gesamten Industrie (Wachstum der Arbeitsproduktivität der Industrie insgesamt = 1)

Land/Jahre	Produktion von Elektroenergie und Wärme	Schwarzmetall-urgie	Maschinenbau und MVI	Chemische und Gummi-, Asbest-Industrie	Baumaterialien-industrie	Textil-industrie	Lebensmittel-industrie
VRB							
1961—1965	1,15	1,01	1,16	1,08	1,11	0,99	0,94
1966—1970	1,22	1,22	1,07	1,18	1,04	0,88	0,92
1971—1975	0,73	1,11	1,16	0,97	0,97	0,90	0,97
1978	0,68	1,09	1,28	1,02	1,03	0,89	0,96
ČSSR							
1961—1965	1,10	0,97	1,03	1,15	1,05	0,98	1,00
1966—1970	1,04	0,94	1,08	1,07	0,98	0,96	0,88
1971—1975	0,91	0,96	1,08	1,11	1,02	1,00	0,93
1978	0,86	0,92	1,13	1,17	1,02	0,98	0,89
DDR							
1961—1965	0,92	0,89	1,04	1,04	1,10	0,99	0,92
1966—1970	1,04	0,91	1,01	1,05	0,95	1,08	0,87
1971—1975	0,84	1,03	1,00	1,10	1,03	1,06	0,97
1978	0,84	1,00	1,02	1,12	0,99	1,08	0,88
VRP							
1961—1965	1,14	0,93	1,16	1,17	1,09	0,94	0,85
1966—1970	0,99	0,95	1,07	1,19	0,98	0,99	0,82
1971—1975	0,91	0,94	1,14	1,08	1,01	0,94	0,89
1978	0,92	0,87	1,20	1,09	1,00	0,96	0,84

Fortsetzung von Tabelle A 17

Land/Jahre	Produktion von Elektroenergie und Wärme	Schwarzmetallurgie	Maschinenbau und MVI	Chemische und Gummi-, Asbest-Industrie	Baumaterialien-industrie	Textil-industrie	Lebensmittel-industrie
SRR							
1961—1965	1,08	1,00	1,09	1,29	1,14	0,94	0,85
1966—1970	1,37	1,06	1,09	1,22	1,04	0,93	0,80
1971—1975	1,10	1,09	1,06	1,07	1,00	0,92	0,86
1978	1,05	1,14	1,09	1,17	1,05	0,92	0,79
UdSSR							
1961—1965	1,05	1,02	1,06	1,08	1,11	0,86	0,98
1966—1970	1,00	0,95	1,10	1,07	1,00	1,01	0,90
1971—1975	1,00	0,95	1,13	1,09	1,00	0,93	0,93
1978	0,98	0,94	1,23	1,14	0,95	0,91	0,87
UVR							
1961—1965	1,11	0,94	1,04	1,28	1,01	0,94	0,98
1966—1970	1,22	1,03	1,03	1,24	1,01	0,89	0,92
1971—1975	1,01	0,93	1,07	1,14	0,94	0,96	0,86
1978	1,08	0,87	1,07	1,31	0,95	0,93	0,81

Quelle
Berechnet nach: Statističeskij ežegodnik stran-členov Soveta Ėkonomičeskoj Vzaimopomošči, Moskva 1979, S. 161 ff.

Tabelle A 18

Wachstum der Produktionsgrundfonds in wichtigen Industriebereichen ausgewählter europäischer Mitgliedsländer des RGW bis 1977 (1960 = 100)

Industriebereich	VRB	ČSSR	DDR	VRP	UVR
Staatliche Industrie insgesamt	715	237	270[1]	422	340
Elektroenergie und Wärme	515	248		420	373
Schwarzmetallurgie	1600	235	.	408	244
Maschinenbau und MVI	1000	247	335	641	311
Chemische und Gummi-, Asbest-Industrie	1447	315	296[2]	505	613
Baumaterialienindustrie	728	320	284	322	388
Textilindustrie	556	200	183	319	280
Lebensmittelindustrie	503	196	231	340	269

[1] Gesamte Industrie.
[2] Nur Chemie.

Quelle

Berechnet nach: Narodnoe chozjajstvo stran-členov Soveta Ėkonomičeskoj Vzaimopomošči v. 1977g., Moskva 1977, S. 240—244, 827.

Tabelle A 19

Verhältnis des Anteils der Bruttoproduktion ausgewählter industrieller Bereiche zum Anteil ihrer Produktionsgrundfonds in ausgewählten europäischen Mitgliedsländern des RGW im Jahre 1960 und 1977

Industriebereich	ČSSR		DDR		UdSSR		UVR	
	1960	1977	1960	1976	1960[1]	1977	1960[1]	1976
Elektroenergetik	0,34[2]	0,26[2]	0,23[3]	0,25[3]	0,34[3]	0,18[3]	0,70[2]	0,36[2]
Metallurgie	0,65	0,79	1,25	1,36	.	.	0,68	0,94
Maschinenbau/MVI	1,75	1,78	1,87	1,47	1,05	1,15	1,56	1,76
Baumaterialienindustrie	0,86	0,69	0,57	0,58	0,64	0,68	0,86	0,29
Chemische Industrie	0,92	1,18	0,82	0,55	0,60	0,74	0,71	0,75
Leichtindustrie	1,20	1,39	1,40	1,33	3,86	3,70	1,70	1,14
Lebensmittelindustrie	1,58	2,09	1,99	2,41	2,62	2,44	0,83	1,31

[1] 1965.
[2] Energie und Bergbau.
[3] Energie- und Brennstoffindustrie.

Quelle

Statistisches Jahrbuch der DDR 1977, Berlin 1977, S. 83; 1976, S. 107; Narodnoe chozjajstvo stran-členov Soveta Ėkonomičeskoj Vzaimopomošči v. 1977g., Moskva 1977, S. 70; Statistisches Taschenbuch Ungarns, Budapest 1976, S. 69; Statistical pocket-book of Hungary, Budapest 1972, S. 105; Narodnoe chozjajstvo SSSR 1977, Moskva 1977, S. 125, 135; 1975, S. 125, 223; Statistická ročenka ČSSR, Praha 1976, S. 223, 231; 1961, S. 149, 155.

Tabelle A 20

Anteil der Zweige der staatlichen und genossenschaftlichen Industrie an der Bruttoproduktion (in %; Industrie insgesamt = 100)

Land/Zweig	1960	1970	1978
Produktion von Elektro- und Wärmeenergie			
VRB	2,0	2,6	2,5
ČSSR	2,5	2,8	3,3
DDR	5,5	5,5	5,7
VRP	2,1	2,5	2,3
SRR	2,5	3,2	1,8
UdSSR	2,2	2,9	3,0
UVR	4,2	5,1	5,6
Brennstoffindustrie und Produktion von Brennstoffen aus Kohle, Erdöl und Schiefer			
VRB	2,8	4,7	3,5
ČSSR	8,1	7,4	7,4

Fortsetzung von Tabelle A 20

Land/Zweig	1960	1970	1978
DDR	6,7	6,4	5,9
VRP	9,7	7,8	5,7
SRR	9,0	5,1	4,4
UdSSR	5,5	6,8	6,2
UVR	9,9	8,6	7,8
Schwarzmetallurgie[1]			
VRB	1,3	3,2	4,0
ČSSR	10,1	9,3	8,7
DDR	6,3	5,3	5,4
VRP	9,6	8,4	6,4
SRR	6,4	8,5	7,8
UVR	10,1	8,1	6,7
Buntmetallurgie[1]			
VRB	—	—	—
ČSSR	2,1	2,3	2,6
DDR	2,2	2,4	2,4
VRP	3,0	3,0	3,6
SRR	2,1	3,3	3,4
UVR	3,3	3,4	3,2
Maschinenbau und metallverarbeitende Industrie			
VRB	12,3	20,1	28,2
ČSSR	24,8	29,8	29,2
DDR	24,5	30,5	32,7
VRP	15,9	25,6	33,9
SRR	24,3	25,1	33,2
UdSSR	20,1	23,2	26,0
UVR	25,1	28,9	30,8
Chemische und Gummi-, Asbest-Industrie			
VRB	3,8	7,5	8,1
ČSSR	4,7	7,0	8,5
DDR	8,8	10,1	10,8
VRP	5,5	8,9	9,3
SRR	6,6	10,4	9,5
UdSSR	5,2	6,6	7,6
UVR	4,4	9,1	12,4
Baumaterialienindustrie			
VRB	3,1	3,8	4,1
ČSSR	3,7	3,4	3,6
DDR	2,0	2,1	2,1
VRP	3,4	3,3	2,8

Fortsetzung von Tabelle A 20

Land/Zweig	1960	1970	1978
SRR	3,3	3,6	3,6
UdSSR	3,9	4,2	4,0
UVR	2,8	2,2	2,0
Holz- und holzverarbeitende Industrie			
VRB	6,3	3,6	3,1
ČSSR	4,8	4,2	4,2
DDR	3,5	3,0	3,0
VRP	4,6	3,7	3,8
SRR	7,5	6,5	4,4
UdSSR	5,8	4,3	3,6
UVR	3,0	2,7	2,8
Zellulose- und Papierindustrie			
VRB	0,9	1,0	1,3
ČSSR	2,1	1,8	1,8
DDR	1,9	1,7	1,7
VRP	1,8	1,4	1,1
SRR	1,0	1,4	1,4
UdSSR	0,7	0,8	0,8
UVR	0,9	0,8	0,7
Glas-, Porzellan- und Keramikindustrie			
VRB	0,6	0,9	0,9
ČSSR	1,4	1,5	1,4
DDR	1,0	1,0	1,0
VRP	0,7	0,8	1,0
SRR	0,7	0,5	0,6
UdSSR	0,5	0,4	0,5
UVR	0,7	0,9	1,0
Textilindustrie			
VRB	13,6	9,2	7,5
ČSSR	6,4	5,3	5,1
DDR	7,9	6,2	5,6
VRP	9,9	8,1	7,1
SRR	8,0	7,2	8,3
UdSSR	13,7	10,0	10,2
UVR	7,2	5,4	4,5
Konfektionsindustrie			
VRB	5,1	4,8	3,1
ČSSR	2,1	1,9	1,7
DDR	2,8	2,1	1,8
VRP	2,9	3,3	3,3

Fortsetzung von Tabelle A 20

Land/Zweig	1960	1970	1978
SRR	5,1	4,2	3,5
UdSSR	5,8	4,7	4,2
UVR	3,7	2,8	2,3
Pelz-, Leder- und Schuhindustrie			
VRB	2,3	1,9	1,4
ČSSR	2,7	2,5	2,5
DDR	1,7	1,6	1,6
VRP	2,7	2,2	1,8
SRR	2,8	2,1	2,1
UdSSR	2,8	1,9	1,7
UVR	2,5	2,0	1,8
Polygrafische Industrie			
VRB	0,6	0,5	0,5
ČSSR	0,6	0,7	0,7
DDR	0,9	0,8	0,6
VRP	0,4	0,4	0,4
SRR	0,9	0,3	0,2
UVR	0,7	0,9	1,0
Lebensmittelindustrie			
VRB	33,7	25,4	21,7
ČSSR	20,1	15,9	14,4
DDR	23,0	18,3	16,7
VRP	26,8	17,9	15,4
SRR	19,0	17,3	13,8
UdSSR	23,6	20,9	18,8
UVR	18,8	16,3	14,5

[1] Einschließlich Erzförderung.

Quelle

Statističeskij ežegodnik stran-členov Soveta Ėkonomičeskoj Vzaimopomošči, Moskva 1979, S. 81ff.

Tabelle A 21

Jahresdurchschnittliches Wachstum der Bruttoproduktion ausgewählter Industriezweige im Verhältnis zum Wachstum der gesamten Industrie[1] (Industrie insgesamt = 1)

Land/Jahre	Produktion von Elektroenergie und Wärme	Schwarzmetallurgie	Maschinenbau und MVI	Chemische und Gummi-, Asbestindustrie	Baumaterialienindustrie	Textilindustrie	Nahrungs- und Genußmittelindustrie
VRB							
1961/65	1,26	2,31	1,55	1,44	1,41	0,47	0,89
1966/70	1,21	1,70	1,43	1,97	0,94	0,80	0,56
1971/75	0,58	1,20	1,62	1,27	1,01	0,80	0,64
1976/78	1,26	1,29	1,78	1,37	1,26	0,78	0,60
ČSSR							
1961/65	1,35	1,06	1,25	2,06	0,65	0,60	0,56
1966/70	1,07	0,67	1,37	1,46	1,03	0,72	0,60
1971/75	0,91	0,79	1,27	1,48	0,99	0,88	0,70
1976/78	1,09	0,65	1,37	0,96	0,94	0,61	0,61
DDR							
1961/65	0,97	0,64	1,37	1,27	1,20	0,37	0,49
1966/70	0,88	0,68	1,26	1,06	0,89	0,68	0,62
1971/75	0,75	1,05	1,02	1,29	1,06	0,78	0,83
1976/78	1,31	0,90	1,29	1,12	0,86	0,86	0,55
VRP							
1961/65	1,33	0,86	1,66	1,55	0,94	0,57	0,51
1966/70	1,01	0,64	1,46	1,56	0,82	0,82	0,35
1971/75	0,87	0,73	1,37	1,14	0,77	0,77	0,85
1976/78	0,91	0,72	1,45	0,87	0,68	0,84	0,61
SRR							
1961/65	1,47	0,81	1,21	1,76	1,16	0,75	0,62
1966/70	1,39	1,03	1,33	1,75	1,10	0,94	0,55
1971/75	0,75	0,87	1,39	1,21	0,78	0,94	0,58
1976/78	0,59	1,08	1,25	1,20	1,41	1,08	0,64
UdSSR							
1961/65	1,42	1,00	1,44	1,56	1,02	0,33	0,85
1966/70	1,06	0,73	1,38	1,38	0,98	0,85	0,68
1971/75	0,96	0,74	1,54	1,39	0,96	0,64	0,73
1976/78	1,06	0,73	1,76	1,29	0,59	0,65	0,33

Fortsetzung von Tabelle A 21

Land/ Jahre	Produktion von Elektroenergie und Wärme	Schwarzmetallurgie	Maschinenbau und MVI	Chemische und Gummi-, Asbestindustrie	Baumaterialienindustrie	Textilindustrie	Nahrungs- und Genußmittelindustrie
UVR							
1961/65	1,14	0,65	1,24	2,17	0,60	0,79	0,87
1966/70	1,30	0,67	1,22	2,05	0,59	0,30	0,75
1971/75	1,17	0,71	1,20	1,58	0,55	0,62	0,72
1976/78	1,51	0,55	1,15	1,98	0,93	0,53	0,76

[1] Sozialistischer Sektor

Quelle
Berechnet nach Statističeskij ežegodnik stran-členov Soveta Ėkonomičeskoj Vzaimopomošči, Moskva 1979, S. 68ff.

Tabelle A 22
Struktur des Produktionspersonals nach ausgewählten Zweigen der Industrie[1] (Beschäftigte in der Industrie insgesamt = 100)

Industriezweig		VRB	ČSSR	DDR	VRP	SRR	UdSSR	UVR
Produktion von Elektroenergie und Wärme	1960	1,2	1,4	2,2	1,3	1,1	1,7	2,6
	1975	1,5	1,5	2,0	1,5	1,3	1,9	2,0
	1978	1,7	1,6	2,2	1,4	1,3	.	2,0
Brennstoffindustrie	1960	5,8	8,5	8,8	12,9	6,7	7,2	11,7
	1975	4,0	6,3	6,0	9,4	3,6	4,4	7,3
	1978	3,9	6,5	5,8	9,6	3,5	.	7,0
Schwarzmetallurgie	1960	1,3	6,1	4,4	4,9	4,6	4,0	5,5
	1975	2,7	6,1	4,0	4,4	3,4	3,6	5,0
	1978	2,9	6,1	3,9	4,0	3,5	.	4,8
Maschinenbau und MVI	1960	15,9	33,4	35,3	23,7	22,3	30,8	26,0
	1975	25,0	36,3	38,2	30,7	32,0	38,7	29,5
	1978	26,4	36,9	38,7	32,3	32,5	.	29,6
Chemische und Gummi-, Asbest-Industrie	1960	3,2	3,9	8,5	6,3	4,1	3,8	4,2
	1975	6,0	4,9	8,1	6,9	6,9	5,5	5,7
	1978	6,1	4,9	8,1	6,8	6,9	.	5,5
Baumaterialienindustrie	1960	4,6	4,7	3,6	5,7	6,0	7,6	4,4
	1975	4,7	3,9	3,3	4,4	4,7	6,8	2,9
	1978	4,6	3,9	3,3	4,1	4,6	.	2,9

Fortsetzung von Tabelle A 22

Industriezweig		VRB	ČSSR	DDR	VRP	SRR	UdSSR	UVR
Textilindustrie	1960	13,5	10,6	10,9	13,6	12,1	8,4	10,0
	1975	10,7	9,4	8,9	11,0	11,6	6,6	8,4
	1978	10,3	9,1	8,5	10,5	11,9	.	7,7
Lebensmittelindustrie	1960	15,7	8,5	7,5	11,1	8,8	9,2	8,2
	1975	11,9	8,1	7,3	10,9	7,6	8,6	9,5
	1978	11,6	8,0	8,0	10,6	7,3		11,3

[1] Sozialistischer Sektor.

Quelle

Statističeskij eżegodnik stran-členov Soveta Ėkonomičeskoj Vzaimopomošči, Moskva 1979, S. 156ff.; 1976, S. 72ff.

Bibliographie (Auswahl)*

VRB

1. XI. Parteitag der Bulgarischen Kommunistischen Partei. Materialien. Rechenschaftsbericht des Zentralkomitees, Berichterstatter: Todor Shiwkow. Dokumente, Berlin 1976, 115 S.

ČSSR

2. XV. Parteitag der Kommunistischen Partei der Tschechoslowakei, 12.—16. April 1976, Materialien, Berichterstatter: G. Husák, L. Štrougal, Berlin 1976, 198 S.

DDR

3. IX. Parteitag der SED, Berlin, 18. bis 22. Mai 1976. Bericht des Zentralkomitees der Sozialistischen Einheitspartei Deutschlands an den IX. Parteitag der SED, Berichterstatter: Erich Honecker, Berlin 1976, 143 S.
4. Programm der Sozialistischen Einheitspartei Deutschlands, Berlin 1976, 78 S.
5. *Honecker, E.*, Höchstleistung der Wissenschaft und Technik zum Wohle unserer Völker, in: Neues Deutschl., A-Ausg., Berlin **31** (1976) 244 v. 13. 10., S. 3.
6. — Die sozialistische Revolution in der DDR und ihre Perspektiven, in: Neues Deutschl., B-Ausg., Berlin **32** (1977) 229 v. 27. 9., S. 3—5.
7. — Das Wohl des Volkes ist der Sinn unseres Kampfes. Aus dem Referat vor den 1. Sekretären der Kreisleitungen am 25. Febr. 1977, in: Neuer Weg, Berlin **32** (1977) 6, S. 241—252.
8. — Die Aufgaben der Partei bei der weiteren Verwirklichung der Beschlüsse des IX. Parteitages der SED (Aus dem Referat des Generalsekretärs des ZK der SED auf der Beratung mit den 1. Sekretären der Kreisleitungen am 17. 2. 1978), in: Neues Deutschl., B-Ausg., Berlin **33** (1978) 42 v. 18./19. 2., S. 3—8.
9. — Gestaltung der entwickelten sozialistischen Gesellschaft — Aufgabe von historischer Größe, in: Einheit, Berlin **33** (1978) 7/8, S. 675—683.

* Zusammenstellung: Zentralinstitut für Wirtschaftswissenschaften der AdW der DDR, Abt. Dok./Bibl., S. Hummel.

10. — Der Siegeszug des Sozialismus auf deutschem Boden, in: Einheit, Berlin **34** (1979) 9/10, S. 899—907.
11. *Mittag, G.*, Die Hauptaufgabe wird zielstrebig verwirklicht (Seminaristischer Erfahrungsaustausch des Zentralkomitees der SED zur Entwicklung der vorhandenen und Bildung neuer Kombinate als gegenwärtig wesentlicher Schritt zur Vervollkommnung der Leitung und Planung am 24. u. 25. August 1978), Berlin 1978, 108 S.
12. — Sozialistische Planwirtschaft zum Wohle des Volkes, zur Stärkung unserer Republik, in: Einheit, Berlin **34** (1979) 9/10, S. 931—939.
13. — Sozialistische Rationalisierung — Weg zur Stärkung unserer Wirtschaftskraft, in: Einheit, Berlin **34** (1979) 11, S. 1117—1126.
14. *Schürer, G.*, Hauptrichtungen der Vervollkommnung unserer materielltechnischen Basis in den Jahren 1976 bis 1980, in: Einheit, Berlin **31** (1976) 9, S. 1012—1022.
15. — Bruderbund zwischen DDR und UdSSR — Kraftquell für die Leistungsstärke unserer Volkswirtschaft, in: Einheit, Berlin **32** (1977) 9, S. 1060—1066.
16. — Die Energie- und Rohstoffbasis unseres Landes stärken, in: Einheit, Berlin **33** (1978) 12, S. 1245—1251.
17. *Stoph, W.*, Alle Kraft für neue Erfolge auf dem gemeinsamen Weg (RGW-Tagung in Moskau), in: Neues Deutschl., A-Ausg., Berlin **34** (1979) 150 v. 28. 7., S. 6.
18. *Verner, P.*, Die Vertiefung der sozialistischen ökonomischen Integration — unser fester Kurs, Probl. d. Friedens u. Sozial., Berlin **20** (1977) 1, S. 69—75.
19. — Die Partei — wichtigster Faktor der Gestaltung der entwickelten sozialistischen Gesellschaft, in: Einheit, Berlin **33** (1978) 7/8, S. 700 bis 706.
20. *Weiss, G.*, Dynamik, Stabilität, Kontinuität — Mehr als ein gemeinsames Jubiläum. 30 Jahre RGW, in: Horizont, Berlin **12** (1979) 24, S. 11—20.
21. — Sozialistische ökonomische Integration — ein entscheidendes Unterpfand unserer Entwicklung, in: Einheit, Berlin **34** (1979), S. 997—1002.

VRP

22. VII. Parteitag der Polnischen Vereinigten Arbeiterpartei, 8. bis 12. Dezember 1975. Grundsatzreferat des Politbüros. Dokumente, Berlin 1976, 152 S.

SRR

23. XI. Parteitag der Rumänischen Kommunistischen Partei, 25. bis 28. Nov. 1974. Rechenschaftsbericht des Zentralkomitees, Berichterstatter: Nicolae Ceauşescu.
Programm der Rumänischen Partei. Resolution, Berlin 1977, 341 S.

UdSSR

24. XXV. Parteitag der KPdSU. Rechenschaftsbericht des Zentralkomitees der KPdSU und die nächsten Aufgaben der Partei in der Innen- und Außenpolitik, Berichterstatter: L. I. Breshnew, 24. Febr. 1976, Berlin 1976, 110 S.
25. XXV. Parteitag der KPdSU. Die Hauptrichtungen der Entwicklung der Volkswirtschaft der UdSSR von 1976—1980, Berichterstatter: A. N. Kossygin, 1. März 1976, Berlin 1976, 60 S.
26. *Breshnew, L. I.*, Zusammenarbeit stärkt die Kräfte des Sozialismus, in: Neues Deutschl., A-Ausg., Berlin **32** (1977) 42 v. 18. 2., S. 6.
27. *Katušev, K.*, Sotrudničestvo vo imja velikich celej socializma i kommunizma (Die Zusammenarbeit im Namen der großen Ziele des Sozialismus und Kommunismus), in: Ėkon. Sotrudnič. Stran-Členov SĖV, Moskva (1979) 1, S. 4—11.
28. — Sovet ėkonomičeskoj vzaimopomošči: 30 let (30 Jahre Rat für Gegenseitige Wirtschaftshilfe), in: Plan. Choz., Moskva (1979) 1, S. 6—11.
29. *Kossygin, A. N.*, Gestützt auf das Erreichte lösen wir künftige Aufgaben, in: Neues Deutschl., A-Ausg., Berlin **34** (1979) 150 v. 28. 6., S. 6.
30. *Patolitschew, N.*, Ansprache auf der Festsitzung anläßlich des 20. Jahrestages der Ständigen RGW-Kommission für Außenhandel, in: Außenhandel UdSSR, Moskau (1978) 8, S. 2—6.

UVR

31. XI. Parteitag der Ungarischen Sozialistischen Arbeiterpartei, 17. bis 22. März 1975, Rechenschaftsbericht des Zentralkomitees, S. 5—80, Referent: János Kádár. Beschluß, S. 81—140. Programmerklärung, S. 141—183, Berlin 1975, 187 S.

II. Weitere Literatur

32. *Abalkin, L.*, Der intensive Typ der Reproduktion und Probleme der Planbilanziertheit, in: Sowjetwiss., gesellsch.-wiss. Beitr., Berlin (1979) 4, S. 357—366.
33. *Alampijew, P./Worobjow, J.*, Die Veränderung der Zweigstruktur in der Volkswirtschaft der RGW-Länder, I. u. II., in: Presse SU, Berlin (1976) 45, S. 17—20 u. ebenda (1976) 46, S. 10—12 (Übers. a. d. Russ.: Vopr. Ekon., Moskva (1976) 7).
34. *Alampijew, P./Kormnow, Ju./Maksakowsky, W.*, Die Wirtschaftsstrukturen und die Integration der sozialistischen Länder, in: Sowjetwiss., gesellsch.-wiss. Beitr., Berlin (1975) 4, S. 395—405.
35. *387ančiškin, I. A. (Antschischkin, J. A.)*, Ėkonomičeskie uslovija rosta blagosostojanija sovetskogo naroda (Die ökonomischen Voraussetzungen des Wachstums des Wohlstandes des sowjetischen Volkes), Moskva 1977, 199 S.

36. — Die erweiterte Reproduktion unter den Bedingungen des entwickelten Sozialismus, in: Sowjetwiss., gesellsch.-wiss. Beitr., Berlin **30** (1977) 3, S. 225—238.

37. — u. *Issupow, V.*, Die Intensivierung der sozialistischen Produktion unter den Bedingungen der ökonomischen Integration der RGW-Länder (Hauptreferat der UdSSR-Seite, gehalten a. d. 2. Tagung d. Gemeinsamen Kommission d. Ökonomen d. UdSSR u. d. DDR, Berlin, 25. Nov. bis 4. Dez. 1976), in: Wirtschaftswissenschaft, Berlin **25** (1977) 3, S. 346 bis 360.

38. *Augustinovics, M.*, A hosszú távé novekedés néhány tényezöje a magyar gazdaságban (1950—1990) (Einige Faktoren des langfristigen Wachstums in der ungarischen Wirtschaft (1950—1990), in: Közgazdasági Szemle, Budapest **22** (1975) 1, S. 14—24.

39. *Bagrij, P. I.*, Dynamik und Struktur der gesellschaftlichen Produktion im Sozialismus. Methodische und analytische Probleme, Berlin 1974, 379 S.

40. *Bajbakov, N.*, Soveršenstvovanie socialističeskogo planirovanija v stranach-členach SĖV (Die Vervollkommnung der sozialistischen Planung in den RGW-Mitgliedsländern), in: Plan. Choz., Moskva (1979) 6, S. 9—18.

41. *Batizi, Ė. Ė.*, Povyšenie ėffektivnosti ispol'zovanija osnovnych fondov v stranach SĖV (Die Erhöhung der Effektivität der Ausnutzung der Grundfonds in den RGW-Ländern), Moskva 1977, 189 S.

42. *Beljaev, Ju.*, Socialističeskaja ėkonomičeskaja integracija kak material'naja osnova sbliženija nacional'nych interesov (Die sozialistische ökonomische Integration als materielle Grundlage der Angleichung der nationalen Interessen), in: Obščest. Nauki, Moskva (1979) 5, S. 50—60.

43. *Belousov, R.*, Obobščestvlenie, specializacija, planomernost' (Vergesellschaftung, Spezialisierung, Planmäßigkeit), in: Kommunist, Moskva (1978) 1, S. 75—86 (Übers.: ADN Inform.-Bull., Wirtsch., Berlin (1978) 51, S. a1—a11).

44. *Bleßing, H./Brendel, G.*, Zur ökonomischen Effektivität der sozialistischen internationalen Kooperation und Spezialisierung der Produktion und zu Fragen ihrer Messung, in: Wirtschaftswissenschaft, Berlin **23** (1975) 10, S. 1475—1493.

45. *Bogačevskij, G.*, Socialističeskaja ėkonomičeskaja integracija (Voprosy sistemnogo analiza) (Die sozialistische ökonomische Integration (Fragen der Systemanalyse)), in: Ėkon. Nauki, Moskva (1977) 6, S. 77—82.

46. *Bogomolov, O. (Bogomolow, O. T.)*, Theorie und Methodologie der internationalen sozialistischen Arbeitsteilung, Berlin 1969, 182 S.

47. — Issledovanie problem mirovoj sistemy socializma (Die Erforschung der Probleme des sozialistischen Weltsystems), in: Vopr. Ėkon., Moskva

(1978) 7, S. 26—32 (Übers.: Zentralinst. sozial. Wirtsch.-Führ. ZK SED, Berlin Reg.-Nr.: RIS 5188).
48. — Strukturnaja politika i socialističeskaja ėkonomičeskaja integracija (Strukturpolitik und sozialistische ökonomische Integration), in: Vopr. Ėkon., Moskva (1978) 9, S. 100—110.
49. — Die Internationalisierung des Wirtschaftslebens, in: Gesellschaftswissenschaften, Moskau (1979) 2, S. 47—57.
50. — Die internationale Spezialisierung als eine Hauptrichtung der sozialistischen ökonomischen Integration, in: Sowjetwiss., gesellsch.-wiss. Beitr., Berlin **32** (1979) 7, S. 665—681 (Übers.: Vest. Akad. Nauk SSSR, Ser. ėkon., Moskva (1979) 1, S. 5—20).
51. — 30 Jahre RGW und die wissenschaftlich-technische und ökonomische Zusammenarbeit zwischen der UdSSR und der DDR, in: Wirtschaftswissenschaft, Berlin **27** (1979) 11, S. 1284—1292.
52. *Bondarenko, E. L.*, Vyravnivanie urovnej ėkonomičeskogo razvitija stran-členov SĖV v uslovijach integracii. Voprosy teorii i metodologii (Die Niveauangleichung der ökonomischen Entwicklung der RGW-Mitgliedsländer unter den Bedingungen der Integration), Moskva: Izdat. Moskva. Univ. 1979, 200 S.
53. *Bożyk, P.*, Polen im RGW. Der komplementäre Charakter der Wirtschaftsstrukturen, in: Weg u. Ziel, Wien **35** (1977) 2, S. 85—87.
54. — Możliwosci społeczno-gospodarczego rozwoju Polski w latach osiemdziesiątych (Möglichkeiten der gesellschaftlich-ökonomischen Entwicklung Polens in den achtziger Jahren), in: Nowe Drogi, Warszawa (1979) 1, S. 104—113 (Übers.: D 73; Reg.-Nr.: ohne).
55. *Brauer, R.*, Veränderungen auf den kapitalistischen Märkten, in: Einheit, Berlin **33** (1978) 4, S. 431—438.
56. *Brendel, G.*, Die planmäßige Ausnutzung der Ware-Geld-Beziehungen in der Wirtschaftszusammenarbeit der RGW-Länder, in: Wirtschaftswissenschaft, Berlin **27** (1979) 5, S. 527—540.
57. *Brocka-Palacz, B.*, Porównanie struktur gospodarczych w przekroju miedzynarodowym (Vergleich von Wirtschaftsstrukturen im internationalen Maßstab), in: Gosp. plan., Warszawa (1978) 9, S. 442—450 (Übers.: B 17 Reg.-Nr.: Ü — 79/3).
58. *Buchanevič, B.*, Strukturnyj faktor i dinamika proizvoditel'nosti truda (Strukturfaktor und Dynamik der Arbeitsproduktivität), in: Plan. Choz., Moskva (1975) 5, S. 133—137.
59. *Bykov, A. (Bykow, A.)*, Sozialistische ökonomische Integration, Wissenschaft und Technik, Berlin 1976, 218 S. (Übers. a. d. Russ.).
60. — Die sozialistische Internationalisierung der Produktion, in: Presse SU, Berlin (1979) 7, S. 16—21 und: ADN-Inform.-Bull., Wirtsch., Berlin (1979) 39, S. a1—a5 (Übers.: Kommunist, Moskva (1979) 2).
61. — Vlijanie naučno-techničeskogo progressa na meždunarodnye otno-

šenija (Der Einfluß des wissenschaftlich-technischen Fortschritts auf die internationalen Beziehungen), in: Meždun. Žizn', Moskva (1979) 4, S. 75—83.

62. *Carevski, N.*, Die ökonomische Entwicklung der Volksrepublik Bulgarien und die sozialistische Integration, Sofia-Press 1977, 160 S.

63. *Chačaturov, T. (Chatschaturow, T.)*, Ėffektivnost' obščestvennogo proizvodstva (Effektivität der gesellschaftlichen Produktion), in: Obščest. Nauki, Moskva (1977) 3, S. 30—38.

64. — Die Entwicklung der Theorie von der Investitionseffektivität, in: Gesellschaftswissenschaften, Moskau (1979) 3, S. 127—140.

65. *Chejfec, B. A.*, Problemy vzaimnoj adaptacii narodnochozjajstvennych struktur stran SĖV (Probleme der Annäherung der Volkswirtschaftsstrukturen der Länder des RGW), in: Izvest. Akad. Nauk SSSR, Ser. ėkon., Moskva (1975) 2, S. 106—115.

66. — Soveršenstvovanie otraslevoj struktury i socialističeskaja integracija. Voprosy strukturnoj politiki evropejskich stran SĖV (Die Vervollkommnung der Zweigstruktur und die sozialistische ökonomische Integration. Fragen der Strukturpolitik der europäischen RGW-Länder), Moskva 1978, 120 S. (AN SSR, In-t ėkonomiki mirovoj social. sistemy).

67. *Chejnman, S. (Cheinman, S. A.)*, Die Organisation als eine Reserve bei der Erhöhung der Effektivität der Produktion, in: Sowjetwiss., gesellsch.-wiss. Beitr., Berlin **30** (1977) 8, S. 795—805.

68. — NTP i struktura obščestvennogo proizvodstva (Wissenschaftlich-technischer Fortschritt und die Struktur der gesellschaftlichen Produktion), in: Vopr. Ėkon., Moskva (1978) 8, S. 80—91 (Übers.: B 532 Sign. Ue 79.30).

69. DDR—UdSSR. Zusammenarbeit und Annäherung, Autorenkollektiv, Hrsg.: Inst. Internat. Beziehungen Akad. Staats- u. Rechtswiss. DDR; Akad. Diplomatie Min. Auswärtige Angelegenh. UdSSR, Berlin 1979, 219 S.

70. *Degtjar', L.*, Aktual'nye problemy rasširennogo vosproizvodstva v stranach-členach SĖV (Aktuelle Probleme der erweiterten Reproduktion in den RGW-Ländern), in: Vopr. Ėkon., Moskva **29** (1977) 7, S. 152 bis 154.

71. *Djakin, B./Kupich, A.*, Integracyjne aspekty polityki ekonomicznej w dziedzinie kształtowania struktur gospodarczych krajów RWPG (Integrationsaspekte in der Wirtschaftspolitik auf dem Gebiet der Gestaltung der Wirtschaftsstruktur in den RGW-Ländern), in: Gosp. plan., Warszawa (1976) 5, S. 248—253.

72. *Domański, R.*, Zmiany w gałęziowej strukturze produkcji jako samodzielny czynnik wzrostu produkcji przemysłowej (Veränderungen in der Zweigstruktur der Produktion als selbständiger Wachstumsfaktor der Industrie-

produktion), in: Gosp. plan., Warszawa **31** (1976) 3, S. 150—157 (Übers.: Bibl. Hochsch. Ökon., Sektor Fachübers., Reg.-Nr.: 120/76/319).
73. *Dudinskij, I.*, Ėkonomičeskie zakonomernosti mirovoj sistemy socializma (Ökonomische Gesetzmäßigkeiten des sozialistischen Weltsystems), in: Vopr. Ėkon., Moskva **28** (1976) 9, S. 23—33 (Übers.: ADN-Inform.-Bull., Wirtsch., Berlin (1976) 211, S. a1—a8).
74. *Efimov, A.*, Intensifikacija ėkonomiki. Analiz faktorov ėffektivnosti (Die Intensivierung der Wirtschaft: Analyse der Effektivitätsfaktoren), in: Kommunist, Moskva **52** (1975) 12, S. 21—31.
75. Ėkonomičeskaja integracija i material'no-techničeskaja baza stran SĖV (Ökonomische Integration und materiell-technische Basis der Länder des RGW), Autorenkollektiv: *Olejnik, I. P./Kovaleva, M. F./Serjakov, F. N.*, Moskva 1977, 255 S.
76. Ėkonomika razvitogo socialističeskogo obščestva (Die Wirtschaft der entwickelten sozialistischen Gesellschaft), Autorenkollektiv: *Kapustin, E. I./Čerkovec, V. N.*, Moskva 1977, 543 S.
77. Zur Entwicklung des Wirtschaftspotentials der Sowjetunion, Autorenkollektiv: *Barthel, U./Nick, H./Radtke, R.* u. a., in: Zum 60. Jahrestag der Großen Sozialistischen Oktoberrevolution, Berlin: Akad.-Gesellsch.-Wiss. ZK SED 1977, S. 21—56 (Themat. Inform. u. Dok. R. A.: Analytisch-synthetische Inform., H. 3).
78. *Evstigneev, R.*, Sbliženie chozjajstvennych mechanizmov stran SĖV (Die Annäherung der Wirtschaftsmechanismen der RGW-Länder), in: Obščest. Nauki, Moskva (1979) 3, S. 51—61.
79. *Faddejev, N.*, Die Rolle des RGW bei der Festigung der Gemeinschaft der sozialistischen Länder, in: Außenhandel UdSSR, Moskau (1979) 1, S. 2—11.
80. — Faktory i tendencii razvitija struktury narodnogo chozjajstva SSSR (Faktoren und Tendenzen der Entwicklung der Struktur der Volkswirtschaft der UdSSR), Autorenkollektiv, Red.: G. M. Sorokin, Moskva 1977, 389 S.
81. *Fáy, J.*, Struktúra politikát, meggyözöbb rendezöelvek alapján (Strukturpolitik auf der Grundlage überzeugender Prinzipien), in: Közgazdasági Szemle, Budapest **25** (1978) 11, S. 1298—1304.
82. *Fingerland, J.*, Vliv velikosti národohospodárského komplexu na jeho struktura a fungováni v mezinarodnim ekonomickém vztahu (Der Einfluß der Größe eines volkswirtschaftlichen Komplexes auf seine Struktur und das Funktionieren in internationalen ökonomischen Beziehungen), Praha 1978, 80 S.
83. *Friedrich, G./Schulz, G.*, Leitung und Effektivität in der Sicht wirtschaftswissenschaftlicher Forschung, in: Einheit, Berlin **32** (1977) 8, S. 919 bis 927.
84. *Fröhlich, G.*, Zum Inhalt und zum Nachweis der Effektivität von Maß-

nahmen der sozialistischen internationalen Spezialisierung und Kooperation, in: Wirtschaftswissenschaft, Berlin **25** (1977) 5, S. 659—673.
85. *Gerzowitsch, G./Michailow,* B., Über die Effektivität der gesellschaftlichen Produktion in den europäischen RGW-Ländern, in: Sowjetwiss., gesellsch. wiss. Beitr., Berlin (1974) 3, S. 238—248.
86. — Gesetzmäßigkeiten der intensiv erweiterten Reproduktion bei der weiteren Gestaltung der entwickelten sozialistischen Gesellschaft, Hrsg.: *Heinrichs, W./Maier, H.,* Berlin 1976, Teil I und Teil II, 970 S. (Schriften des Zentralinstituts für Wirtschaftswissenschaften, Nr. 13).
87. *Góra, St./Knyziak, Z.,* Meždunarodnaja specializacija proizvodstva stran SĖV (Internationale Spezialisierung der Produktion der Länder des RGW), Red.: Ju. F. Kormnov, Moskva 1977, 158 S. (Übers. a. d. Poln.).
88. *Gorisontow, B./Petuchowa, S.,* Die Entwicklung der Infrastruktur der RGW-Länder, in: Presse SU, Berlin (1977) 20; S. 37—41 (Übers. a. d. Russ.: Vopr. Ėkon., Moskva (1977) 2).
89. *Graupner, K.-H./Krzyzanowski, W./Roesler, Th.,* 19. Tagung des Wissenschaftlichen Rates für die wirtschaftswissenschaftliche Forschung, in: Wirtschaftswissenschaft, Berlin **25** (1977) 4, S. 567—584.
90. *Gostlovič, Ė. I.,* O vzaimodejstvii vnutrennich i vnešnich faktorov razvitija ėkonomiki v uslovijach socialističeskoj ėkonomičeskoj integracii (Über das Zusammenwirken der inneren und äußeren Faktoren der Entwicklung der Wirtschaft unter den Bedingungen der sozialistischen ökonomischen Integration), in: Izvest. Akad. Nauk SSSR, Ser. ėkon., Moskva (1976) 5, S. 101—110.
91. *Grüner, G.,* Gemeinsame Strategie für das vierte Jahrzehnt. Ergebnisse der 33. Tagung des RGW, in: Wirtschaft, Berlin **34** (1979) 7, S. 29.
92. — Gruppy „A“ i „B“ promyšlennosti (Tempy rosta i proporcii) (Die Gruppen ‚A‘ und ‚B‘ der Industrie (Wachstumstempo und Proportionen)), Red.: *G. Sorokin/N. Oznobin/A. Zakind,* Moskva 1977, 159 S.
93. *Haupt, H. G./Morgenstern, W.,* Der weitere Zusammenschluß der sozialistischen Staaten und die Angleichung ihres ökonomischen Entwicklungsniveaus, in: Dt. Außenpolitik, Berlin **24** (1979) 2, S. 48—59.
94. *Hegedüs, M.,* A népgazdaság temelési szerkezetének fejlesztése (Entwicklung der Produktionsstruktur der Volkswirtschaft), Budapest 1978, 154 S.
95. *Heinrichs, W.,* Theoretische Probleme der erweiterten sozialistischen Reproduktion, in: Wirtschaftswissenschaft, Berlin (1979) 4, S. 385—400.
96. — u. *Koziolek, H.,* Steigerung der Arbeitsproduktivität — Bestandteil der Hauptaufgabe, in: Einheit, Berlin **33** (1978) 4, S. 347—355.
97. *Huber, G./Sydow, P.,* Stabiles Wirtschaftswachstum und ökonomische Integration der RGW-Länder, in: Marxist. Bl., Frankfurt/M. **13** (1975) 1, S. 39—46.

98. — — u. *Ufer, H.*, Sozialistische Gemeinschaft und ökonomische Integration der RGW-Länder, in: Einheit, Berlin **31** (1976) 4, S. 445—452.
99. — Intensivierung und Vervollkommnung der Produktionsstruktur, in: Wirtschaftswissenschaft, Berlin **26** (1978) 5, S. 513—526.
100. — Der internationale Handel der RGW-Länder unter den Bedingungen der sozialistischen ökonomischen Integration, Autorenkollektiv: *Brendel, G./Dubrowsky, H.-J./Kühn, H.* u. a., Berlin: Zentrum Inform. u. Dok. d. Außenwirtschaft 1978, 162 S. (Inform. f. Theorie u. Praxis, Sonderausg.).
101. *Iskra, W.*, Współzależność rozwoju i integracji gospodarczej krajów socjalistycznych (Wechselbeziehung zwischen Entwicklung und Wirtschaftsintegration der sozialistischen Länder), in: Nowe Drogi, Warszawa (1977) 2, S. 44—53 (Übers.: ZIW d. AdW d. DDR, Rg.-Nr.: Ue 77.38).
102. *Ivanova, V.*, Vlijanieto na socialističeskata integracija varchu ikonomičeskoto razvitie na stranite-članki na SIV (Der Einfluß der sozialistischen ökonomischen Integration auf die ökonomische Entwicklung der RGW-Länder), in: Vănšna Tărg., Sofija **22** (1974) 6, S. 2—6.
103. *Jakovec, Ju.*, Dviženie cen mineral'nogo syr'ja (Preisbewegung bei mineralischen Rohstoffen), in: Vopr. Ėkon., Moskva **28** (1975) 6, S. 3—13.
104. *Kádár, B.*, A szerkazeti átalakulás és a társadalmi-gazdasági fejlödés összefüggései (Die Zusammenhänge zwischen Strukturveränderung und der gesellschaftlich-ökonomischen Entwicklung), in: Gazdaság, Budapest **13** (1979) 1, S. 58—73.
105. *Karavaev, V. P.*, Integracija i investicii: problemy sotrudničestva stran SĖV (Integration und Investitionen: Probleme der Zusammenarbeit der RGW-Länder), Moskva 1979, 205 S.
106. *Keller, W.*, Fragen der Spezialisierung der Volkswirtschaftskomplexe der Mitgliedsländer des RGW, in: Wirtschaftswissenschaft, Berlin **25** (1977) 10, S. 1536—1541.
107. — u. *Kigyóssy-Schmidt, E.*, Hauptkennziffern der wirtschaftlichen Entwicklung der europäischen RGW-Länder 1960—1975, Berlin 1973, 93 S. (Forschungsberichte des Zentralinstituts für Wirtschaftswissenschaften der AdW der DDR, Nr. 1).
108. *Kiričenko, V. (Kiritschenko, W. N.)*, Prognozirovanie važnejšich pokazatelej razvitija narodnogo chozjajstva stran-členov SĖV (Die Prognostizierung der wichtigsten Kennziffern der Entwicklung der Volkswirtschaften der RGW-Mitgliedsländer), in: Ėkon. sotrudnič. stran-členov SĖV, Moskva (1977) 2, S. 82—83.
109. — Die Pläne des sozialistischen, wirtschaftlichen, sozialen und kulturellen Aufbaus — Verkörperung der Wirtschaftsstrategie der KPdSU, in: Wirtschaftswissenschaft, Berlin **25** (1977) 11, S. 1569—1578.
110. — Intensifikacija i sbalansirovannost' ėkonomičeskogo rosta (Die Inten-

sivierung und Bilanzierung des Wirtschaftswachstums), in: Plan. Choz., Moskva (1979) 2, S. 42—51.

111. *Kirjakov, K./Stoilov, St.*, Sbliženie i vyravnivanie urovnej ėkonomičeskogo razvitija stran SĖV (Annäherung und Angleichung des Niveaus der wirtschaftlichen Entwicklung der RGW-Länder), in: Vopr. Ėkon., Moskva (1979) 3, S. 79—87 (Übers.: B 482; Reg.-Nr.: 70/87/79).

112. *Kjossew, S.*, Die Hauptrichtungen der Entwicklung der VR Bulgarien von 1976 bis 1980 und die sozialistische ökonomische Integration, in: ADN-Inform.-Bull., Wirtsch., Berlin (1977) 107 v. 2. 6., S. a5—a9 (Übers. a. d. Russ.; Plan. Choz., Moskva (1977) 4).

113. *Kiss, T.*, A nemzetközi munkamegosztás szerepe a strukturális fejlödésben (Die Rolle der internationalen Arbeitsteilung bei der Strukturentwicklung), in: Közgazdasagi Szemle, Budapest **22** (1975) 1, S. 43—50.

114. *Klapkowski, B.*, Współzależność dynamiki rozwoju i przemian struktury gospodarczej (Wechselseitiger Zusammenhang zwischen der Entwicklungsdynamik und der Veränderung der Wirtschaftsstruktur), in: Folia oecon. Cracov, Kraków **21** (1979) S. 7—32.

115. *Kleer, J.*, Wzrost i integracja w gospodarce socjalistycznej (Wachstum und Integration in der sozialistischen Wirtschaft), in: Gosp. plan., Warszawa **33** (1978) 2, S. 78—82 (Übers.: B 494; Reg.-Nr.: 120/79/101).

116. *Kohlmey, G.*, Vergesellschaftung und Integration im Sozialismus, Berlin 1973, 226 S. (Schriften des Zentralinstituts für Wirtschaftswissenschaften der AdW der DDR, Nr. 8).

117. — Wahl von Produktionsstandorten und internationale Mobilität von Produktivkräften in der Wirtschaftsintegration der RGW-Länder, in: Wirtschaftswissenschaft, Berlin **21** (1973) 9, S. 1298—1311.

118. — Ökonomische Theorie und sozialistische Integration, Berlin 1975, 42 S. (Sitzungsberichte der AdW der DDR, Nr. 1 G).

119. — u. *Sydow, P.*, Sozialistische ökonomische Integration und Intensivierung der gesellschaftlichen Reproduktion, in: Einheit, Berlin **27** (1972) 9, S. 1183—1191.

120. *Komissarow, A.*, Spezialisierung und Kooperation nach langfristigem Programm, in: Presse SU, Berlin (1979) 8, S. 13—14 (Übers. a. d. Russ.: Ėkon. Gaz., Moskva (1979) 3).

121. *Korčagin, Ju. P.*, Strukturnye sopostavlenija promyšlennoj produkcii stran-členov SĖV (Strukturvergleich der Industrieproduktion der RGW-Länder), in: Izvest. Akad. Nauk SSSR, Ser. ėkon., Moskva (1976) 1, S. 90—97.

122. *Kormnow, Ju.*, Der wissenschaftlich-technische Fortschritt und die Integration der Mitglieder des RGW im Maschinenbau, in: ADN Inform.-Bull., Wirtsch., Berlin (1977) 126, S. a1—a8 (Übers. a. d. Russ.: Plan. Choz., Moskva (1977) 5).

123. *Kormnow, J. F.*, Kooperation der Produktion als Reserve zur Erhöhung

ihrer Effektivität, in: Wirtschaftswissenschaft, Berlin **25** (1977) 3, S. 361 bis 365.

124. *Kossov, V.*, Pokazateli rosta i razvitija ėkonomiki (Kennziffern des Wachstums und der Wirtschaftsentwicklung), in: Vopr. Ėkon., Moskva **28** (1975) 12, S. 34—45.

125. *Koziolek, H.*, Zu einigen Fragen der weiteren Vertiefung der sozialistischen ökonomischen Integration (Schlußwort), in: Theoretische Fragen der weiteren Vertiefung der sozialistischen ökonomischen Integration, Berlin 1977, 161 S. (Abhandlungen der AdW der DDR, Abt. Veröffentl. d. Wiss. Räte, 77/W 2).

126. — Probleme der Intensivierung der sozialistischen Produktion unter den Bedingungen ökonomischer Integration der Mitgliedsländer des RGW (Hauptreferat der DDR-Seite, gehalten a. d. 2. Tagung d. Gemeinsamen Kommission d. Ökonomen d. UdSSR und d. DDR, Berlin, 29. Nov. bis 4. Dez. 1976), in: Wirtschaftswissenschaft, Berlin **25** (1977) 3, S. 324 bis 345.

127. — Reproduktion und Nationaleinkommen: Probleme und Zusammenhänge, Berlin 1979, 288 S.

128. *Kozlov, L./Loginov, V.*, Faktory i tendencii razvitija struktury chozjajstva SSSR (Faktoren und Tendenzen bei der Entwicklung der Struktur der Volkswirtschaft der UdSSR), in: Vopr. Ėkon., Moskva (1978) 3, S. 129 bis 132 (Übers.: Staatsbank Berlin; Reg.-Nr.: 70/87/78).

129. *Kozma, F.*, A magyar gazdaság szelektiv fejlesztese a szocialista integracioban (Die selektive Entwicklung der ungarischen Wirtschaft innerhalb der sozialistischen Integration), in: Tarszadalmi Szemle, Budapest **33** (1978) 10, S. 25—39 (Übers.: D 73 Reg.-Nr.: ohne).

130. *Kraft, G.*, Die Zusammenarbeit der Mitgliedsländer des RGW auf dem Gebiet der Investitionen, Berlin 1977, 116 S. (Forschungsberichte des Zentralinstituts für Wirtschaftswissenschaften der AdW der DDR, Nr. 20).

131. *Kravcova, I.*, Nacional'nyj i international'nyj aspekty formirovanija narodnochozjajstvennych kompleksov stran SĖV (Nationale und internationale Aspekte bei der Bildung von Volkswirtschaftskomplexen in den RGW-Ländern), in: Ėkon. Nauki, Moskva (1975) 5, S. 88—93 (Übers. ZIW d. AdW d. DDR; Reg.-Nr.: Ue 77.61).

132. *Krüger, J./Quilitzsch, S.*, Sozialistische Gemeinschaft. Entwicklungstendenzen in den 70er Jahren, Berlin 1978, 91 S.

133. *Kudrov, V. M.*, Problema sootnošenija dvuch podrazdelenij obščestvennogo proizvodstva v sovremennych uslovijach (Das Problem der Wechselbeziehung der zwei Abteilungen der gesellschaftlichen Produktion unter den gegenwärtigen Bedingungen), in: Izvest. Akad. Nauk SSSR, Ser. ėkon., Moskva (1979) 4, S. 121—131.

134. *Kunz, W.*, Neue Prozesse der ökonomischen Integration der RGW-Länder,

in: Neue Entwicklungstendenzen in der heutigen Weltwirtschaft, Berlin 1976, S. 45—65 (Sitzungsberichte der AdW der DDR, Nr. 46).
135. — Sozialistische ökonomische Integration, Intensivierung und Planungszusammenarbeit der RGW-Länder, in: Wirtschaftswissenschaft, Berlin **25** (1977) 3, S. 366—372.
136. — Zu einigen theoretischen Problemen und Perspektiven der wissenschaftlich-technischen und ökonomischen Zusammenarbeit zwischen der DDR und der UdSSR unter den Bedingungen der sozialistischen ökonomischen Integration, in: Wirtschaftswissenschaft, Berlin **27** (1979) 11, S. 1293—1315.
137. — u. *Schulz, G.*, Wirkungsweise der ökonomischen Gesetze des Sozialismus und sozialistische ökonomische Integration, in: Wirtschaftswissenschaft, Berlin **27** (1979) 8, S. 897—912.
138. — u. *Weiß, R.*, Wissenschaftlich-technische Zusammenarbeit zwischen den Mitgliedsländern des RGW und Intensivierung, in: Wirtschaftswissenschaft, Berlin **25** (1977) 11, S. 1593—1603.
139. *Latzo, A.*, Perspektiven der Entwicklung in der Sozialistischen Republik Rumänien, in: Einheit, Berlin **33** (1978) 2, S. 213—216.
140. *Lebin, D. A.*, Wissenschaftlich-technischer Fortschritt und sozialistische Integration, Berlin 1978, 89 S.
141. *Leowski, K.*, Dynamika przemian w makrostrukturze gospodarki polskiej w latach 1950—1975 (Dynamik der Veränderungen in der Makrostruktur der polnischen Wirtschaft in den Jahren 1950—1975), in: Gosp. plan., Warszawa **32** (1977) 11, S. 554—558.
142. *Livšic, R.*, Ėffektivnost' proizvodstvennoj struktury promyšlennosti (Die Effektivität der Produktionsstruktur der Industrie), in: Vopr. Ėkon., Moskva (1978) 12, S. 34—43.
143. *Maly, B.*, Outline of international specialization and cooperation within the framework of the council for mutual economic assistance (Konturen der internationalen Spezialisierung und Kooperation im Rahmen des Rates für Gegenseitige Wirtschaftshilfe), in: Czechoslovak econ. Papers, Prague (1977) 17, S. 109—119.
144. *Mikulski, K. I.*, Die Leninsche Lehre über die Weltwirtschaft und die Gegenwart, Moskau 1974, 370 S.
145. — Einige soziale Aspekte der Intensivierung der sozialistischen Produktion in der gegenwärtigen Etappe (Referat, gehalten a. d. 2. Tagung d. Gemeinsamen Kommission d. Ökonomen d. UdSSR u. d. DDR, vom 29. Nov.—4. Dez. 1976), in: Wirtschaftswissenschaft, Berlin **25** (1977) 3, S. 451—455.
146. *Mitev, N.*, Otraslova struktura i fondoemkost (Zweigstruktur und Fondsintensität), in: Ekon. Misăl, Sofija **20** (1976) 8, S. 15—26.
147. *Mitrofanova, N.*, Tendencii dviženija kontraktnych cen v torgovle stran SĖV (Tendenzen der Bewegung der Vertragspreise im Handel der RGW-

Länder), in: Vopr. Ėkon., Moskva (1978) 8, S. 101—105 (Übers.: B 2082; Reg.-Nr.: 389/78/90).

148. *Monič, Ju. I.*, Soveršenstvovanie otraslevoj struktury promyšlennosti v uslovijach socialističeskoj ėkonomičeskoj integracii (Vervollkommnung der Zweigstruktur der Industrie unter den Bedingungen der sozialistischen ökonomischen Integration), in: Izvest. Akad. Nauk SSSR, Ser. ėkon., Moskva (1976) 1, S. 98—107.

149. *Morgenstern, K.*, Internationale Spezialisierung und Kooperation im RGW. Ein Beitrag zu aktuellen Fragen, Berlin 1977, 178 S.

150. — Naučno-techničeskaja politika stran socializma (Wissenschaftlich-technische Politik der Länder des Sozialismus), Red.: A. N. Bykov, Moskva 1977, 296 S.

151. *Nesterov, L.*, O pokazateljach nacional'nogo bogatstva v stranach členach SĖV (Zu den Kennziffern des Nationalreichtums in den RGW-Mitgliedsländern), in: Vest. Statist., Moskva (1977) 3, S. 66—72 (Übers.: Hochsch. Ökon. „Bruno Leuschner", Berlin Reg.-Nr.: 120/77/171).

152. *Nick, H.*, Sozialismus und Wirtschaftswachstum, Berlin 1977, 79 S.

153. *Notkin, A.*, Der Typ der erweiterten Reproduktion im entwickelten Sozialismus, in: Sowjetwiss., gesellsch.-wiss. Beitr., Berlin **29** (1976) 1, S. 1—14 (Übers. a. d. Russ.: Vopr. Ėkon., Moskva (1975) 8.)

154. — Optimales Tempo des Wirtschaftswachstums im Sozialismus, in: Sowjetwiss., gesellsch.-wiss. Beitr., Berlin **32** (1979) 11, S. 1127—1137.

155. *Olenik, I.*, Socialističeskaja ėkonomičeskaja integracija i éffektivnost' proizvodstva (Die sozialistische ökonomische Integration und die Effektivität der Produktion), in: Kommunist, Moskva (1978) 15, S. 85—100 (Übers.: Handelshochschule, Leipzig, o. Reg.-Nr.).

156. *Osmova, M.*, Formirovanie struktur v promyšlennom proizvodstve v uslovijach socialističeskoj integracii (Strukturgestaltung in der Industrieproduktion unter den Bedingungen der sozialistischen Integration), Moskva: Izd. Mosk. Univ., 1975, 158 S.

157. *Parkola, A.*, Mierzenie przemian strukturalnych w gospodarce (Messung der Strukturveränderungen in der Wirtschaft), in: Rud prawniczy ekon. i socjol., Warszawa — Poznań **40** (1978) 2, S. 131—146.

158. *Pekšev, Ju.*, Specializacija i kooperacija mašinostroitel'nogo proizvodstva stran-členov SĖV (Die Spezialisierung und Kooperation der Maschinenbauproduktion der RGW-Mitgliedsländer), in: Plan. Choz., Moskva (1978) 6, S. 80—91.

159. — Perspektiven der Überwindung des Stadiums eines Entwicklungslandes durch Rumänien, in: Rum. Außenhandel, Bucarest (1978) 2, S. 1—3.

160. *Pieplow, R.*, Zum Kriterium der Bildung optimaler volkswirtschaftlicher Komplexe der Mitgliedsländer des Rates für Gegenseitige Wirtschaftshilfe unter den Bedingungen der sozialistischen ökonomischen Integration, in: Wirtschaftswissenschaft, Berlin **23** (1975) 3, S. 342—358.

161. *Pitschugin, B.*, Die Außenwirtschaftsbeziehungen der UdSSR im 10. Planjahrfünft, in: Presse SU, Berlin (1977) 3, S. 9—14.

162. — Planung der sozialistischen Außenwirtschaftsbeziehungen, Autorenkollektiv: *Grote, G./Schulmeister, D.*, Berlin 1979, 207 S.

163. *Pokrovskij, V.*, Povyšenie ėffektivnosti ispol'zovanija naučno-techničeskogo potenciala (Die Erhöhung der Effektivität bei der Ausnutzung des wissenschaftlich-technischen Potentials), in: Plan. Choz., Moskva (1977) 3, S. 18—27.

164. *Porumboscu, V.*, Rumänien entwickelt eine effektivere Produktionsstruktur, in: Wirtschaft, Ausg. A, Berlin **32** (1977) 11, S. 26.

165. — Probleme der sozialistischen ökonomischen Integration: Probleme der sozialistischen ökonomischen Integration der Mitgliedsländer des RGW, Verbindung der Integrationsprozesse mit der planmäßigen proportionalen Entwicklung der Volkswirtschaft sowie ihrer Leitung, Planung und ökonomischen Stimulierung in der DDR; 7. Tagung des Wiss. Rates für die wirtschaftswiss. Forschung bei der AdW d. DDR am 18. Dez. 1973, Berlin 1974, 236 S. (Sitzungsberichte der AdW der DDR, Jg. 1973, Nr. 14).

166. Problemy vosproizvodstva v stranach SĖV (Probleme der Reproduktion in den Ländern des Sozialismus), Red.: Mikul'skij, K. I., Moskva 1974, 247 S.

167. *Pugačev, B. M.*, Internacializacija proizvodstva i socialističeskaja integracija. Nekotorye voprosy metodologii (Internationalisierung der Produktion und sozialistische Integration. Einige Fragen der Methodologie), Moskva 1975, 133 S. (AN SSSR. In-t ėkonomiki mirovoj soc. sistemy).

168. *Reinhold, O./Schirjajew, J. S.*, Die Verwirklichung der Ideen des sozialistischen Internationalismus in der Praxis der ökonomischen Zusammenarbeit der Mitgliedsländer des RGW, in: Wirtschaftswissenschaft, Berlin **27** (1979) 3, S. 257—268.

169. *Richter, A.*, Bulgarien verstärkt Kurs auf hohe Effektivität und Qualität, in: Einheit, Berlin **33** (1978) 6, S. 653—656.

170. *Říha, L.*, Vědeckotechnická spolupráce a integrace zemí RVHP (Wissenschaftlich-technische Zusammenarbeit und Integration der RGW-Länder), in: Plán. Hosp., Praha (1979) 4, S. 13—21.

171. *Rouscik, L./Oberländer, K.*, Langfristige Erzeugnis-, Sortiments- und Produktionsentwicklung, Berlin 1975, 239 S.

172. *Rumjancev*, A., Osnovnoj ėkonomičeskoj zakon v mirovoj socialističeskij sisteme (Das ökonomische Grundgesetz im sozialistischen Weltsystem), in: Obščest. Nauki, Moskva (1979) 3, S. 25—39; auch: Vopr. Ėkon., Moskva (1979) 1, S. 14—24.

173. *Rybakov, O.*, Ėffektivnost' učastija SSSR v socialističeskoj ėkonomičeskoj integracii (Die Effektivität der Beteiligung der UdSSR an der sozialisti-

schen ökonomischen Integration), in: Plan. Choz., Moskva (1979) 1, S. 17—25 (Übers.: B 2026; Sign.: Ue 79.54).

174. *Šastitko, V./Cedilin, L.*, Metodologični văprosi na razrabotkata na dălgosročna naučna koncepcija za razvitieto na vănšnoikonomičeskite vrăzki na socialistečeskite strani (Methodologische Fragen der Erarbeitung einer langfristigen wissenschaftlichen Konzeption für die Entwicklung der Außenhandelsbeziehungen der sozialistischen Länder), in: Vănšna Tărg., Sofija **25** (1977) 2, S. 8—13 (Übers.: B 532, Sign. Ue 77.92).

175. *Schirjajew, J. (J. S.)*, Die sozialistische Integration als Prozeß der planmäßigen Kooperation der Volkswirtschaftskomplexe der RGW-Länder, in: Sowjetwiss., gesellsch.-wiss. Beitr., Berlin **27** (1974) 9, S. 930 bis 936.

176. — Sozialistische Integration und Entwicklung der internationalen Kooperation der Arbeit — zweiseitige und mehrseitige Aspekte, in: Wirtschaftswissenschaft, Berlin **27** (1979) 11, S. 1316—1332.

177. — Die internationale sozialistische Arbeitsteilung. Fragen der Theorie, Berlin 1979, 154 S. (Schriften zur sozialistischen ökonomischen Integration).

178. *Secomski, K.*, Przemiany strukturalne w okresie trzydziestopięciolecia PRL (Strukturveränderungen im Zeitraum von fünfunddreißig Jahren in der VR Polen), in: Gosp. plan., Warszawa **34** (1979) 6, S. 289—297.

179. *Semenov, A. K.*, Metody sistemnogo analiza struktury narodnogo chozjajstva (Methoden einer Systemanalyse der volkswirtschaftlichen Struktur), Moskva 1974, 223 S.

180. *Sergeev, V. P.*, Meždunarodnoe socialističeskoe razdelenie truda: pokazateli i tendencii razvitija (Die internationale sozialistische Arbeitsteilung: Kennziffern und Tendenzen der Entwicklung), Moskva 1979, 228 S.

181. *Shamin, W./Perewertailo, W.*, Die Annäherung und Angleichung des Entwicklungsniveaus der Länder des Sozialismus, in: ADN Inform.-Bull., Wirtsch., Berlin (1976) 104, S. a 1—a 9 (Übers. a. d. Russ. (gek.): Vopr. Ėkon., Moskva (1976) 4).

182. *Šikula, M.*, Ekonomický rast a vyrovnávanie úrovne ekonomického rozvoja krajín RVHP (Das Wirtschaftswachstum und die Angleichung des Niveaus der wirtschaftlichen Entwicklung der RGW-Mitgliedsländer), Bratislava 1979, 200 S.

183. *Šokin, N. A.*, Ob opredelenii vlijanija otraslevoj struktury na ėkonomičeskuju ėffektivnost' obščestvennogo proizvodstva (Die Bestimmung des Einflusses der Zweigstruktur auf die ökonomische Effektivität der gesellschaftlichen Produktion), in: Izvest. Akad. Nauk SSSR, Ser. ėkon., Moskva (1977) 4, S. 22—33.

184. *Sorin, L.*, Die Entwicklung einer neuen Form der Zusammenarbeit zwi-

schen den RGW-Ländern, in: Außenhandel UdSSR, Moskau (1978) 7, S. 2—10.
185. *Sorokin, G.*, Problemy teorii socialističeskogo vosproizvodstva (Theoretische Probleme der sozialistischen Reproduktion), in: Vopr. Ėkon., Moskva (1979) 1, S. 25—36.
186. — Sozialistische Außenwirtschaft, Autorenkollektiv (Ltg.: *Faude, E./Grote, G./Luft, Chr.*), Berlin 1976, 391 S.
187. — Sozialistische ökonomische Integration — Grundlagen und Aufgaben, Autorenkollektiv: *Haupt, H.-G./Peters, H.-J./Schickram, K./Stiemerling, K.-H.*, Berlin 1977, 292 S.
188. — Die sozialistische ökonomische Integration — ihre Leitung, Planung und Stimulierung, Berlin 1974, 141 S.
189. — Sozialistische ökonomische Integration und Betrieb, Autorenkollektiv: *Kunz, W./Fröhlich, G./Kosser, K.-H.* u. a. Berlin 1977, 188 S.
190. *Steinitz, K.*, Bedingungen und Tendenzen der langfristigen volkswirtschaftlichen Effektivitätsentwicklung, in: Wirtschaftswissenschaft, Berlin (1979) 5, S. 513—526.
191. *Stiemerling, K. H.*, Die Gemeinschaft der Mitgliedsländer des RGW verkörpert den neuen Typ internationaler Beziehungen, in: Wirtschaftswissenschaft, Berlin **27** (1979) 3, S. 269—281.
192. — Die sozialistische ökonomische Integration — unerläßliche Bedingung für die Gestaltung und Vervollkommnung des entwickelten Sozialismus in der Deutschen Demokratischen Republik, in: Wirtschaftswissenschaft, Berlin **27** (1979) 11, S. 1333—1347.
193. — Struktura produkcji przemyslowej. Metody badań i kierunki zmian (Struktur der Industrieproduktion. Untersuchungsmethoden und Wege zur Veränderung), Red.: J. Lisikiewicz, Warszawa 1977, 232 S.
194. — Strukturnye sdvigi v narodnom chozjajstve socialističeskich stran (Strukturverschiebung in der Volkswirtschaft der sozialistischen Länder), Red.: V. A. Žamin, Moskva 1976, 332 S.
195. *Subockij, Ju.*, Koncentracija promyšlennogo proizvodstva na osnove kooperirovanija (Die Konzentration der Industrieproduktion auf der Grundlage der Kooperation), in: Vopr. Ėkon., Moskva **29** (1977) 5, S. 58—69.
196. — Koncentracija proizvodstva i malye predprijatija (Die Konzentration der Produktion und die kleinen Betriebe), in: Vopr. Ėkon., Moskva (1978) 5, S. 66—77 (Übers.: B 494, Sign.: 120/79/044).
197. *Szita, E.*, A lemaradó termelési ágak a nemzetközi kapcsolatokban (Rückständige Wirtschaftszweige in den internationalen Wirtschaftsbeziehungen), in: Külgazdaság, Budapest **23** (1979) 3, S. 30—40.
198. *Szita, J.*, Gondolatok a külgazdasági kapcsolatok intenzitásának méréséröl (Überlegungen zur Ermittlung des Grades der Intensität der Außenwirt-

schaftsbeziehungen), in: Közgazdasági Szemle, Budapest **25** (1978) 7/8, S. 769—780.

199. — Teoretičeskie problemy issledovanija struktur narodnogo chozjajstva i vyravnivanija urovnej ėkonomičeskogo razvitija stran-členov SĖV v uslovijach socialističeskoj ėkonomičeskoj integracii. Materialy meždunar. simpoziuma (Theoretische Probleme der Untersuchung der Strukturen der Volkswirtschaft und der Angleichung des ökonomischen Entwicklungsniveaus der Mitgliedsländer des RGW unter den Voraussetzungen der sozialistischen Wirtschaftsintegration. Materialien eines internationalen Symposiums) Moskva: SĖV Meždun. Inst. Ėkon. Problem mirovoj social. sistemy 1974. 451 S.

200. — Theoretische Fragen der weiteren Vertiefung der sozialistischen ökonomischen Integration, 19. Tagung des Wissenschaftlichen Rates für die Wirtschaftswissenschaftliche Forschung bei der Akademie der Wissenschaften der DDR am 7. 12. 1976, Berlin 1977, 161 S. (Abhandlungen der AdW der DDR, Abt. Veröffentl. d. wiss. Räte, 77/W2).

201. *Tober, J.*, Czynniki instytucjonalne a zmiany struktury produkcji (Institutionelle Faktoren und Veränderungen der Produktionsstruktur), in: Gosp. plan., Warszawa **34** (1979) 7—8, S. 402—407.

202. *Tömpe, I.*, A szocialista orszagote gazdasagi szerkezetenete kiegyenlitödesa (I, II) (Die Angleichung der strukturellen Unterschiede in der Wirtschaft der sozialistischen Länder), in: Statisztikai Szemle, Budapest **54** (1976) 3, S. 229—239; 4, S. 357—366 (Übers.: Hochsch. Ökon. „Bruno Leuschner", Berlin; Reg.-Nr.: 120/77/224).

203. *Trăistaru, I.*, Modernizarea structurii economiei nationale a. R. S. România (Die Modernisierung der Struktur der Volkswirtschaft der SR Rumänien), Bucureşti 1976, 118 S.

204. *Tschanter, H./Grüner, G.*, 30 Jahre RGW — Ergebnisse und Aufgaben, in: Einheit, Berlin **34** (1979) 4, S. 398—404.

205. *Ufer, H.*, Wachstums- und Strukturprobleme der Energiewirtschaften der RGW-Länder, in: Wirtschaftswissenschaft, Berlin **23** (1975) 8, S. 1121 bis 1138.

206. — Valovoj obščestvennyj produkt, nacional'nyj dochod, zanjatost', osnovnye fondy narodnogo chozjajstva stran-členov SĖV i Jugoslavii (Gesellschaftliches Bruttoprodukt, Nationaleinkommen, Beschäftigung, Grundfonds der Volkswirtschaft der RGW-Mitgliedsländer und Jugoslawiens) — (Statistisches Material), Red.: L. A. Tarasov, Bd. I: Valovoj obščestvennyj produkt, nacional'nyj dochod (Gesellschaftliches Bruttoprodukt, Nationaleinkommen) 132 S.; Bd. II: Zanjatost', osnovnye fondy (Beschäftigung, Grundfonds) 191 S., Moskva 1978.

207. *Varzin, N. P.*, Integracija i rost proizvoditelnosti truda v stranach SĖV (Die Integration und das Wachsen der Arbeitsproduktivität in den RGW-

Ländern), Moskva 1976, 176 S. (Übers.: Sekt. Wirtschaftswiss. d. Humboldt-Univ. Berlin; Reg.-Nr.: ohne).
208. *Vorob'ev, E.*, Otraslevaja struktura promyšlennosti v stranach SĖV (Die Zweigstruktur der Industrie in den RGW-Ländern), in: Vopr. Ėkon., Moskva (1979) 7, S. 102—110.
209. *Vorob'ev, Ju./Čečeleva, T.*, Ėkonomika SSSR — edinyj narodnochozjajstvennyj kompleks (Die Wirtschaft der UdSSR ist ein einheitlicher Volkswirtschaftskomplex), in: Vopr. Ėkon., Moskva (1979) 3, S. 97—106.
210. *Żebrok, J.*, Zmiany struktury gałęziowej przemysłu w krajach RWPG (Veränderungen in der Zweigstruktur der Industrie in den RGW-Ländern), in: Gosp. plan., Warzawa **31** (1976) 9, S. 458—463 (Übers.: ZIW d. AdW d. DDR; Reg.-Nr.: Ue 77.31).
211. *Zeman, K.*, Zapojení národohospodárských kompleců do mezinárodní delby práce (I.) (Volkswirtschaftskomplexe in der internationalen Arbeitsteilung (1. Teil)), in: Plán. Hosp., Praha (1979) 2, S. 62—72.
212. — Zapojeni narodohospodářských komplexů do mezinárodni dělby práce (II.) (Die Volkswirtschaftskomplexe in der internationalen Arbeitsteilung (2. Teil), in: Plán. Hosp., Praha (1979) 3, S. 22—27.
213. *Zschiedrich, H.*, Grundrichtungen der Entwicklung der wissenschaftlich-technischen Zusammenarbeit der Mitgliedsländer des RGW, in: Dt. Außenpolitik, Berlin **23** (1978) 7, S. 15—25.
214. *Zubkov, A. I.*, Meždunarodnye socialističeskie sovmestnye proizvodstva (Internationale sozialistische gemeinsame Produktionen), in: Izvest. Akad. Nauk, Ser. ėkon., Moskva (1978) 4, S. 68—79.

Personenregister

Kolibri 360 GmbH
Ferdinand-Jühlke-Straße 7
99095 Erfurt, Deutschland
produktsicherheit@kolibri360.de